Informelles Lernen und Kompetenzentwicklung

D1668086

Steffen Kirchhof

Informelles Lernen und Kompetenzentwicklung für und in beruflichen Werdegängen

Dargestellt am Beispiel einer qualitativ-explorativen Studie
zu informellen Lernprozessen Pflegender und ihrer
pädagogisch-didaktischen Implikationen für die Aus- und Weiterbildung

Waxmann 2007
Münster / New York / München / Berlin

Bibliografische Informationen der Deutschen Nationalbibliothek
Die Deutsche Nationalbibliothek verzeichnet diese Publikation in der
Deutschen Nationalbibliografie; detaillierte bibliografische Daten sind
im Internet über http://dnb.d-nb.de abrufbar.

Die Arbeit wurde am 19.04.2007 unter dem Titel
Informelles Lernen und Kompetenzentwicklung für und in beruflichen
Werdegängen. Dargestellt am Beispiel einer qualitativ-explorativen
Studie zu informellen Lernprozessen in der Lebenswelt professionell
Pflegender und ihrer pädagogisch-didaktischen Implikationen für die
Aus- und Weiterbildung von Pflegepersonen
von der pädagogischen Fakultät der Universität Bielefeld als
Dissertationsschrift angenommen.

Internationale Hochschulschriften, Bd. 489

Die Reihe für Habilitationen und sehr gute
und ausgezeichnete Dissertationen

ISSN 0932-4763
ISBN 978-3-8309-1824-0

© Waxmann Verlag GmbH, Münster 2007

www.waxmann.com
info@waxmann.com

Umschlaggestaltung: Christian Averbeck, Münster
Druck: Zeitdruck GmbH, Münster
Gedruckt auf alterungsbeständigem Papier, säurefrei gemäß ISO 9706

All jenen Menschen,
die dazu beigetragen haben,
dass ich wurde, was ich bin

Inhalt

Abbildungsverzeichnis

Vorwort und Dank

Fragen von informellem Lernen und Kompetenzentwicklung sind seit einigen Jahren moderne Themen des bildungspolitischen wie gleichzeitig aber auch recht umstrittene Phänomene des erziehungswissenschaftlichen Diskurses in Erwachsenenbildung und (beruflicher) Weiterbildung. Die Idee, mit der Fragestellung der vorliegenden Dissertation mich gerade diesem Themenfeld in der Forschung zuzuwenden, hat ihre Motivation zunächst in einem bereits während meines Studiums ausgeprägten Interesse an Zusammenhängen biografisch orientierter Kompetenzentwicklung, die mich schon mit Aspekten informellen Lernens in Berührung brachten, ohne dass hier – will sagen im deutschen Diskurs – der Begriff bereits im Sinne einer Mainstream-Debatte geprägt und mir seine Relevanz bewusst war. Darüber hinaus und im Lichte der Themenwahl nicht weniger entscheidend finden sich Wurzeln in meiner eigenen Biografie. So habe ich vor meinem erziehungswissenschaftlichem Studium eine Krankenpflegeausbildung absolviert und nach mehreren »klinischen« Jahren in den unterschiedlichsten Fachbereichen, von der Hospizarbeit bis zur Intensivpflege, vom Rettungsdienst bis zur Dialyse, als Lehrer und Leiter an Krankenpflegeschulen und Weiterbildungseinrichtungen Erfahrungen gesammelt und dafür – wie es heute im Fachdiskurs heißt – Handlungskompetenz erworben. Zweifelsohne haben sich viele von dieser Kompetenz in informellen Zusammenhängen in meiner Lebens- und Arbeitswelt angeregt und vertiefend entwickelt. In diesem Sinne mag es gleichsam die geronnene Selbsterfahrung sein, die meine Nähe zum wissenschaftlichen Diskurs über das informelle Lernen herstellte und mich zu diesem Dissertationsthema inspirierte.

Jetzt, wo diese Arbeit nach einigen Jahren berufsbegleitender Erstellung fertig geworden ist und sich damit auch Zeit für ein kleines Resümee findet, ist mir noch einmal bewusst geworden, wie vieles gerade an nicht genuin intendierten Lernprozessen in die Dissertation mittel- oder unmittelbar eingeflossen ist. Sei es durch die wissenschaftliche Arbeit oder (beiläufige) Austauschprozesse am Lehrstuhl, mit Studierenden, mit Kollegen und Kommilitoninnen innerhalb der Doktorandenkolloquien oder auch schlicht durch allerlei Suchbewegungen und Erfahrungen rund um die Fragestellung: Wie schreibe ich eigentlich eine Dissertation? So ist diese Arbeit selbst gleichsam ein Produkt informeller Lernverläufe, für die ich einer Vielzahl von Menschen für ihre Diskussionsbereitschaft und ihr »Mitgehen« sehr dankbar bin.

Stellvertretend hierfür möchte ich erwähnen: Julia Kreimeyer aus dem Graduiertennetzwerk der ABWF, mit der ich über eine lange Wegstrecke nicht nur viel zu Aspekten informellen Lernens diskutiert, publiziert und referiert habe, sondern von deren wissenschaftlicher Denk- und Arbeitsweise ich bis heute profitiere; Melanie Oram aus dem Doktorandenkolloquium in Bielefeld für die gemeinsame Suche und gegenseitige Unterstützung in allen Fragen rund um die qualitative Forschung, insbesondere zur Grounded Theory; meiner langjährigen freundschaftlich verbundenen Kollegin und Wegbegleiterin Dr. Barbara Blum für eine Vielzahl fachlicher Diskussionen, Anregungen und stete Hilfsbereitschaft im »Korrekturlesen« und nicht zuletzt allen Kolleginnen und Kollegen sowie den Begleitern aus dem Graduiertennetzwerk der ABWF für all das, was wir in diesen Jahren gemeinsamen Promovierens in verschiedensten Arbeitsgruppen von »Leucht- und Netzwerkern« in Arbeitswochen und Summerschools an Erfahrungen und Erleben teilen konnten; der »Interpretationsgruppe Münster« um Julia Kreimeyer, Julia von der Gathen, Andreas Belle und Gabriele Molzberger für viel Anregung und Kritik sowie die Zeit gemeinsamer, lebendiger, kreativer und kontroverser Deutungsversuche rund um alle Prozesse informellen Lernens und nicht zuletzt dem Bielefelder Doktorandenkolloquium für eine solidarische Streit- und Diskussionskultur promovierender Auseinandersetzung zu unterschiedlichsten Sichtweisen der jeweiligen Gegenstände. Es war eine mich sehr herausfordernde Zeit, die mich vielfältig bereichert hat.

Erwähnen möchte ich im weiteren Ricarda Reimer für ihr differenziertes Korrekturlesen und sehr hilfreiche Anstöße, PD Dr. Petra Reinhartz für forschungsreiche Impulse und ihren pragmatischen Blick sowie nicht zuletzt Horst Haus für seine geduldige und profunde Unterstützung bei den Transkriptionen und der Formatierung dieser Arbeit.

Besonderer Dank gebührt meinem Doktorvater, Herrn Prof. Dr. Wolfgang Wittwer, für sehr viel Förderung, Ermunterung, Vertrauen und Freiheit im Prozess des Forschens. Ebenso gebührt Herrn Prof. Harm Parschen Dank für die Übernahme der Zweitbetreuung und seine Anregungen und interessierten Nachfragen, nicht nur aus einer Reihe von »Flurgesprächen« in der Bielefelder Universität.

Meine Arbeit wurde von der *Arbeitsgemeinschaft Betriebliche Weiterbildungsforschung* (ABWF) Berlin e.V. durch die Aufnahme in ihr Graduiertennetzwerk finanziell und ideell unterstützt. Ihr möchte ich ebenso danken wie den zahlreichen ungenannten Interviewpartnerinnen und Interviewpartnern, ohne deren Interesse und Bereitschaft zur Mitarbeit der empirische Teil dieser Untersuchung nicht hätte verwirklicht werden können.

Flensburg, im April 2007   Steffen Kirchhof

Das Leben bildet (Heinrich Pestalozzi)
Erfahrung ist für mich die größte Autorität (Carl Rogers)

1. Aufgabe und Problemstellung

1.1 Gegenstand, Problemhintergrund und Ziel der Arbeit

Informelles Lernen, verstanden als eine lebensbegleitende Lernform allen Selbstaneignens ohne jedweden (pädagogischen) Anspruch, lernen zu müssen bzw. zu wollen, stellt auf den Ebenen von Situationsbewältigung, Handlung und Erfahrung die wohl älteste, menschlichste und effektivste Art zu lernen und damit der persönlichen Weiterentwicklung dar. So gibt es seit Urzeiten im Alltags- und Berufsleben Anforderungen und Situationen, die in irgendeiner Form bewerkstelligt werden müssen und die – ohne dass dies den Betroffenen mitunter bewusst ist – in der individuellen Art der Problemlösung nahezu beiläufig zu Lernvorgängen führen und zur Generierung ganz individueller Kompetenzen beitragen.

Diesem Zusammenhang, der angesichts immer ausdifferenzierterer Formen institutionalisierten Lernens einer, wie Reischmann (1995) titelt, »vergessenen Dimension« gleicht, ist in den letzten Jahren sowohl im bildungspolitischen, bildungstheoretischen als auch im erziehungswissenschaftlichen und berufspädagogischen Diskurs viel Aufmerksamkeit zuteil geworden. Dahinter steht das Interesse an einer Nutzbarmachung des Potenzials informellen Lernens sowohl für den Arbeitsmarkt als auch für die Anforderungen lebenslangen Lernens im Zusammenhang der individuellen Bewältigung eines permanenten gesellschaftlichen Wandels. Intendiert ist auch die Anerkennung familienbezogener oder anderweitig erworbener Kompetenzen, mit denen der Zugang zum Arbeitsmarkt jenseits formaler Qualifikations- und Bildungsabschlüsse gefördert werden soll (vgl. DJI/KAB 2001). Vielfältige Studien belegen inzwischen eine lebensbegleitende Kompetenzentwicklung in Bereichen des sozialen Umfelds, in alltäglichen Lebensführungen und im Prozess der Arbeit.[1] Demgegenüber ist bislang die Frage offen geblieben, welche pädagogischen und möglicherweise didaktischen Konsequenzen aus dem Zusammenhang von informellem Lernen und individueller Kompetenzentwicklung zu ziehen sind. Dies betrifft auch die Frage, inwieweit informelles Lernen überhaupt pädagogisch aufgegriffen werden kann und darf, ohne den Eigensinn des Informellen zu konterkarieren oder Lebenswelten zu pädagogisieren (vgl. Kirchhof/Kreimeyer 2003). Diesen Grundfragen beruflicher Aus- und Weiterbildung, die zum Teil jeweils lerntheoretische, ver-

---

1 Vgl. Kap. 1.2, S. 19ff.

mittlungstheoretische, bildungstheoretische und pädagogisch-ethische Fragen sind, soll im Folgenden am Beispiel des Krankenpflegeberufes exemplarisch nachgegangen werden.

Der Krankenpflegeberuf gilt – jenseits aller gesellschaftlichen Klischees – nicht nur als sehr lern- und erfahrungsintensiv (vgl. Nerdinger 1994; Borsi 1994), sondern hat in den letzten Jahren eine enorme Veränderung im Selbstverständnis und Aufgabenprofil durchlaufen. Herausgetreten aus dem Schattendasein eines ärztlichen Heil- und Hilfsberufes, verläuft – unterstützt durch eine Verwissenschaftlichung des Berufsfeldes – eine Professionalisierung hin zu einem eigenständigen Gesundheitsberuf. Diese Situation sowie die kontinuierlich steigenden Anforderungen, insbesondere im Zusammenhang der zunehmenden, immer komplexer werdenden Krankheits- und Pflegebedürftigkeitsbilder einer immer älter und auch anspruchsvoller werdenden Gesellschaft, führen zu veränderten Anforderungen in der beruflichen Bildung und einer mit Nachdruck geführten Diskussion um neue Lernwege in der Pflegeausbildung (vgl. Görres 2002). In diesem Zusammenhang kommt der Kompetenzentwicklung eine besondere Bedeutung zu. Sie wird mit der neuen Ausbildungs- und Prüfungsverordnung in der Krankenpflege nicht nur erstmals vom Gesetzgeber als Ausbildungsziel festgeschrieben. Vielmehr gilt sie auch – nicht zuletzt im Hinblick auf einen seit jeher währenden Theorie-Praxis Konflikt – fachdidaktisch als besondere Herausforderung, weil in ihr Persönlichkeitsentwicklung und Wissensvermittlung stärker als bisher zueinander in Beziehung zu setzen sind (ebd.). Entsprechend wird ein Umdenken in der Pflege und Pflegeausbildung gefordert. Görres (2002) beschreibt hierzu die Ausgangssituation folgendermaßen:

> »Deutlich wird, dass unter den vorhandenen Bedingungen insbesondere der Lernort ›Station‹ den vielfältigen Anforderungen, die an einen Ausbildungsort gestellt werden, nicht gerecht werden kann. Die Erfahrungen vom Unterrichtserleben und seinen Inhalten kann von den einzelnen nicht ohne weiteres in die Praxis übertragen werden, da die Wirklichkeit der Praxis nie im Unterricht einzuholen ist und umgekehrt. (...) Es handelt sich um zwei eigene Sinnwelten. Festzustellen bleibt, dass Schule den Weg in die Praxis und Praxis den Weg in die Schule beschreiten muss, um Vernetzung und Integration im Sinne einer zukunftorientierten beruflichen Bildungs- und innovationsfreundlichen Praxis zu gestalten« (ebd., S. 18).

Mit der Hinwendung zum informellen Lernen öffnet sich m.E. der (pflege- und berufs-)pädagogischen Betrachtung ein Reflexionsfeld, das gut geeignet zu sein scheint, auf der Ebene empirischer Forschung, theoretischer Fundierung und didaktischer Integration einer bereits seit Jahrzehnten bestehenden faktischen Selbstaneignungspraxis – und entgegen einer zunehmenden Verschulung pflegerischer Berufsbildung (vgl. Bertram 2001) – den von Görres angedeuteten Theorie-Praxis Konflikt zu entschärfen und den Prozess der Kompetenzentwicklung für den Beruf selbst wie auch gerade den Pflegenden mit geeigneten Fördermaßnahmen zu unterstützen. So rückt mit der Betrachtung nebst Einbindung informeller Lernprozesse nicht nur die Praxis, sondern die Person mit ihren ganz individuellen Erfahrungen, Interessen und Einstellungen in den Vordergrund und verbindet eine bislang auf die Vermittlung wissenschaftlich und curricular begründeter Regelhaftigkeit und Arbeitstechnik orientierte Unterrichtsdidaktik mit der Subjekthaftigkeit der Lernenden. Damit vermag auch ein zentraler Widerspruch der pflegerischen Ausbildung aufgelöst zu werden. Dieser bestand bislang darin, dass eine auf menschlicher Beziehung – und das mitunter in der extremsten existenziellen Form des Seins von Tod und Sterben – fußende pflegerische Tätigkeit ohne Bezugnahme auf die Person der Pflegenden gelehrt wurde. Nicht umsonst beschreibt Napiwotzky (1998) in ihrer Dissertation mit dem Titel »Selbstbewußt verantwortlich pflegen« die Problematik fehlender Persönlichkeitsorientierung:

> »Der Persönlichkeitsentwicklung der Pflegenden wird bis heute viel zu wenig Aufmerksamkeit gegeben. In der Pflegeausbildung wird die Persönlichkeit eher in eine Form gegossen, als der Entwicklung Raum gegeben. Das, was die jungen Menschen mitbringen, wird nicht entfaltet, sondern zugedeckt und nicht selten sogar zerstört (...). Bei der Ausbildung der Berufsidentität, des beruflichen Selbst (...) wird den Denk- und Willensvollzügen und einzelnen Tätigkeiten sehr viel Aufmerksamkeit gewidmet. Bis ins kleinste Detail werden manche Handlungsabläufe einer Pflegenden festgelegt. Den eigenen emotionalen Vorgängen und der Sprache des eigenen Körpers wird in der Pflege/Pflegeausbildung m.E. kaum Beachtung geschenkt, man hat zu funktionieren« (Napiwotzky 1998, S. 21).

Diese Form der didaktisch provozierten Entfremdung von der eigenen Person ist zweifelsohne nicht allein als Spezifität pflegerischer Berufsbildung zu betrachten, sondern gilt offenbar auch für andere Berufe, die den Menschen ins Zentrum ihres Handelns stellen und deren Hintergrundwissenschaften, also in den Human- und Sozialwissenschaften gleichermaßen. So stellt Eggenberger (1998, S. 2f.) fest, dass gerade da, wo das menschliche und der Mensch, wo das Soziale im Mittelpunkt wissenschaftlicher Betrachtung steht, menschliche Erfahrungen und Intuition bislang zugunsten rationaler Kognition ausgeblendet wurden. »Dasjenige, was am Menschen mess- und kontrollierbar ist, triumphierte über das Nicht-Fassbare. Der human- bzw. sozialwissenschaftliche Blick hielt nur für wahr, was sich empirisch fassen und im Experiment wiederholen lässt. Er vernachlässigte, was nicht künstlich reproduziert werden kann und dennoch die menschliche Erfahrung bestimmt« (ebd.). Damit ist ein Zusammenhang aufgezeigt, der erklären kann, dass gerade über die speziell fachwissenschaftliche Betrachtung des Gegenstandes sich eine Didaktik abbildete, in der eher kognitivistische, theoriegeleitete Prinzipien das Sagen hatten und der Mensch mit seinem (Erfahrungs-)Hintergrund, mit seinem »Sein« außen vor blieb.

Insofern informelles Lernen als verbindende Klammer zwischen der Bewältigung einer immer *komplexer* werdenden beruflichen Realität einerseits und der

Subjektbezogenheit pflegerischer Dienstleitung andererseits gesehen werden kann, gehe ich grundsätzlich – sozusagen als zentrale Arbeitshypothese – davon aus, dass der Pflegeberuf im Hinblick auf seine vielfältigen menschlichen Anforderungen – jenseits pflegerischen, medizinischen und sozialwissenschaftlichen Wissens – gar nicht anders als in einem hohen Maße informell gelernt werden kann. Denn wie anders als durch persönliche Erfahrungen und Auseinandersetzungen mit ihrer Lebens- und Arbeitswelt, soll eine Pflegekraft die Fähigkeit zur (Mit-)Menschlichkeit, zur Empathie, zum persönlichen Einsatz ihrer selbst im Rahmen pflegepädagogischer Aufgabenstellungen von Begleitung, Beratung und Gesundheitsförderung erwerben oder erworben haben? So handelt es sich um personengebundene (Wesens-)Merkmale und vorwiegend affektive (Lern-)Ziele, die der inneren Zustimmung und Wertschätzung der Lernenden bedürfen. Sie sind, wie Laur-Ernst (1990) feststellt, Ergebnis eines langwierigen persönlichen Entwicklungsprozesses und lassen sich weder unmittelbar unterrichten noch unterweisen. Auch Miller (1997) geht davon aus, dass Beziehungsfähigkeiten nicht zu lehren bzw. zu vermitteln sind. Sie entstehen und entwickeln sich durch zwischenmenschliche Kontakte. »Lehren im Sinne der Vermittlung kann man nur entsprechendes Wissen (Beziehungslehren) und lernen nur Verhaltensweisen und Handeln (Beziehungslernen)« (Miller 1997, S. 138). Auch da, wo Pflege nicht Beziehungshandeln oder pflegetechnische Verrichtung ist, wo (klinische) Informationslagen ständig wechseln, kritische Situationen sofort erkannt, schnelle Einschätzungen und Entscheidungen sofort getroffen werden müssen, sind es Intuition, Erfahrung und implizites Wissen, welche hier die Grundlagen für kompetentes, professionelles Handeln bilden (vgl. Büssing et al. 2004). In diesem Sinne stellt Kirchhöfer (2004) mit einer Reihe von Experten fest, »dass in Pflegeberufen die aus informellen Lernprozessen resultierenden Kompetenzen beispielsweise denen aus der akademischen Ausbildung weit überlegen sind« (ebd., S. 113). Was aber bedeutet es, wenn – in Anlehnung an Schäffter (1999) gefragt – beruflich relevantes Handlungswissen, Profession und Können in alltagsgebundenen Lernprozessen erworben werden? Welche Supportstrukturen sind nötig, um mögliche »blinde Flecken« dieses teilweise unbewussten Lernens zu identifizieren? Die Beantwortung dieser Frage, die im Kern auf ein Gleichgewicht zwischen formellem und informellem Lernen verweist, führt gleichsam zur zweiten zentralen Arbeitshypothese dieser Studie – nämlich, *dass Ergebnisse informellen Lernens didaktisch zu integrieren sind, um über reflexive Verfahren in eine Form beruflicher Handlungskompetenz transformiert zu werden. Gelingt dies, so ergibt sich hieraus – und das ist die dritte Arbeitshypothese – auf der Personenseite ein hohes Potenzial reflexiver Handlungskompetenz sowie für den Beruf insgesamt ein Zuwachs an Wissen und Können, der den eingeschlagenen Professionalisierungsweg unterstützt.*

Vor dem Hintergrund dieses Problemzusammenhanges ist die Bedeutsamkeit des informellen Lernens für die Kompetenzentwicklung im Pflegeberuf herauszuarbeiten, um hieraus pädagogisch-didaktische Empfehlungen zur Ausgestaltung formellen und informellen Lernens abzuleiten. Anhand von qualitativen Interviews soll die Vielschichtigkeit der lernbiografischen, aber auch pädagogischen Bedeutung informellen Lernens für den (Pflege-)Beruf und seine Strukturen in Aus- und Weiterbildung verdeutlicht werden. Dadurch wird auch der theoretische und hier heuristisch dargestellte Bezugsrahmen mit neuen Inhalten angereichert.

1.2   Zum Stand der Forschung

Die empirische Forschung zum informellen Lernen verzeichnet – insbesondere im Hinblick auf Lernprozesse im Kontext der Erwerbsarbeit und des gesellschaftlichen wie privaten Alltags – in den letzten Jahren nicht nur international, sondern gerade auch in der deutschen Forschung einen deutlichen Anstieg. Gleichwohl erlaubt die sehr heterogene Begriffs- und Diskurstradition der in unterschiedlichen Teildisziplinen durchgeführten Untersuchungen kaum eine Vergleichbarkeit und damit Gesamtwürdigung des Forschungstandes (vgl. Overwien 2002; Kreimeyer 2004). Dies hängt nicht nur mit divergierenden Begriffsverständnissen, sondern nicht zuletzt auch mit den unterschiedlichen Bildungssystem in den einzelnen Ländern zusammen. So macht Wittwer (2003) darauf aufmerksam, dass in Ländern, die über kein ausdifferenziertes (duales) Bildungssystem verfügen, informelle Lernprozesse zweifelsohne ein anderes Gewicht haben (müssen) als vergleichsweise in Deutschland. Ein methodisches Problem kommt hinzu. Informelles Lernen ist sowohl im Begriffsdiskurs schwer auf eine gemeinsame Verständnisebene zu bringen, geschweige denn zu erklären, und noch schwieriger ist, es tatsächlich zu erfassen. Wenn also beispielsweise über die in der hiesigen Diskussion vielfach in Ansatz gebrachte Studie von Livingstone (1999) eine Kompetenzentwicklung von 70-90 Prozent durch das informelle Lernen konstatiert wird, dann muss ein solches Ergebnis nicht nur vor dem Hintergrund eines kaum institutionalisierten Berufsbildungssystems in Kanada eingeordnet werden, sondern auch der methodische Aspekt, dass es sich hierbei um eine Telefonbefragung nach dem Zufallsprinzip handelte, die als solche kaum verlässliche Aussagen über wirkliche Resultate informellen Lernens gemacht hat und machen konnte. Wie Overwien (2004) anmerkt, ist es zudem ein Problem der gesamten Diskussion um das informelle Lernen, dass die Studien vielfach mit unterschiedlichen Definitionen und theoretischen Fundierungen arbeiten. Daher werden im Folgenden nur solche Studien exemplarisch skizziert, die von ihrem Ansatz und definitorischen Begriffsverständnis zu Rahmenbedingungen und (thematischen) Anliegen dieser Arbeit in ein passendes Verhältnis gesetzt werden können.[2]

---

2   Eine ausführliche Darstellung und Würdigung der internationalen und nationalen Diskussion um informelles Lernen im Kontext von Erwerbsarbeit und Alltagswelt findet sich

Bereits 1990 wurde – die spätere deutsche Diskussion maßgeblich beeinflussend – von Marsick und Watkins informelles Lernen im Zusammenhang von Arbeitsprozessen untersucht. In einer sehr heterogen angelegten Studie gehen die Autoren unterschiedlichsten Aspekten informellen Lernens nach, was im Zusammenhang reinterpretierter Daten aus anderen Forschungskontexten zu berücksichtigen ist. So wurde im Einzelnen der Zusammenhang von Aktion und Reflektion bei Prozessen informellen Lernens am Beispiel einer Managerausbildung in Schweden ebenso erforscht wie die Förderung informellen Lernens am Beispiel von community-education Programmen in Neapel, die informelle Lernbiografie amerikanischer Universitätsabsolventen wie auch inzidentelle Lernprozesse einer Gruppe von inzwischen erwachsenen Kindern von Alkoholikern. Ihre Ergebnisse sind bei aller Vielschichtigkeit für die vorliegende Studie insoweit interessant, weil bei ihnen deutlich der unstrukturierte und nicht routinemäßige Charakter informellen Lernens identifiziert wird. So findet informelles Lernen insbesondere dort statt, wo es wenig systematisch überschaubare und kontrollierbare Situationen gibt. Dabei gehen sie davon aus, dass beim informellen Lernen während des Arbeitsprozesses ein »problem framing« abläuft, indem die gegenwärtige Problemsituation über die erneute Interpretation vergangener Erfahrungen zu einem ähnlichen Problemrahmen gelöst wird. Zudem weisen die Autoren auf die Abhängigkeit entsprechender Aktionen von kulturellen Zusammenhängen hin.

Aufschlussreich ist auch eine qualitative Studie von Kirchhöfer (2000), in der informelles Lernen aus alltäglichen Lebensführungen in direkten Bezug zur beruflichen Kompetenzentwicklung gesetzt wird. Über protokollierte Tagesabläufe gelingt es ihm, Lernsituationen des täglichen Lebens zu identifizieren, die auf externe und persönlichkeitsbezogene Anteile informellen Lernens in ihren biografischen Entstehungszusammenhang verweisen. In allen Tagesabläufen wurde auch deutlich, dass das soziale Umfeld nicht a priori ein Lernfeld ist, sondern dessen Konstitution als Lernfeld von der subjektiven Konstruktionsleistung des Individuums abhängt. Diese Konstruktionsleistung steht wiederum in Abhängigkeit von der Motivation und Fähigkeit des Individuums zur Selbstorganisation seines Lernens und des Transfers dieser Leistung in den beruflichen Zusammenhang.

Eine weitere im Zusammenhang dieser Arbeit sehr instruktive Studie haben Dehnbostel, Molzberger und Overwien (2003) vorgelegt. Sie untersuchten Informelles Lernen im Prozess der Arbeit am Beispiel der IT-Berufe. Anhand von qualitativen Betriebs-Fallstudien und einer Fragebogenerhebung in entsprechenden Klein- und Mittelbetrieben innerhalb der Region Berlin wurden informelle Lernvorgänge der Mitarbeiterinnen und Mitarbeiter im Unternehmen identifi-

---

u.a. bei Dohmen (2001, S. 47ff.), Dehnbostel, Molzberger und Overwien (2003, S. 36ff.), Overwien (2002) sowie Kreimeyer (2004, S. 47ff.).

ziert und nach jeweils spezifischen betrieblichen Lern- und Wissensarten sortiert. Im Gesamtergebnis wurde deutlich, »dass Qualifizierung und betriebliche Innovationen wesentlich über und durch informelle Lernprozesse getragen werden« (ebd., S. 177). Die informellen Lernprozesse haben – wie die Befunde deutlich machen – eine hohe Intensität, sind aber zugleich arbeitsplatz- und auftragsabhängig, ohne dass ein allgemeiner Kompetenzerwerb auf breiter Ebene gefördert wird. Von besonderem Gewicht für informelle Lernprozesse sind hierbei kommunikationsbetonte Strategien im telefonischen oder direkten Austausch mit Kollegen. Es gehört in dieser Branche zum Standard, informell zu lernen. Insbesondere in Arbeitsprojekten, wo neue Themen an Mitarbeiter herangetragen werden und die Problemlösung im Vordergrund steht, bedarf es des intensiven Austausches untereinander. Hier stellt auch die räumliche Nähe der Kollegen untereinander einen wichtigen Garanten für informelle Lernprozesse dar. Mitarbeitern ist diese Art des Lernens offenbar sehr bewusst, was von einem Mitarbeiter ironisierend so auf den Punkt gebracht wird, dass »das Lernen eine Art Krankheit sein muss, die einen täglich begleitet« (ebd., S. 176). Hier wird deutlich, dass die Notwendigkeit, in Arbeitsprojekten und durch diese zu lernen, von den Mitarbeitern nicht nur positiv beurteilt, sondern – bei allem Anreiz – auch als Druck empfunden wird. Dies weist auch auf Interessenkonflikte zwischen Unternehmensmanagement und Mitarbeitern in Bezug auf den Zeitdruck bei Projekten und individuellen Lernbedürfnissen hin.[3] »Wann ist Lernen sinnvoll?«, lautet die Grundsatzfrage, die sich insbesondere dann stellt, wenn sich die Mitarbeiter im Hinblick auf informelle Lernanforderungen einerseits und Geschäftsinteressen andererseits alleingelassen fühlen. Dehnbostel, Molzberger und Overwien formulieren hierauf die These, dass sich zukünftig nur diejenigen Unternehmen am Markt durchsetzen können, die das informelle Lernen ihrer Mitarbeiter als integralen Bestandteil der Arbeit unterstützen.

Büssing et al. (2002) untersuchten den Zusammenhang zwischen Erfahrung und handlungsleitendem Wissen in kritischen Krankenpflegesituationen. Hierzu haben sie eine Methode zur Explikation impliziten Wissens erarbeitet. So wurde mit Hilfe von Pflegeexperten eine äußerst kritische Situation erarbeitet, die solche Kriterien aufbieten musste, dass implizites Wissen und erfahrungsgeleitetes

---

3 Garrick (1988) weist für die nordamerikanische Debatte darauf hin, dass der Diskurs zum informellen Lernen keinesfalls ein primär erziehungs- oder sozialwissenschaftlicher sei, sondern, in wirtschaftswissenschaftliche Debatten integriert, immer in der Gefahr stehe, zu eng an ein ökonomisches Kosten-Nutzen-Denken gebunden zu sein. Für die deutsche Debatte haben Kirchhof et al. (2003) sowie Kirchhof und Kreimeyer (2003) diesen Ansatz auf den Diskurs zum informellen Lernen im sozialen Umfeld übertragen. Kreimeyer (2004) unterstreicht, dass »zu einer empirisch abgesicherten Diskussion über das informelle Lernen im Betrieb auch der Hinweis auf die Gefahr von gesellschaftspolitischer Einseitigkeit wie einer betriebswirtschaftlichen Instrumentalisierung dieser Lernform (gehört: S.K.)« (ebd., S. 49).

Handeln zur Bewältigung der Situation erforderlich waren. Sechzehn Pflegekräfte, die die Situation praktisch bearbeiten mussten, wurden vorher – kontrastierend zum Praxistest – einem theoretischen Wissenstest unterzogen. Um
bestimmen zu können, wie gut die Pflegekräfte in der Simulation abgeschnitten
haben, wurden Videoaufzeichnungen durchgeführt. Grundlage der Beurteilung
waren die bereits erwähnten Expertengespräche, die die Situation in verschiedene Handlungskriterien untergliedert haben. Mittels dieser Kriterien wurde ein
Gesamtwert für die Güte der Handlungen gebildet. Anhand eines Cut-Off-
Wertes wurden die Pflegekräfte in zwei Gruppen aufgeteilt: in diejenigen, welche die Situation gut bewältigten (erfolgreiche, neun Personen), und jene, die die
Situation weniger gut bewältigt haben. Im Ergebnis zeigte sich, dass im Vergleich zwischen der erfolgreichen und der weniger erfolgreichen Gruppe keine
nennenswerten Unterschiede im expliziten Wissen aufgetreten sind, wohl aber
im impliziten Wissensbereich.

> »Zusammengefasst unterscheiden sich also die erfolgreichen von den weniger erfolgrei-
> chen Pflegekräften in einer kritischen Pflegesituation auf der Wissensseite nur dadurch,
> dass sie mehr implizites Wissen benennen. Daher kann implizites, auf Erfahrung beru-
> hendes Wissen als positiver Faktor für die Leistung einer Pflegekraft vor allem in kriti-
> schen Krankenpflegesituationen gesehen werden« (S. 295).

Obgleich Büssing et al. mit ihrer Studie nicht direkt implizites Lernen untersucht
haben, sondern über das entsprechende Lernergebnis implizites Wissen (tacit-
knowledge) fokussierten, liegt der Wert ihrer Arbeit in der Fundierung der Relevanz impliziten Wissens und damit auch impliziten Lernens in der Krankenpflege. Gleichzeitig warnen die Autoren vor einer einseitigen positiven Sichtweise.

> »So können beispielsweise die beschriebenen Ergebnisse für die Gruppe der weniger er-
> folgreichen Krankenpflegekräfte dahingehend bewertet werden, dass ihr implizites Wis-
> sen, auch in einer kritischen Situation Schritt für Schritt vorzugehen (also sequentiell zu
> arbeiten), mit dazu beigetragen hat, auf diese Situation nicht so flexibel zu reagieren.
> Durch diese Vorgehensweise wurde unter anderem wertvolle Zeit verschenkt« (S. 296).

Hieran wird deutlich – und von der Autorengruppe besonders hervorgehoben –
dass implizites Wissen nicht nur fehlerhaft sein kann, sondern über den Versuch
von Reflexionen immer wieder aktualisiert und bereinigt werden muss.

Bauer et al. (2004) beschreiben anhand einer Fallstudie die Organisation des
non-formalen und informellen Lernens in den Pflegebereichen eines Altenwohn-
und Pflegeheims. In qualitativen Interviews schildern die Pflegenden solche Gelegenheiten, in denen sie nach eigenem Empfinden gelernt haben.

> »Es sind Arbeitsformen, die sich oft zufällig herausgebildet, aber als Lösungsrahmen
> für Probleme bewährt haben und heute fest in die Arbeit integriert sind. Die Lernpro-
> zesse, von denen die Pflegenden berichten, sind häufig der ›Mehrwert‹, der entsteht, in-
> dem die anstehenden Alltagsprobleme gelöst werden. Die Grenze zwischen Lernen und

dem ›Einfach-nur-den-Alltag-bewältigen können‹ verschwimmt oft genug und lässt sich keinesfalls genau ziehen« (ebd., S. 59).

Neben mehr oder weniger institutionalisierten Lernformen – z.b. Workshops zur Bearbeitung problematischer Themen, Supervision und Qualitätszirkel – berichten die Pflegenden im Sinne informellen Lernens auch von Lernprozessen, die völlig ungeplant stattgefunden haben und einem erst im Nachhinein das Gefühl vermittelten, etwas gelernt zu haben. Solche Situationen treten z.b. dann ein, wenn man für einen Kollegen[4] einspringen und dessen Aufgabe übernehmen muss (etwa bei Krankheit oder anderen Anlässen). Die Betroffenen empfinden diese Form des informellen Lernens zwar zunächst als belastend, dann aber als sehr erfolgreich. »Ich schätze dieses Prinzip, dass man erst die Erfahrung macht und danach versucht zu begreifen« (ebd., S. 67).

Aber auch andere Lernformen werden von den Pflegenden genannt. Beispielsweise, wenn es darum geht, in Alltagsprozessen immer wieder auf Probleme zu stoßen, die aus dem Fachwissen heraus nicht beantwortet werden können. Eigene Nachforschungen, z.b. über Fachzeitschriften, werden von den Pflegenden als normaler Lernweg beschrieben.

Bauer et al. identifizieren in ihrer Studie einige Kriterien, die für den Erfolg informellen Lernens in Alten- und Pflegeheimen bedeutsam sind. Hierzu gehören u.a. strukturelle Hilfen, die das arbeitsintegrierte Lernen erleichtern:

- »gemeinsame Besprechungen und der Austausch von Erfahrungen werden als wertvoll angesehen. Sie gelten als Arbeit und werden nicht diskriminiert.
- Es gibt Zeiträume, in denen voneinander und miteinander gelernt werden kann.
- Die Mitarbeiter sind darin geschult, miteinander zu sprechen. Sie haben eine hohe Gesprächs- und Moderationskultur« (ebd., S. 77).

Fasst man die Ergebnisse der in Anlage und Art recht heterogenen hier skizzierten Untersuchungen schlussfolgernd zusammen, dann lassen sich mit den identifizierten Kategorien – »kommunikativ-kollegialer Austausch«, »alltagsbezogenes Bewältigungshandeln«, »problembezogene Lösungsversuche« und »ergebnisoffene Handlungsanforderungen« – bereits gute Belege für die Annahme aufführen, dass sich im Pflegeberuf ähnlich vielfältige Formen informellen Lernens aufzeigen lassen werden. Gleiches gilt für den zwischenzeitlich empirisch mehrfach nachgewiesenen Zusammenhang zwischen informellem Lernen als kompetenzentwickelndem Lernen, insbesondere im Prozess der Arbeit, alltäglicher Le-

---

4 Ein Hinweis zum Umgang mit dem grammatischen Geschlecht: Ich wechsle unsystematisch zwischen der weiblichen und männlichen Form, sofern nicht eine konkrete Person gemeint ist.

bensführungen, und dem Lernen im sozialen Umfeld.[5] Gleichwohl bleibt die von Dohmen (2001) aufgeworfene Frage, »wie ein bisher kaum erschlossenes ›natürliches‹ Lernen der Menschen in ihren täglichen Umwelt-Erfahrungszusammenhängen am treffendsten und klarsten begrifflich erfasst, in seinen verschiedenen Facetten besser verstanden und vor allem wirksamer unterstützt werden kann« (ebd., S. 25), immer noch hoch aktuell.

Denn während in den genannten Studien die strukturellen Aspekte informellen Lernens oftmals genau identifiziert wurden, ist ihre lerntheoretische und kompetenztheoretische Anbindung, insbesondere an das jeweils untersuchte Berufsfeld, gering. Welche Prozesse, Strukturen und Wirkungsmechanismen informellen Lernens genau für die Entwicklung berufsspezifischer Handlungskompetenz in welcher Form relevant werden, wie sie individuell gehandhabt werden, in welchem Verhältnis sie zur formalen Bildung stehen, welcher persönlichen Bedeutsamkeit sie unterliegen und welchen Einfluss sie auf das spezifische Berufsfeld im engeren Sinne nehmen, ist damit bislang noch unzureichend untersucht und auch nicht allein eine Frage generalisierbarer Effekte, die aus den vorgenannten Untersuchungen abgeleitet werden können. So ist im Hinblick auf die signifikanten Kompetenzmerkmale und deren Bedingungen innerhalb des jeweiligen Berufsbildes nur von einem kontextspezifischen Verständnis auszugehen, und daher soll der Gegenstand meiner vorliegenden Untersuchung sich auf das Berufsfeld Pflege konzentrieren. Dabei wird es insbesondere auch um die von Overwien (2002) als noch völlig unzureichend erforschte Frage gehen, wie informelles und formelles Lernen sinnvoll miteinander in Beziehung gesetzt werden können. So besteht zwar weitgehend Einigkeit über die Notwendigkeit der Verbindung formellen und informellen Lernens und den Ansatz, über reflexive Verfahren zur Exploration informeller Lernerfahrungen beizutragen, um sie in individuelle Handlungskompetenzen integrieren zu können (vgl. z.B. Staudt/ Kley 2001; Wittwer 2003; Dehnbostel et al. 2003; Kreimeyer 2004). Unklar bleibt demgegenüber die Konkretisierung, wie dies im Rahmen berufsbezogener Didaktiken im Kontext von Aus- und Weiterbildungsprozessen aussehen kann.

---

5   Vgl. hierzu die Ergebnisse der Forschungsreihe »Lernen im Prozess der Arbeit« (LiPA) und »Lernen im sozialen Umfeld« (LiSU) im Forschungsprogramm »Lernkultur Kompetenzentwicklung« der Arbeitsgemeinschaft für Betriebliche Weiterbildungsforschung (ABWF) Berlin, e.V.

1.3   Methodische Vorbemerkungen und Aufbau der Arbeit

Der Anspruch, den formulierten Bedeutungszusammenhang empirisch heraus-zuarbeiten, ist ein methodologisch herausforderndes Unterfangen. So ist Lernen für die empirische Forschung ohnedies ein schwer zu fassender Gegenstand, da er auf der Ebene des Vorgangs als »black-box« unbeobachtbar ist und stets nur retrospektiv aus stabilen Verhaltensänderungen erschlossen werden kann. Die Exploration *informellen* Lernens unterliegt dabei der besonderen Schwierigkeit, dass es sich hierbei nicht nur um biografisch eng verwobene, sondern vielfach auch um vor- bzw. unbewusste Prozesse handelt. Gleichzeitig ist die Isolierung informellen Lernens hinsichtlich seines Einflusses auf die individuelle Kompe-tenzentwicklung äußerst problematisch, da die Grenzen im Hinblick auf die Wirkung und Struktur zwischen formalem und informellem Lernen durchaus fließend und Übergänge daher stets möglich sind (vgl. Reischmann 1995). Ähn-liche Probleme bestehen für das Konstrukt der Kompetenz, da Kompetenzen, wie Erpenbeck (1997) unterstreicht, nicht direkt prüfbar sind, sondern sich allen-falls aus der Realisierung von Dispositionen in der Praxis erschließen lassen.

Vor diesem Hintergrund ist es naheliegend und im Verständnis des Themas kon-sequent, innerhalb dieser Arbeit mit dem Ansatz des »interpretativen Paradig-mas« informelle Lernhandlungen und ihren Einfluss auf die Kompetenzentwick-lung strikt aus der Perspektive des lernenden Subjekts zu rekonstruieren. Hierbei kann – wie oben bereits angedeutet – mit Blick auf den individuellen und unbe-kannten Charakter subjektiven Erlebens die Erforschung nur mit Hilfe solcher Verfahren gelingen, die es ermöglichen, Sichtweisen und Interpretationsmuster der Lernenden zu erfahren, ohne vorher exakt spezifizierte und operationalisierte Hypothesen formuliert zu haben (vgl. Schnaitmann 1996). Deshalb schließt die vorliegende Arbeit an die Methodik der Grounded Theory von Glaser und Strauss an, mit der eine entsprechende Offenheit im Forschungsprozess gewähr-leistet werden kann. Auch wenn mit dieser Arbeit aus forschungsökonomischen Gründen nicht das Ziel einer vollständigen, d.h. dicht konzeptualisierten Theo-riebildung verfolgt wird, so erlaubt die Forschungslogik der Grounded Theory auf der Ebene eines pragmatischen Ansatzes durchaus ein konzeptionelles Ord-nen explorierter Phänomene und die systematische Generierung von Hypothesen sowie eines Kategoriensystems (vgl. Strauss/Corbien 1996). Hierbei handelt es sich um einen abduktiven Forschungsprozess, dessen Ausgangspunkt *nicht* das Prüfen einer theoretischen Vorannahme (Deduktion) und auch nicht die Varian-te, von einem speziellen Fall allgemein zu schließen (Induktion), umfasst. Viel-mehr soll mit einer bestimmten theoretischen Aufmerksamkeit und Sensibilität ein Dialog mit dem Datenmaterial aufgenommen werden, um aus dem Material heraus empirisch begründete Kategorien und Hypothesen zu entwickeln.

Eine andere erkenntnistheoretisch relevante Problematik des hier dargestellten Forschungsvorhabens deutet sich zunächst in der durch meine eigene Be-

rufsbiografie bedingten engen Vertrautheit mit dem Forschungsfeld der Pflegeberufe an. Hier steht mit dem »zu umfangreichen Kontextwissen« (Strauss 1998,
S. 211) die Objektivität als Gütekriterium empirischer Forschung möglicherweise ebenso zur Diskussion, wie ›das bekannte zu untersuchen‹ für die Forschung kontraproduktiv sein könnte, da keine Fragwürdigkeiten mehr entstehen
und daher eine »künstliche Naivität« (Oevermann 1993, S. 128) hergestellt
werden müsse. Demgegenüber wird in der Grounded Theory von Strauss (1998)
die Überzeugung vertreten, dass das Kontextwissen einen wesentlichen Daten-
fundus darstellt, der die Sensitivität bei der Theoriebildung erhöht und eine Fülle
von Möglichkeiten liefert, Daten zu entdecken, Vergleiche anzustellen und das
Theoretical sampling zu entwickeln.

Dennoch soll beiden Risiken – nicht zuletzt wegen der Gefahr, von persönlichen
Erfahrungen überschwemmt zu werden – hier mit dem Anspruch nach selbstreflexiver Bewusstheit, analytischer Distanz und Transparenz begegnet werden.
Auch Mayring (1999) macht darauf aufmerksam, dass eine vorurteilsfreie Forschung nie ganz möglich und somit das Zulassen eigener subjektiver Erfahrungen mit dem Forschungsgegenstand ein legitimes Mittel ist. »Forschung ist danach immer als Prozess der Auseinandersetzung mit dem Gegenstand, als For-
scher-Gegenstands-Interaktion aufzufassen« (ebd., S. 14). Damit ist eine Sichtweise beschrieben, die sich mit Meinefeld (2000) dahingehend weiterführen und
unterstreichen lässt, dass alle Ansprüche nach Offenheit und Voraussetzungslo-
sigkeit idealistisch und erkenntnistheoretisch nicht zu halten sind. So stellt bereits die erste Konstitution von Daten eine aktive Leistung des Forschers dar, die
sein Forschungsinteresse und sein Vorwissen zum Hintergrund hat. »Die Forde-
rung nach einem möglichst voraussetzungslosen Sicheinlassen auf das Feld ver-
deckt gerade die grundlegende Konstitution des Feldes in Abhängigkeit von dem
dem Forscher zu diesem Zeitpunkt verfügbaren Wissensvorrat. Erkenntnisse über
soziale Phänomene generieren nicht aus eigener Kraft, sie sind Konstruktionen
des Forschers von Anfang an« (ebd., S. 269). Und sie steuern die Aufmerksamkeit, die Sensibilität des Forschers für bestimmte Phänomene. Entscheidend ist
daher, das Vorverständnis sowohl auf der theoretischen wie auf der Erfahrungs-
und Einstellungsebene entsprechend zu reflektieren wie zu explizieren und damit transparent zu machen. Beides wird in der vorliegenden Arbeit dadurch gewährleistet, dass die Erfahrung der Autors sowohl in einem biografisch-
narrativen Interview einer Vorurteilsklärung unterzogen worden ist als auch das
theoretische Vorverständnis in seiner Sichtweise und seinen Bewertungen innerhalb eines der Studie vorangestellten ausdifferenzierten begrifflich-heuristischen
Bezugsrahmens expliziert wurde. Damit – und nicht zuletzt innerhalb eines mul-
tipersonalen Diskurses der Fälle in interdisziplinären Kolloquien und einer Interpretationsgruppe – wurde eine Haltung des Autors zu unterstützen gesucht,
die zu einer Betrachtung des »Eigenen« als »Fremdes« anregte und damit bisher
Vertrautes in einen neuen Zusammenhang zu stellen suchte, was gleichzeitig zur

Generierung neuer Fragen im Forschungsfeld führte (vgl. auch Breuer 1996). Letztlich gilt als Anspruch für diese Arbeit, die Zuverlässigkeit und Objektivität der Auswertung dadurch zu gewährleisten, einfließende Wissensbestände und alle Auswertungsschritte so offenzulegen, dass sie für den Leser und andere Forscher zumindest nachvollziehbar sind.

Der Aufbau der Arbeit folgt diesem Anliegen. Zunächst wird im folgenden Kapitel 2 ein heuristisch-begrifflicher Bezugsrahmen mit dem Zweck entfaltet, das hier zugrunde liegende theoretisch begründete Wissen und Vorverständnis zum Themenkomplex des informellen Lernens und seinem Beitrag zur Kompetenzentwicklung in einem konzeptionellen Verständnis darzulegen. Wie bereits erläutert, haben theoretische Vorkenntnisse und Wissensbestände des Untersuchers für den Forschungsprozess eine besondere Bedeutung, da sie für seine theoretische Sensibilität in der Auswertung der Daten von großer Bedeutung sind. So zielt die theoretische Sensibilität als Bezugsmöglichkeit des Forschers auf die Identifizierung relevanter Kategorien ebenso wie auf die Herstellung von Zusammenhängen zwischen den Kategorien und der zu entwickelnden Hypothesen. Gleichzeitig ist es mir im Rahmen dieses heuristischen Bezugsrahmens ein Anliegen, die dieser Arbeit zugrunde liegenden Begriffe des Informellen Lernens und der Kompetenzentwicklung – die beide gleichermaßen populär, aber umstritten sind – in ihrer Widersprüchlichkeit auszuloten und den persönlichen Standpunkt meiner Lesart zu kennzeichnen.

Im anschließenden Kapitel 3 wird der empirische Teil der Studie dokumentiert. Ausführlich wird in das Verfahren der Grounded Theory eingeführt und ihre spezielle Anwendung an einem Fallbeispiel exemplarisch aufgezeigt. Sodann werden die Ergebnisse dargelegt und in abduktiv geschlussfolgerten Hypothesen zusammengefasst. Ebenfalls werden erste Implikationen für die Berufliche Bildung abgeleitet.

Anknüpfend an die aufgezeigten Ergebnisse der Studie findet im 4. Kapitel eine grundlegende Auseinandersetzung hinsichtlich pädagogisch-didaktischer Implikationen der Wirkungen informellen Lernens und ihrer Konsequenzen statt. Am Ende werden didaktische Ansätze zur Förderung informellen Lernens entwickelt und zusammenfassend diskutiert.

2. Heuristisch-begrifflicher Bezugsrahmen

Um Informelles Lernen im Zusammenhang von Kompetenzentwicklung in seiner im Pflegeberuf spezifischen Ausprägung näher untersuchen zu können, ist eine begriffliche Klärung notwendig, die diesen Begriff nach seinen theoretischen Ausgangsbedingungen und bildungstheoretischen Zusammenhängen grundsätzlich diskutiert. Dies ist umso bedeutsamer, insofern im bisherigen Diskursverlauf für beide zentralen Begriffe, d.h. »Informelles Lernen« und »Kompetenz« eine Vielzahl unterschiedlicher Bergriffsvariationen und Sichtweisen existieren.

2.1 Von der Terra incognita zur Skizze einer Anthropologie informellen Lernens

Informelles Lernen ist vom Grundsatz her nicht neu. Im Gegenteil: Als ursprüngliche Form menschlicher Lernhandlungen hat es die Menschheit zeitlebens im wahrsten Sinne des Wortes begleitet – und genießt nicht zuletzt in der betrieblichen Bildung über die »Lehrlings-Meister Beziehung« seit jeher große praktische Bedeutung (vgl. Wittwer 2003). Wenn dennoch informelles Lernen im wissenschaftlichen Diskurs über lange Zeit als eine Art terra incognita galt (vgl. Brödel 2004), dann mag sich dies auf ein sowohl theoretisch als auch empirisch weitgehend noch unerschlossenes Begriffsgelände beziehen, das es zu vermessen gilt.[6] Hierzu kann mittlerweile grundlegend – sozusagen im Angesicht einer Befreiung aus dem Status von »Restkategorie« (Overwien 1999) – an eine sich zunehmend ausdifferenzierende Forschung angeknüpft werden, die das genuin Eigene, subjektbezogener Lernprozesse im Lichte alltäglichen Mensch-Seins und kontrastierend zu formal organisierten Lernprozessen neu erhellt.

---

6 Es kann an dieser Stelle nicht geklärt werden, mag aber durchaus verwundern, warum augenscheinlich das Informelle Lernen trotz wiederholter Einlassungen im Diskurs der Erwachsenenbildung und Berufspädagogik bis zum Beginn des 21. Jahrhunderts ein eher verdrängtes Thema gewesen ist. Vermuten lässt sich, wie Kreimeyer (2004) es interpretiert, dass die Konzentration der Disziplinen aufgrund ihrer eigenen Professionalisierung dem Primat der Institutionalisierung organisierter Lernformen und deren Erforschung folgte. Betrachtet man demgegenüber heute den Forschungszuwachs zu allen Themenbereichen informellen Lernens in seiner bildungspolitischen Programmatik, dann handelt es sich zweifelsohne nicht um eine genuin am lernenden Subjekt oder der pädagogischen Disziplin orientierte Fragestellung, sondern um Nutzungsaspekte im Kontext der Anforderungen lebenslangen Lernens in einer Wissensgesellschaft und ihrer Wertschöpfungsanteile unter Globalisierungsbedingungen. Die damit zusammenhängende Gefahr der Instrumentalisierung ergibt sich allerdings nicht aus dem Sachverhalt selbst, sie ist vielmehr interessengeleitet (vgl. Wittwer/Kirchhof 2003).

2.1.1   Annäherungen an ein Verständnis von Lernen als Bezugspunkt

Geht man mit dem Kybernetiker Heinz von Foerster (1993, S. 128) davon aus, dass wir »nicht die geringsten Vorstellungen darüber haben, was in uns vorgeht, wenn wir sagen, wir hätten etwas gelernt«, dann wird verständlich warum es – zumindest aus wissenschaftlicher Sicht – schwer ist, eine eindeutige Definition dessen zu geben, was menschliches Lernen genau ist oder nicht. Dies mag zunächst verwundern, da Lernen als ein vielfach verwendeter Alltagsbegriff erscheint, der keiner weiteren Explikation mehr bedarf. Folgt man Schmidt (2003), dann hängt jedoch die vielfältige und im Sinne einer Gesamtdefinition nicht kohärente wissenschaftliche Betrachtungsweise von Lernen damit zusammen, dass jede Disziplin einen anderen Referenzbereich im Blick hat, »der von physiologischen über psychologische bis hin zu sozialen, kulturellen und ökonomischen Aspekten reicht. Mit anderen Worten, jede Disziplin selektiert mit Hilfe des Begriffs Lernen andere Phänomenbereiche, die dann als ›Lernen‹ konzipiert werden« (Schmidt 2003, S. 40). Zweifelsohne steht Lernen – im übergreifenden Sinne verstanden als erkennbare und überdauernde Verhaltensänderung – mit Informationsverarbeitung, Erfahrung, und Wissenszuwachs in Verbindung und ist durch seine Wirkung auf kognitive Strukturen gekennzeichnet, womit nicht nur eine pädagogisch–psychologische, sondern auch eine neurobiologische Sichtweise angedeutet ist, die Lernen als Veränderung in neuronalen Verknüpfungen begreift (vgl. Spitzer 2002).[7] Der dahinter liegende Lernprozess lässt sich mit Heinrich Roth (1962) in einem umfassenden und ganzheitlichen Zusammenhang von Denken, Fühlen und Wollen, und seiner pädagogischen Implikationen, folgendermaßen beschreiben:

> »Pädagogisch gesehen bedeutet Lernen die Verbesserung oder den Neuerwerb von Verhaltens- und Leistungsformen und ihren Inhalten. Lernen meint aber meist noch mehr, nämlich die Änderung bzw. Verbesserung der diesen Verhaltens- und Leistungsformen vorausgehenden und sie bestimmenden seelischen Funktionen des Wahrnehmens und Denkens, des Fühlens und Wertens, des Strebens und Wollens, also eine Veränderung der inneren Fähigkeiten und Kräfte, aber auch der durch diese Fähigkeiten aufgebauten inneren Wissens, Gesinnungs- und Interessensbestände des Menschen. Die Verbesserung oder der Neuerwerb muß aufgrund von Erfahrungen, Probieren, Einsicht, Übung oder Lehre erfolgen und muß dem Lernenden den künftigen Umgang mit sich selbst oder der Welt erleichtern, erweitern oder vertiefen. Das Lernen muss ihm helfen, sich selbst besser zu verwirklichen, d.h. sich selbst besser in die Welt hineinzuleben, und das Lernen muß ihm auch helfen, die Inhalte und Forderungen der Welt besser zu verstehen

---

7   Die Sichtweise der Neurobiologie stellt keine eigene Lerntheorie dar, sondern vermag über ihre diagnostischen Möglichkeiten, bisherige lerntheoretische Zusammenhänge zu bestätigen bzw. zu modifizieren. Inwieweit sich hierauf eine Neurodidaktik begründen lässt, ist ebenso fraglich wie das tatsächliche Anregungspotenzial der Neurowissenschaften als Bezugsdisziplin für die Pädagogik. Zur Kontroverse hierzu innerhalb der Pädagogik sei auf Holzapfel (2003) verwiesen.

und zu erfüllen, d.h. ihnen besser gewachsen zu sein. Wir hoffen nach einem gelunge-
nem Abschluss eines Lernprozesses, dass wir gleiche, ähnliche und neue Aufgaben des
Lebens besser lösen können. Lernen umfasst auch den Abbau von Verhaltens- und Leis-
tungsformen, die dem Lernenden den Umgang mit sich oder der Welt erschweren, be-
engen oder verflachen« (Roth 1962, S. 205).

Lernen erscheint in dieser genuin pädagogisch- und bildungstheoretischen
Sichtweise als ein wissens- und wertebezogener (Überlebens- und Selbstver-
wirklichungs-)Prozess des Neu-, Um- und Verlernens, der, auf Kompetenzentwicklung zielend, nicht nur im Licht von Verhaltensänderung und der ihr
zugrunde liegenden Informationsverarbeitung zu sehen ist, sondern auch in seinen Bezügen zum Handeln, zu emotionalen Prozessen[8] und zu Erfahrungen betrachtet werden muss. So lernen wir – wie Schmidt (2003) verdeutlicht – geradezu »überall da, wo wir Erfahrungen machen und diese Erfahrungen in der Reflexion auf andere Erfahrungen beziehen, also durch Synthetisierung von Erfahrungen neue Ordnungen herstellen« (S. 42). Und es ist emotionales Lernen, d.h.
die Aneignung innerer Erfahrungen, das diesen Prozess im Sinne nachhaltigen
Lernens erst ermöglicht (vgl. Schüßler 2004, S. 150). Dohmen (2000) formuliert
übergreifend: »Wir verstehen ›Lernen‹ im Wesentlichen als das geistige Verarbeiten (Verstehen, Ordnen, Deuten) von Eindrücken, Erlebnissen, Erfahrungen
und die aktive Konstruktion anforderungsbezogener Wissenszusammenhänge
und Entwicklung verantwortungsbezogener Verhaltensdispositionen« (S. 217).
Eine solche Auffassung von Lernen – die im Hinblick auf den konstruktiven
Prozess den Grundpositionen systemisch-konstruktivistischer Lehr-Lern-For-
schung entspricht (vgl. z.B. Reinmann-Rothmeier/Mandl 1997) und die aktive

---

8   Auffallend erscheint, dass trotz vielfachen Verweises auf die Subjektivität der Lernenden
     und die Bedeutung emotionaler Lernprozesse die Relevanz von Gefühl und Emotionalität
     innerhalb von Lernprozessen für die Pädagogik nicht weiter ausdifferenziert wird. Klika
     (2004) spricht im Hinblick auf das Verhältnis der Erziehungswissenschaft zu dem Phä-
     nomenbereich *Gefühl* von einer »problematischen Liaison«, die sie damit in Verbindung
     bringt, dass es die Pädagogik selbst war, die diesem Phänomenbereich sukzessive der
     Psychologie überließ und damit von außen betrachten musste, wie Gefühle lediglich im
     Hinblick auf ihre Funktionalität etwa im Kontext von Interaktion und Motivation unter-
     sucht wurden. So konstatiert auch Arnold für die Erwachsenenbildung, dass »Erwachse-
     nenlernen (…) immer noch nahezu ausschließlich als ein die Differenzierung kognitiver
     Bewusstseinsstrukturen gestaltender Interaktionsprozess analysiert [wird; S.K.], während
     die subjektive Ebene des Sich-in-der-Welt-Fühlens kategorial nicht wirklich erschlossen
     und theoriebildend aufgearbeitet wird« (Arnold 2003, S. 156). Dass die Ausklammerung
     von Emotionalität in Lernprozessen nicht nur ein erwachsenenpädagogisches, sondern,
     beginnend mit der Schulzeit, gleichsam zu einem gesamtgesellschaftlichen Problemfeld
     geworden ist, mag sich an der zunehmenden Publikationsflut zu diesem Thema ablesen
     lassen. So sprechen die zahlreichen Auflagen von Bänden wie »Emotionale Intelligenz«
     (Goleman 1996) oder auch »Emotionale Kompetenz« (Steiner 1997) hierzu eine beredte
     Sprache. Gegenwärtig ist in gewisser Weise auch in der Pädagogik eine (Wieder-)
     Entdeckung des Gefühls zu verzeichnen (vgl. u.a. Klika/Schubert 2004; Fasshauer 2001).

Rolle des Lerners hervorhebt – bildet ein Gegengewicht zu klassischen Instruk-
tionstheorien, die davon ausgehen, dass Lernen ein external gesteuerter, fremd-
bestimmter Vorgang ist, der aus dem Speichern von Lerninhalten durch die Lernenden besteht. Demgegenüber betont das Paradigma des systemischen Konstruktivismus die operationale Geschlossenheit, die Rekursivität und Selbstrefe-
renz des Lernens.

> »Es kann nicht von außen gesteuert oder determiniert, sondern allenfalls angeregt und
> ›perturbiert‹ (gestört) werden. Auch der Zuhörer eines Vortrags bildet das Gehörte nicht
> – wie ein Tonbandgerät – ab, sondern der Vortrag löst eigene Gedanken, Assoziationen,
> Emotionen aus, aber auch Überlappungen, die mit dem Vortrag nur lose gekoppelt
> sind« (Siebert 2001, S. 195).

Anknüpfend an Bateson (1985) lässt sich aus konstruktivistischer Sicht die Vielfalt der auslösenden Lernsituationen und Lernaktivitäten in ein Stufenschema
von *Lernen Null* bis *Lernen IV* kategorisieren. Während Lernen Null für ein
klassisch behavioristisches Reiz-Reaktionslernen steht (»Ich lerne von der
Werkstattsirene, dass es zwölf Uhr ist« (Bateson 1985, S. 368) und »zu recht
oder unrecht keiner Korrektur unterliegt« (ebd., S. 379) beschreibt Lernen I den
Normalfall des Lernens im Sinne einer Ergänzung und Differenzierung von
Wissen und Fähigkeiten, wie z.B. das Lernen einer Fremdsprache oder des Au-
tofahrens usw. Demgegenüber steht Lernen II für ein Umlernen, was immer
dann erforderlich ist, wenn sich das bereits vorhandene Wissen als unbrauchbar
erweist. Dieses Umlernen ist – wie Prange (1989) deutlich macht – vielfach
schwieriger, denn »das Gelernte ›sitzt‹ und blockiert das Neue« (ebd., S. 187).
Lernen III ist wiederum eine Erweiterung und damit Veränderung im Prozess
von Lernen II. Hier geht es um eine Korrektur bestehender Vorstellungen und
Meinungen, »d.h. von emotional verankerten Weltbildern und Konstrukten«
(Siebert 2001, S. 196), beispielsweise dann, wenn Eltern lernen, die Lebensstile
der Jugend zu verstehen, oder wenn von Emigrantinnen und Emigranten inter-
kulturell gelernt wird (vgl. ebd.). Lernen IV beschreibt indes eine erhöhte Lern-
stufe, die sich auf der Ebene einer Metakognition selbst reflektiert. Neben der
Selbstanalyse und Verbesserung der eigenen Lernstrategien gehören hierzu auch
die Reflexion der Ziele sinnvollen Lernens und der Grenzen eigener Erkennt-
nismöglichkeit (vgl. Siebert 2001, S. 196). Ob allerdings Lernen als solches
durch ein eigenes »Monitoring« selbst zu verstehen ist und wie dieses Reflexionsfähigkeit zu erwerben ist, stellt nicht nur in der Metakognitionsforschung ein
kontrovers diskutiertes Thema dar (vgl. Weinert 1994). Auch Bateson (1985)
sieht dieses Lernniveau in der Regel nur auf einer theoretischen Ebene. Für Siebert (2001) indes stellen gerade die Lernstufen III und IV ein besonders bil-
dungsintensives Lernen dar, da sie neben ethischen und identitätsrelevanten Entscheidungen nicht nur Inhalte, sondern vor allem auch Fragen des Wie und Warum des Lernens reflektieren. Dass dagegen Lernen nicht nur ein selbstrefen-
zieller, sondern vor allem ein sozialer Vorgang ist, betonen – neben der Theorie

des sozialen Lernens (Bandura 1986) – speziell die gemäßigt konstruktivistischen Lerntheorien, indem sie hervorheben, dass Wissen meist soziales Wissen ist, dessen Erwerb wiederum vorwiegend über die Interaktion mit anderen Personen stattfindet (vgl. Baecker et al. 1992). Eine solche These ist nicht nur an die den Konstruktivismus ergänzende systemtheoretische Perspektive der »strukturellen Koppelung« und gegenseitigen Perturbation als Voraussetzung für Veränderung anschlussfähig, sondern lässt sich auch mit Martin Buber (1994) und seinem dialogischen Prinzip für die Persönlichkeitsentwicklung unterstreichen, welches davon ausgeht, dass der Mensch erst am Du zum Ich wird. In jedem Fall ist das Gegenüber, sprich der Andere, für das lernende Individuum von zentraler Bedeutung, sei es zur Anregung von Lernprozessen, zur Spiegelung von Identität oder als Beobachter und Kommunikator für Zustandsveränderungen (Lernerfolge) des lernenden Systems (vgl. Schmidt 2003, S. 42).

Mit diesem theoretischen Hintergrund lässt sich, als Ausgangspunkt dieser Arbeit, Lernen verstehen als ein auf Information, Erfahrung und weitgehender Reflexivität beruhender Veränderungsprozess von Wissen, Verhalten, Einstellungen und Werten, der durch eine Selbststeuerung der Lernprozesse, sowie durch vielfältige Lernmotivationen im Hinblick auf Neu-, Um- oder Verlernprozesse sowie sozialen Austausch gekennzeichnet ist.

Das Konzept »Informelles Lernen« stellt zunächst keine spezifisch eigene Lerntheorie dar, sondern beschreibt vorerst den Lernort. So kann mit Dohmen (2001) grundsätzlich zwischen formalen, nonformalen und informellen Lernprozessen unterschieden werden. Während formales Lernen als institutionell geprägtes, planmäßig strukturiertes und mit anerkannten Abschlüssen versehenes Lernen verstanden wird und nonformales Lernen als ein institutionell gebundenes Lernen ohne formale Abschlüsse gilt, findet informelles Lernen – wie unten weiter verdeutlicht wird – in der Regel außerhalb vorab definierter Lernsettings im Vollzug des alltäglichen Lebens statt. Bezeichnend erscheint im Weiteren die im Folgenden zu beschreibende spezifische Logik informeller Lernprozesse in ihrer Polarität von unbewusstem und bewusstem Lernen sowie ihre besondere Verknüpfung in der Biografie und Persönlichkeitsstruktur des lernenden Individuums.

2.1.2   Zur Begrifflichkeit »informellen Lernens«

Folgt man dem Duden (Fremdwörterbuch 1990, S. 345), dann steht »informell« zum einen – wenn auch selten gebraucht – für die »Absicht, sich zu informieren«, zum anderen für das »nicht offizielle«, das Handeln »ohne formalen Auftrag«, »ohne Formalitäten«, aber auch als »Bezeichnung für eine Richtung der modernen Malerei, die frei von allen Regeln unter Verwendung von Stofffetzen, Holz, Abfall u.ä. zu kühnen und phantastischen Bildern gelangt« und schließlich für »eine sich spontan bildende Gruppe innerhalb einer festen Organisation«. So verschieden die hier aufgezeigten Richtungen des Verständnisses für das »Informelle« auch sind, so scheint doch eine verbindende Gemeinsamkeit durch, nämlich der Charakter des Unkonventionellen, Unabhängigen, Individuellen und Eigensinnigen. Bezogen auf Lernen bedeutet dieser Charakter zunächst keinen Widerspruch. Im Gegenteil: Lernen ist in seiner Ursprünglichkeit – so Heinz von Foerster – das persönlichste auf der Welt. »Es ist so eigen wie ein Gesicht oder ein Fingerabdruck – und noch individueller als das Liebesleben« (Schnabel 2002, S. 35). Diese Ursprünglichkeit zerbricht jedoch im Kontext des so genannten Formalen Lernens, also dann, wenn für Lernen ein mehr oder weniger standardisiertes Lehrcurriculum kennzeichnend ist. Lernen wird hier zwar nicht von der Person getrennt – nicht zuletzt verläuft der faktische Lernvorgang immer selbstgesteuert (vgl. Siebert 2001) –, entspricht aber auf der inhaltlichen und methodischen Ebene gemeinhin weniger dem lernenden Subjekt in seinen Bedürfnissen und Interessen.[9] In diesem Zusammenhang ist informelles Lernen weniger als ein »natürliches Lernen« zu beschreiben (vgl. Dohmen 2002; Straka 2000), sondern mehr als *Lernen in und aus »natürlichen Lebenssituationen«.* Schließmann (2005) bietet hierzu unter Bezug auf Cooms und Achmed (1974) eine Definition an, die diesen Prozess weiter konkretisiert: »Informelles Lernen ist der lebenslange Prozess, in dem der Mensch durch tägliche Erfahrung und die Prägung durch die Umwelt Fertigkeiten und Haltungen erwirbt und akkumuliert« (a.a.O., S. 7).

Gleichermaßen bezieht Dohmen den Begriff des informellen Lernens »auf alles Selbstlernen (...), das sich in unmittelbaren Lebens- und Erfahrungszusammenhängen außerhalb des formalen Bildungswesens entwickelt« (2001, S. 25). Eine solche Grenzziehung wird jedoch an der Stelle problematisch, wo formale Bildungseinrichtungen einen über den eigentlichen Lehrauftrag hinausgehenden Lebens- und Erfahrungsbereich darstellen und somit eben auch ein Ort informellen Lernens sind. Lernen ist vom Prinzip her nicht spezifisch orts-, sondern stets personengebunden. Vor diesem Hintergrund unterscheidet Straka differenzierter »Lernen unter der Bedingung von Schule, Bildungseinrichtungen, Unterricht oder allgemeiner unter pädagogischer Zielsetzung (= formelles Lernen) und Lernen unter Bedingungen, die nicht primär nach pädagogischen Zielsetzungen arrangiert sind (= informelles Lernen)« (2000, S. 23). Damit steht die pädagogische Intentionalität als Leitdifferenz zwischen formellem und informellem Lernen. Lernen, das sich in unmittelbaren Lebenszusammenhängen entwickelt, geschieht nicht unter pädagogischer Abschirmung, sondern ist vielmehr »induktiv und prozessbezogen in die Bewältigung von Handlungsproblemen und -plänen eingebunden« (Brödel et al. 2002, S. 4).

---

9   Nach Holzkamp (1995) besteht die Ursache, dass in der Schule mehr gelehrt und weniger gelernt wird, in einem Lehr-Lernkurzschluss, der von Lehrerinnen und Lehrern nicht durchschaut wird. Er spricht von einem sog. »defensiven Lernen« vgl. Kap. 2.1.7.2, S. 58.

2.1.3   Stufen informellen Lernens

Damit ist ein Kontinuum an Lernprozessen aufgezeigt, dessen einer Pol das unbewusste implizite Lernen umfasst; diesem steht das selbst organisierte Lernen
gegenüber. Gemessen am Reflexionsgrad ist damit gleichzeitig eine hierarchische Stufung aufgezeigt, die im Zusammenhang des »Lernziels Kompetenz«
eine besondere Bedeutung erhält und sich wie in Abbildung 1 darstellen lässt:

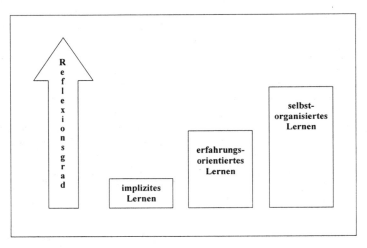

Abbildung 1:   Das Kontinuum informellen Lernens

Wesensmerkmal informeller Lernprozesse ist mit Straka (2000) die selbstständige Aneignung neuer signifikanter Erkenntnisse oder Fähigkeiten, die so
nachhaltig sind, dass sie im Nachhinein als solche erkannt werden können. In
Abgrenzung zu Straka wird dabei informelles Lernen nicht von Sozialisationsprozessen separiert, da ihnen insbesondere unter interaktionistischer Perspektive
selbst Lern- und Kompetenzentwicklungsprozesse zukommen (vgl. Tillmann
1993; Hurrelmann 2002). Zur weiteren Verdeutlichung werden diese Stufen informellen Lernens in ihren Ausprägungen nachfolgend näher beschrieben.

2.1.3.1   Implizites Lernen

Im Alltag finden – ohne dass dies einem bewusst wird, sozusagen beiläufig –
Lernprozesse statt, die in hohem Maße die praktische Handlungskompetenz fördern können. Dieses »implizite Lernen« umfasst ganzheitlich fühlende Reizauf-
nahmen, Wahrnehmungen und Situationserfassungen, die im Bereich von Intuition, Gespür und Einfühlung liegen und nicht vom Willen oder von diskursivem
Denken geleitet sind. In diesem Sinne lässt sich anknüpfend an Dohmen (2001)

implizites Lernen grundlegend definieren, »als nicht intentionales, nicht bewusstes und nicht verbalisierbares Lernen, das auf einer unwillkürlichen Aufmerksamkeit beruht« (S. 34). Neuweg (2000) bietet eine Beschreibung an, die diese Definition weiter konkretisiert:

»Schreibt man einem Lerner den Erwerb einer Disposition zu, wenn sein Verhalten, insbesondere in Anpassung an bestimmte Struktureigenschaften der Lernumgebung, einer neuen, zuvor nicht gezeigten Regelmäßigkeit folgt, dann kann ein Lernprozess als implizit bezeichnet werden, wenn der Lerner weder durch einen Lehrenden explizit (verbal) über diese Regelmäßigkeiten bzw. Struktureigenschaften informiert wird, noch sich bewusst-reflexiv um deren gedankliche Vergegenwärtigung bemüht oder zu einem solchen Bemühen durch einen Lehrenden aufgefordert wird, deren ›Kenntnis‹ jedoch nach Abschluss der Lernphase in seinem Verhalten zu zeigen in der Lage ist« (Neuweg 2000, S. 197).

Neuweg (2000) macht deutlich, dass solche impliziten Lernprozesse durchaus intentional und hochkonzentriert sein können, sich aber von expliziten Lernprozessen dadurch unterscheiden, dass sie ihre Konzentration auf den Erkenntnisgegenstand oder ein Handlungsziel als solches richten, *ohne* sich auf Kognitionen und Lernvorgänge hin zu orientieren. Hierzu bietet sich an, explizite und implizite Lernmodi im Detail zu vergleichen. So wird angenommen, dass im expliziten Lernmodus (selektiver Lernmodus bzw. S-Modus) vom lernenden Subjekt einige wenige Schlüsselvariablen ausgesucht und im Hinblick auf Kontingenzen zwischen den Variablen überprüft werden. Damit entsteht ein Aufbau eines bewussten verbalen Modells, das die Bildung und Evaluation explizierbarer Hypothesen ermöglicht und in der Folge zu einem gut erklärbaren Wissen führt. Demgegenüber gilt das implizite Lernen als vergleichsweise passiv, unbewusst und automatisch. In diesem Lernmodus (U-Modus) registriert das lernende Subjekt, so wird angenommen, unselektiv Ereignisse und Merkmale eines (Problem-)Feldes und speichert Kontingenzen zwischen ihnen. Durch Erfahrung erwirbt sich die implizit lernende Person ein hinreichend großes Maß an Bedingungs-Handlungsverknüpfungen, die im Ergebnis zwar eine gute Performanz ermöglichen, nicht jedoch verbalisiert werden können (vgl. S. 202).

Implizites Lernen erhält da eine besondere Relevanz, wo die Umgebungs- und Anforderungsbedingungen so komplex und schwierig strukturiert sind, dass sie, bedingt durch eine Vielzahl situationsspezifischer Faktoren, mit rationalen Kriterien und mit Regelwissen nicht zu bewältigen sind (vgl. Dohmen 2001). In diesem Zusammenhang gibt es »vielfältige nicht bewusste Abläufe, die bewusste Lernprozesse unterstützen bzw. überhaupt erst ermöglichen« (Lemke 2003, S. 80). Grundsätzlich ist implizites Lernen an die jeweilige Person gebunden, es ist nur schwerlich verbalisierbar und nicht auf andere Personen oder Kontexte transferierbar (vgl. Ulrich 2001).

Implizites Lernen kann zur Bildung impliziten Wissens (»tacit knowledge«) führen. Auch dies ist nicht verbalisierbar, sondern beruht auf einem Prozess der passiven Verinnerlichung von Verhaltensmustern auf der Ebene einer unbewussten Verhaltenssteuerung im Sinne eines tacit knowing und bezieht sich auf Gegebenheiten während des Wahrnehmens, Urteilens und Handelns. Damit ist auch die Habitualisierung von Verhalten und Fähigkeiten gemeint, die sowohl Bestandteil des Alltagslebens als auch von Arbeitsabläufen ist (vgl. Hendrich 2002). Nach Polanyi (1958) wissen wir stets mehr, als uns bewusst ist und wir ausdrücken können. So erwirbt beispielsweise der Lerner in einer Meister-Lehrling-Beziehung »unbewusst die Regeln der Kunst, jene eingeschlossen, die der Meister selbst nicht explizit kennt« (Polanyi 1958, S. 53). Gleichwohl ist für Polanyi nicht das Unbewusste das zentrale Kriterium, sondern die spezifische Ausrichtung seiner Konzentration auf den Gegenstand. Vereinfacht und überspitzt formuliert, ließe sich daraus die für eine (Schul- und Berufs-)Pädagogik durchaus provokante These ableiten, dass gerade dort gelernt wird, wo es nicht ums Lernen geht.

2.1.3.2   Erfahrungsorientiertes Lernen

Etymologisch betrachtet, steht das deutsche Wort »erfahren« ursprünglich für »reisen; durchfahren, durchziehen, erreichen, wurde aber schon früh im heutigen Sinn gebraucht als erforschen, kennen lernen, durchmachen« (Duden 1997, S. 160). Daran anknüpfend wird seit dem 15. Jahrhundert »erfahren« auch als Adjektiv für klug und bewandert – auch hier sehen wir den Bezug zu reisen, das bekanntlich bildet – gebraucht. Darüber hinaus steht es als Verbalsubstantiv für Wahrnehmung und Kenntnis (ebd., S. 160f.). Im Kontext der Diskussion um informelles Lernen als Erfahrungslernen finden sich diese Beschreibungen in einem Definitionsansatz bei Dohmen (2001) wieder.

> »Erfahrungen entstehen aus der aufmerksamen Wahrnehmung von Reizstrukturen, Sinneseindrücken, Erlebnissen, Begegnungen etc. aus der Umwelt und ihrer persönlichen Verarbeitung. Der Mensch macht Erfahrungen, d.h. er nimmt etwas, was ihm begegnet, was aus seiner Umwelt auf ihn zukommt, was er hört, sieht, empfindet und erlebt, selektiv auf und bezieht es in den Zusammenhang dessen, was er bisher schon wahrgenommen hat – als ›wahr aufgenommen‹ und erfahren – ›auf seiner Lebensreise erfahren‹ – hat« (2001, S. 28).

Vor diesem Hintergrund sind für Dohmen Erfahrungen nichts Passives, nicht vom Individuum losgelöst zu sehende Umweltreflexe, »sondern Ergebnisse eines Zusammentreffens von einer teils mehr rationalen, teils mehr gefühlsmäßigen Auseinandersetzung zwischen Person und Umwelt« (ebd.). Das setzt voraus, dass der Mensch bereit ist, überhaupt Erfahrungen zu machen, mit anderen Worten: sich zu öffnen, sich einzulassen, um Neues zu erfahren.

Folgt man dem Philosophen Seel (1985), dann bedeutet eine Erfahrung machen, sich eine lebensweltliche Situation zu erschließen. So bildet etwas, was in der Konfrontation und Auseinandersetzung mit Gegenständen, Personen, Äußerungen, Sachverhalten unbekannt erscheint, Irritationen hervorruft, Fragen aufwirft und nach Antworten sucht, die Grundlage für einen Erfahrungsprozess. Dieser Prozess kann – so Seel – Augenblicke oder Jahren dauern, er führt im Falle einer wirklichen Erfahrung in jedem Fall zu einem doppelten Ergebnis, nämlich »zu einem situationsunabhängig aussagbaren Wissen über das Erfahrene und einem situationsgebundenen Verständigtsein auf das, was in der oder den einschlägigen Situationen aufgekommen ist« (ebd., S. 76). Damit ist eine situationsunabhängige Orientierung gewonnen, die das Individuum überhaupt zu Erkenntnissen befähigt (vgl. S. 75). In diesem Zusammenhang betont Seel das aktive Moment gemachter Erfahrungen, indem er verdeutlicht, dass Erfahrungen Veränderungen sind, »die geschehen, indem wir sie vollziehen« (ebd., S. 74). Entscheidend für eine wirkliche Erfahrung ist der Bewusstseinsaspekt. Es muss sich um etwas thematisch Unbekanntes handeln, das sich weder in bisherige Schemata einfügen lässt, noch vorhandene Einstellungen in Frage stellt. Nicht also besondere Emotionen oder Empfindungen und ihr oftmals dominierender Wahrnehmungsbeitrag führen zu einer wirklichen Erfahrung, sondern nur das das nicht Weiterhelfen von bislang hilfreichen Einstellungen, Wissen und Können. Solange Erfahrungen »fraglos und folgenlos bleiben für die Wirklichkeitsauffassung, die der jeweiligen Einstellung zugrunde liegt, solange ballen sich einzelne Wahrnehmungen, Empfindungen, Affekte, Überlegungen – und ihre eingespielten Verbindungen – nicht zu Erfahrungen zusammen: Sie gehen nicht in den Prozess einer Erfahrung ein, sondern verbleiben in ihrer Punktualität und Geformtheit vor der Schwelle einer Erfahrung« (ebd., S. 79).

Gronemeyer (1988) betont, dass die Erfahrung bedrohlich fremd erscheinendes in Vertrautes verwandele, sodass sich das Subjekt durch das Fremde selbst verwandelt. Meueler (1993), der hieran anschließt, postuliert die Notwendigkeit einer Erfahrungsfähigkeit, die als solche unangewiesen auf die »fertige Welt«: »auf fertige Deutungen, auf fertige Verfahren des Miteinander-Umgehens, auf fertige Lebensgüter« (ebd., S. 122) macht. Es ist die Erfahrung die die Entwicklung des Individuums vorantreibt, die das Individuum ebenso verändert wie die die Welt verändert wird. So findet die »fertige Welt« »ihr Pendant im abgeschlossenen Subjekt. Erfahrungsfähig sei demgegenüber ›unverschämt‹ neugierig auf alles, was nicht sei und nicht gelte. Sie sei auf der Suche nach dem Zusammenhang« (Meueler 1993, S. 122).

Nach Franke (2001) sind Erfahrungen Wissensbestandteile, die mit dem emotional-motivationalen System der handelnden Person verknüpft sind. Mit anderen Worten: »Das erfahrungsorientierte Wissen ist emotional gefärbt; es konfundiert mit den subjektiven Valenzen und Sinngehalten der Tätigkeit und mit den persönlichen Kompetenzeinschätzungen und Selbstwertgefühlen des Individuums«

(Franke 2001, S. 43). Wissen wiederum lässt sich, so Franke, als semantisches Netz mit Begriffen als »Knoten« und Relationen als »Kanten« darstellen. Es wird aufgeladen und stets weiter ausdifferenziert durch vielfältige Informationszuflüsse des täglichen Lebens, sei es beispielsweise durch das Lesen einer Tageszeitung oder der Diskussion mit Kollegen und Freunden während der Arbeit oder Freizeit. Für Franke ist es im Wesentlichen die Qualität der zur Erfahrungsintegration in das Wissensnetz notwendigen Reflexion, die für die Kompetenzentwicklung entscheidend ist. Im Einzelnen macht er deutlich (S. 44):

- »Die Qualität und Intensität der Verknüpfung der Erfahrungen mit anderen Wissenskomponenten dürfte im starken Maße durch Reflexionsprozesse des Individuums vorangetrieben werden. Die Reflexionsprozesse selbst können unterschiedlich differenziert verlaufen. Im einfachsten Fall vergegenwärtigt man sich lediglich die (...) Handlungssituation und den Handlungsablauf; in elaborierten Reflexionsprozessen wird die Situation systematisch durchgearbeitet, und es erfolgt ein mehrperspektivisches gedankliches Durchdringen der Situation aus verschiedenen Blickwinkeln.
- (...) Der Elaborationsgrad der Reflexion dürfte in starkem Maße von der emotionalen Färbung der Erfahrung abhängen. Erfahrungen mit attachierten Lustgefühlen, Sinn- und Erfolgserlebnissen dürften die Reflexionsprozesse stimulieren und darüber hinaus eine größere Offenheit für neue Informationen bewirken, die eine Affinität zu den gemachten Erfahrungen haben.
- (...) Die emotionale Färbung (die gefühlsmäßige ›Valenz‹) der Wissenselemente (der Begriffe, Operationen und Handlungsschemata) beeinflusst die Wissensnutzung beim Handeln. Die spontane und selbstständige Verwendung erworbenen Wissens ist auch eine Frage der affektiv-motivationalen Besetzung. Begriffe und Prozeduren, die eine positiv gefühlsmäßige Besetzung aufweisen, haben die Tendenz, sich spontan zu aktivieren. Dagegen werden Wissenselemente mit negativer affektiv-motivationaler Besetzung gemieden und gelangen selten spontan zur Anwendung.
- Der Nutzen und die Ergiebigkeit des Arbeitshandelns für die Erfahrungsgewinnung und die Kompetenzentwicklung hängen von einer Vielzahl arbeitsseitiger und personenseitiger Faktoren ab, nicht zuletzt auch vom präaktionalen Wissen, das ein Individuum in die Handlungssituation einbringt (›Man sieht was man weiß‹).«

Dehnbostel (2002) sowie Dehnbostel, Molzberger und Overwien (2003) haben Erfahrungslernen im Prozess der Arbeit untersucht. Auch sie machen deutlich, dass in Abgrenzung zum impliziten Lernen, beim Erfahrungslernen eine reflektierte Verarbeitung vorherrscht: »Beim Erfahrungslernen werden Erfahrungen in Reflexionen eingebunden und führen zur Erkenntnis. Dies setzt allerdings voraus, dass die Handlungen nicht repetitiv erfolgen, sondern in Probleme, Herausforderungen und Ungewissheiten eingebunden sind und entsprechend auf den Handelnden einwirken« (Dehnbostel 2002, S. 6). Damit wird übereinstimmend im gesamten Diskurs darauf verwiesen, dass erst eine systematische Reflexion der Erfahrungen Handlungswissen und Handlungskompetenz generiert. Hier sieht Dehnbostel (2002) auch die Notwendigkeit, formelles mit informellem Lernen zu verbinden. So kann das über informelles Lernen aufgebaute Erfahrungswissen mit dem über das organisierte Lernen entwickelte Theoriewissen im Handlungswissen zusammengeführt werden. Diesen Zusammenhang illustriert Abbildung 2:

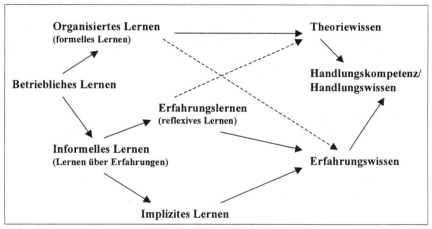

Abbildung 2:   Betriebliche Lern- und Wissensarten (Dehnbostel 2002, S. 6)

Unter dem Anspruch, eine Erziehungstheorie zu begründen, in die kompetenztheoretische Überlegungen integrierbar sind, hat sich der amerikanische Pädagoge John Dewey mit dem Zusammenhang von Entwicklung und Menschwerdung auseinander gesetzt. Hierbei stellt für ihn der Erfahrungsbegriff eine zentrale Kategorie dar, da er beide Momente – Entwicklung und Menschwerdung – im Erfahrungsbegriff aufgehoben sieht. In der von ihm entwickelten *Theorie der Erfahrung* geht er davon aus, dass Erfahrung weder als ausschließlich aktiver noch als ausschließlich passiver Vorgang beschrieben werden kann. Vielmehr sind die aktive Handlung als auch die passive sinnliche Rückmeldung als zwei Phasen eines Prozesses zu betrachten.»Die aktive Seite der Erfahrung ist ein Ausprobieren, Versuch – man macht Erfahrungen. Die passive Seite ist ein Erleiden, ein Hinnehmen« (Dewey 1949, zit. nach. Krüger/Lersch 1993, S. 145). Entstehen hieraus Fragestellungen, so schließt sich eine Reflexion an, die zur weiteren Erkenntnis führt. Dewey bezeichnet die Abfolge Handlung – Erfahrung – Reflexion lerntheoretisch als »evolutiven Fortschritt« und zwar unter der Voraussetzung, dass die Lerner selbsttätig lernen. Gerade über die Selbsttätigkeit und Selbstbestimmung in realen Handlungsvollzügen erschließt sich nach Dewey den Lernenden die Wirklichkeit über Erfahrungslernen.

Unter Fortführung von Deweys Erfahrungstheorie haben Krüger und Lersch (1993) einen »kreisförmigen Prozess der Erfahrungsbildung« gezeichnet, der aus zwei Phasen und jeweils zwei Stufen besteht (vgl. Abbildung 3). Als Erstes findet eine Handlung statt, die als aktive Phase äußerer Erfahrung auf den Realitätsbereich der Umwelt einwirkt. Sodann folgt als passive Phase eine sinnliche Rückmeldung, die gleichsam die passive Phase der äußeren Erfahrung kennzeichnet und nun auf die innere Erfahrung des Subjekts einwirkt.

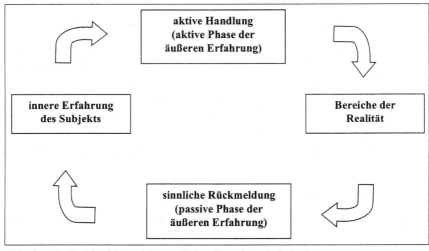

Abbildung 3: Kreislauf der Erfahrung (Krüger/Lersch 1993, S. 147)

Auch Krüger und Lersch (1993) betonen, dass reflexives Denken zur Verarbeitung notwendig ist, um wirkliche Erfahrungen machen zu können. »Erst wenn das Denken die aktive und passive Phase der äußeren Erfahrung durchdringt, zwischen beiden Dimensionen der äußeren Erfahrung einen Zusammenhang herstellt, sodass es anschließend zum Aufbau neuer Erfahrungen kommt, ist der Prozess der Erfahrungskonstitution abgeschlossen und es werden Erfahrungen im eigentlichen Sinne gemacht« (S. 145).

2.1.3.3   Selbst organisiertes Lernen

Sich, wie der Begriff »selbst organisiertes Lernen« auf den ersten Blick selbstredend erklären könnte, Lernen selbst zu organisieren, stellt im Diskurs um informelles Lernen nicht nur ein zentrales Charakteristikum, sondern auch einen sehr missverständlichen Terminus dar. So wird einerseits auf die bildungstheoretische Dimension des Selbstorganisationsbegriffs abgehoben (vgl. Erpenbeck/ Heyse 1999; Wörner 2005), andererseits die Frage, was nun selbst organisiertes Lernen im Detail sei – insbesondere mit Blick auf synonym verwandte Begriffe wie selbst gesteuertes, selbstbestimmtes und selbst reguliertes Lernen – weitgehend uneinheitlich und missverständlich beantwortet.

Ohne die Debatte an dieser Stelle genauer darzustellen (vgl. im Detail dazu: Straka 2000, S. 42f.), soll zur grundlegenden Erläuterung zunächst an Malcolm Knowles (1975) angeknüpft werden, der als einer der ersten den Begriff des »self-directed-learning« verwendet hat. Hierunter versteht er einen Lernprozess, bei dem die Initiative und die Verantwortung für die Ergebnisse vom Lerner ausgeht, d.h. von diesem ein eigenes Lernbedürfnis wahrgenommen wird, Lernziele formuliert werden, Ressourcen organisiert, Lernstrategien ausgewählt und der eigene Lernprozess selbst evaluiert wird (vgl. a.a.O., S. 18). Selbstorganisation – so Siebert (2000, S. 104) – gilt als systemtheoretischer Oberbegriff, während Selbststeuerung als pädagogischer Begriff vor allem für den Lernprozess verwendet wird. In diesem Sinne grenzen Erpenbeck und Heyse (1999, S. 129ff.) Selbststeuerung und Selbstorganisation voneinander ab: Für sie ist Selbststeuerung immer auf ein vorgegebenes Ziel ausgerichtet, d.h. Lernende konzentrieren sich – wenn auch im Lernprozess selbstbestimmt – auf eine zu erreichende Zielposition, z.B. auf einen beruflichen Abschluss (Qualifikation/Diplom). Demgegenüber steht ein selbst organisiertes Lernen für einen komplett eigenständig gewählten und durchgeführten Lernweg. Er ist dann gegeben, »wenn wechselnd Lernziele, Operationen, Strategien, Kontrollprozesse und ihre Offenheit vom lernenden System selbst so angegangen und bewältigt werden, dass sich dabei die Systemdispositionen erweitern und vertiefen, wenn es primär um diese Erweiterung und Vertiefung geht« (ebd.). Das Entscheidende ist also die völlige Autonomie der Lernenden im Hinblick sowohl auf das »was«, »wie«, »wann« und »wozu« des Lernens, als auch auf das Ziel der eigenen Dispositionserweiterung.

Erpenbeck und Heyse schließen mit diesem systemtheoretisch begründeten Ansatz an ein Bildungsverständnis an, das Bildung nicht als planbaren, technisch determinierten, auf kalkulierte Zukunftsziele festgelegten Lernprozess begreift, sondern nur in der Selbstorganisation einen Weg sieht, sich das zu suchen, was der eigenen Entwicklung und Entfaltung dienlich ist. Unverkennbar ist hiermit die Verbindung zu ihrem Kompetenzbegriff angelegt, dessen zentrales Fundament die Realisierung von Verhaltensdispositionen im Sinne persönlicher Möglichkeiten und Interessen darstellt. Der begriffliche Zusammenhang vom selbstorganisierten Lernen und Kompetenz knüpft ideengeschichtlich an die deutsche Bildungstradition an, in der die Selbstkultivierung des Subjekts vorrangig gegenüber ihrer gesellschaftlichen Nutzbarmachung gedacht wird. Die hier aktuell gewählte Begrifflichkeit vermeidet jedoch ideologisierte Dualismen zwischen Allgemein- und Berufsbildung, wie sie der Rezeptionsgeschichte des deutschen Bildungsverständnisses anhaften.

2.1.4   Methoden und Lernstrategien informellen Lernens

Methoden und Lernstrategien – bewusst und unbewusst – sind beim informellen Lernen so variantenreich wie die Lernsituationen selbst. Kirchhöfer (2001) hat für das Lernen im sozialen Umfeld folgende Strategien identifiziert:

- »das gezielte Beobachten,
- das Nachahmen,
- die gedankliche Vergegenwärtigung von Erfahrungen und Normen (das Erinnern),
- der Transfer von Erfahrungen (das Vergleichen),
- das gegenständliche Probieren (Trial und Error, Experimentieren, Versuchen),
- das gedankliche Probehandeln (das gedankliche Durchspielen der Handlung mit und ohne Hilfsmittel),
- die sozial kommunikativen Strategien
- das sich Beraten und Beratenlassen,
- das Nachfragen,
- das organisierte oder gesuchte Gespräch,
- der Zwang zur Formulierung des Handlungsprogramms,
- der Rückgriff auf schriftlich fixierte Anleitungen (Ideenangebote, Anweisungen), d.h. auf gespeicherte Fremderfahrungen (das Nachlesen, Nachschlagen, die Internetabfrage),
- systematische Informationsrecherche,
- die kognitive Situationsanalyse (die Antizipation der Handlungssituation, die kritische Reflexion),
- Informationsordnung und -strukturierung (das Systematisieren und Ordnen)« (Kirchhöfer 2001, S. 119).

Für das Lernen im Prozess der Arbeit werden die o.g. Lernstrategien von Dehnbostel, Molzberger und Overwien (2003, S. 74ff.) unter folgenden Aspekten spezifiziert:

- Teamsitzungen
- Coachingprozesse
- Diskussion mit externen Experten
- Lernen durch Handbücher
- Rotationsverfahren

Deutlich wird, dass keine dieser Lernstrategien alleine für sich als Spezifikum für informelles Lernen steht. Vielmehr finden sich auf der psychologischen, lerntheoretischen Ebene reichlich Klassifizierungen, die sowohl auf das formelle wie informelle Lernen anzuwenden sind (vgl. Kirchhöfer 2001).

2.1.5 Zusammenfassung und Weiterführung im Hinblick auf strukturelle Grenzen informellen Lernens

Informelles Lernen stellt gegenüber der »klassischen«, hier aus einer Synthese lerntheoretischer Ansätze übergreifend abgeleiteten Definition kognitiver, affektiver und psychomotorischer Verhaltensänderungen weder inhaltlich noch methodisch einen Differenzbegriff dar. Auch das informelle Lernen zielt auf Verhaltensänderung, allerdings nicht immer bewusst und intentional. Beschrieben wurde ein in die aktuellen Lebensvollzüge integriertes Lernen, das auf einem Kontinuum un- und vorbewusster, erfahrungsorientierter und selbstorganisierter Lernprozesse liegt. Als Differenz zum grundständigen Verständnis von Lernen gilt die pädagogische Intentionalität. So findet informelles Lernen jenseits formaler und nonformaler Lern- und Bildungsangebote statt. Anders als der bislang auf Vermittlung fokussierte Lernbegriff nimmt informelles Lernen seinen Ausgang in der Selbsttätigkeit, Prozessorientiertheit und intrinsisch begründeten Lernhandlung des Subjekts. Es baut deutlich auf die aktive Auseinandersetzung des Subjekts mit sich und der Umwelt – ein Anspruch, der sich zwar grundsätzlich auf jedwedes Lernen bezieht (vgl. Zimbardo 1992), der jedoch unter der Instruktionslogik formaler Lernprozesse leicht in Vergessenheit gerät bzw. sich kontraproduktiv auswirkt. So kann mit Fischer (2003) informelles Lernen nicht nur als Entgrenzungsmoment, sondern auch als Anregung zur Eigenaktivität verstanden werden, die »primär aus den Bedürfnissen, Motiven und Möglichkeiten des Individuums erwächst« (ebd., S. 19). Bemerkenswert scheint auch die gegenüber formalen Lernprozessen stärkere emotionale Tiefung informellen Lernens und damit auch der Hinweis auf die Nachhaltigkeit informeller Lernprozesse zu sein.

Demgegenüber muss die Anfälligkeit für Fehler im Bereich des informellen Lernens insbesondere dort gesehen werden, wo es, wie als Gegenstand dieser Arbeit, um die Entwicklung professioneller Handlungskompetenz geht. Während dies insbesondere für das implizite Lernen gilt und von Büssing et al. (2002) am Beispiel eines Experimentes für die Krankenpflege unter Beweis gestellt wurde,[10] finden sich exemplarisch in der Lehrerbildung Untersuchungen zum Erfahrungslernen, die gleichermaßen auf den Pflegeberuf übertragen werden können. So macht Hascher (2005) auf die sog. »Erfahrungsfalle« (ebd., S.

---

10 Vgl. hierzu Kap. 1.2, S. 19ff.

40) aufmerksam, in der allein der Glaube an die positive Wirksamkeit von Erfahrungen gefährlich wird. Dies geschieht ihrer Meinung nach deshalb,

- weil der Glaube an Erfahrung vortäuscht, dass Erfahrungen stets zur Expertise führen;
- weil der Glaube an Erfahrung mit einer Lerngarantie verwechselt wird;
- weil die Gefahr der unreflektierten Haltungen gegenüber Erfahrungen wächst (vgl. Hascher 2005, S. 41).

Hascher unterstreicht am Beispiel empirischer Untersuchungen in der Lehrerbildung, dass die Anzahl der Erfahrungen im Beruf nicht identisch ist mit der Unterrichtsqualität und dass damit Berufs- und Erfahrungsjahre nicht zwangsläufig zur professionellen Entwicklung von Lehrpersonen und deren Expertise führt.

Vor diesem Hintergrund wird die Notwendigkeit der Reflexion von Erfahrungen und ihre Einbindung in das Professionswissen und die Handlungskompetenz unterstrichen.

2.1.6   Äußere und innere Voraussetzungen informellen Lernens

Informelles Lernen bedarf nicht zwangsläufig der Anregung oder des Angebots von außen, sondern es kommt vor allem auf Grund der individuellen Situation und der Bedürfnisse des Einzelnen in Gang (vgl. Laur-Ernst 2001) Dennoch ist informelles Lernen nicht nur selbstbestimmt, sondern entsteht auch aus Anforderungen, die von außen an den Menschen gestellt werden. Diese entstehen häufig aus einer individuellen Diskrepanzerfahrung und/oder Problemsituationen des alltäglichen Lebens (z.B. Irritationen in der Handlungsroutine, ungelöste Fragen, Bewältigung kritischer beruflicher und/oder Lebensereignisse) und bleiben, wie Kirchhöfer (2001) feststellt, auch daran gebunden. Er macht – wie in Abbildung 4 (S. 46) deutlich wird – neben der Lernhaltigkeit und Lernförderlichkeit der Umwelt vor allem persönlichkeitsinterne Faktoren und biografische Ausgangsbedingungen für die Entwicklung und Gestaltung informeller Lernprozesse verantwortlich.

2.1.6.1   Äußere Bedingungen: Die Lernumwelt

Auch wenn die Lernumwelt schon dem Begriff nach einen zunächst äußerlichen Bedingungsrahmen für Lernen schafft, so ist im Kern doch wieder das Individuum (selbst) dafür verantwortlich, was es daraus entwickelt. Nach Kirchhöfer (2001) ist demzufolge die Umwelt nicht a priori ein Lernfeld, sondern wird bei entsprechendem Anregungs- und Herausforderungsgehalt erst durch die subjektive Konstruktionsleistung des Individuums als Lernfeld gestaltet. Voraussetzung dafür, ob ein Betrieb, das soziale Umfeld oder die Öffentlichkeit als Lernumfeld in Frage kommt, ist – folgt man Kirchhöfer – die Qualität des sozialen Netzes. So sehr sich Lernen als individueller Aneignungsprozesses versteht, vollzieht sich dieser doch in einem zumindest mittelbaren sozialen Kontext, z.b. dem jeweils aktuellen Familien- und/oder Freundesumfeld bzw. Arbeitskollegen. Entsprechend voraussetzungsreich sind die Anforderungen, die aus diesem Zusammenhang an das Individuum erwachsen, um es als Lernfeld zu strukturieren. Dies»schließt die Fähigkeit zur Kooperation ein, die Fähigkeit, sich durch andere anregen zu lassen, die Fähigkeit, das Tun anderer zu beobachten, das Gespräch zu suchen, den Rat einzuholen, die Gesprächsrunde zu lenken« (S. 139). Darüber hinaus sind es die sozialen Beziehungen, die ein Lernfeld ausmachen. So wird erst in der Beziehung des Individuums zu seiner sozialen Umwelt deren Lernhaltigkeit erzeugt. Welche konkreten Interaktions- und Kommunikationsfähigkeiten, welche Lernmotivationen und Lernfähigkeiten das Individuum jedoch in diesen Prozess mitbringt, ist wiederum von der individuellen Biografie und dem sich daraus entwickelnden Selbst abhängig.

2.1.6.1.1 Lernort Arbeitsplatz

Der Lernort Arbeitsplatz hat in der dual angelegten Berufsbildung schon immer einen festen Platz. Insbesondere im Zusammenwirken von Theorie und Praxis, im»Learning by Doing« und nicht zuletzt in der umfassenden Integration in den Betrieb mit seinen Aufgaben und Mitarbeitern wird ein erhebliches Potenzial beruflicher Kompetenzentwicklung gesehen. Dabei kommt jenseits der fachlichen Aspekte auch den in der Schlüsselqualifikationsdebatte hervorgehobenen berufsübergreifenden Fähigkeiten wie Kooperationsfähigkeit, Kreativität, Umsichtigkeit, Eigeninitiative, Phantasie und Teamfähigkeit eine besondere Bedeutung zu (vgl. Nuissl 1992).

Seit den 1990er Jahren hat nunmehr das *Lernen während der Arbeit* einen hohen Bedeutungszuwachs erhalten.[11] Folgt man Dehnbostel (2003), dann sind hierfür vor allem die posttayloristischen Unternehmens- und Arbeitskonzepte verantwortlich. So wird»Lernen im Prozess der Arbeit und das darüber entstehende Wissen gegenwärtig vielfach als maßgebliche Produktivkraft angesehen. Aus

---

11　Siehe hierzu auch das Forschungsprogramm »Lernen im Prozess der Arbeit« (LiPA) der Arbeitsgemeinschaft betrieblicher Weiterbildungsforschung (ABWF) Berlin e.V. Wie Mouillour (2002) in ihrem Monitoring-Bericht für das genannte Forschungsprogramm der ABWF deutlich macht, gibt es gibt es vielfältige Begrifflichkeiten und Definitionsansätze für das Lernen in der Arbeit, z.B. *arbeitsplatznahes Lernen, arbeitsintegriertes Lernen, arbeitsbezogenes Lernen oder Lernen im Prozess der Arbeit.* Meistens jedoch werden die Begriffe synonym verwendet. Anknüpfend an Sauter (1999) ließe sich zwischen den Formen des arbeitsintegrierten Lernens (organisiertes Lernen am Arbeitsplatz) und dem Lernen durch Arbeit (informelles Lernen) unterscheiden. Während bei dem ersten Begriff der Wechsel von Arbeitsinhalten im Vordergrund steht, wird bei dem zweiten auf Lernarrangements im Sinne ihrer Lernförderlichkeit Wert gelegt (ebd.).

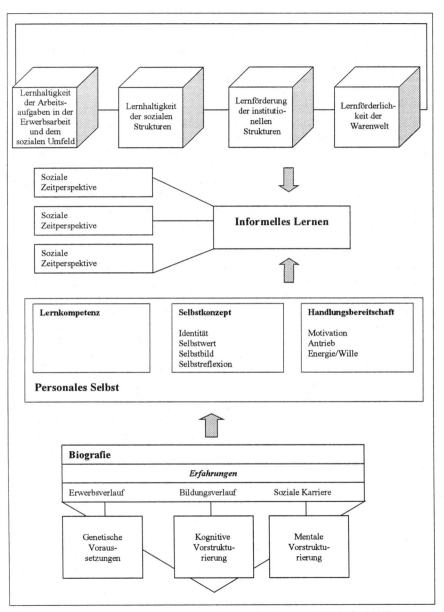

Abbildung 4:   Lernhaltigkeit und Lernförderlichkeit der Umwelt (Kirchhöfer 2001)

unternehmerischer Sicht sollen durch die Verbindung von Arbeit und Lernen Arbeitsorganisation und Arbeitsprodukte verbessert und optimiert werden. Lernen steht dabei im Kontext von Innovations- und Wettbewerbsfähigkeit und einer zunehmend kundenorientierten und globalisierten Ökonomie« (a.a.O., S. 5). Wie Dehnbostel im Weiteren unterstreicht, kommt hierbei dem informellen Lernen ebenso eine besondere Bedeutung zu, denn Enthierarchisierung, Dezentralisierung und neue Arbeitsformen wie halbautonome Gruppenarbeit fordern von den Beschäftigten ein selbstständiges und verantwortliches Arbeitshandeln, welches auf das Erfahrungswissen der Mitarbeiter zurückgreift und damit gleichermaßen einen Kompetenzzuwachs über das Machen neuer Erfahrungen ermöglicht.[12]

2.1.6.1.2 Lernort Alltagsleben

Gelernt wurde – so Nuissl (1992, S. 105) – im Alltagsleben von jeher, vielfach zufällig, mehr oder weniger intensiv und erfolgreich.»Lernorte können hier alles sein, die Nachbarschaft, der Stadtteil, die Bürgerhäuser, die Kneipe, Begegnungsstätten, Museen, der Sportplatz und vieles mehr« (a.a.O., S. 104). In diesem Sinne argumentiert auch Schulze (1993):

> »Ohne Schwierigkeiten können wir uns auf Erwerbungen besinnen, die wir nicht einer gezielten pädagogischen Intervention verdanken, sondern allenfalls dem Zusammenleben mit anderen Erwachsenen oder gleichaltrigen Menschen: Laufen, Sprechen, Lieben, Kochen, Spielen, Reisen, Verhandeln, Erfinden, auch Erziehen und vieles andere, ganz zu schweigen von den Erfahrungen, Einsichten und Beweggründen, Erwartungen und Gefühlseinstellungen, die alle diese Lebensäußerungen inhaltlich füllen« (Schulze 1993a, S. 241).

Die zunehmende Bedeutung des Alltagslernens, konstatiert Nuissl unter Bezug auf Alheit (1988), stehe im Zusammenhang mit einem Modernisierungs- und Qualifizierungsbedarf, den er sowohl im Zusammenhang mit einer Krise der Arbeitsgesellschaft als auch mit Blick auf die Verarmung von Lebenswelten und die Verschandelung der Umwelt sieht.

---

12 Ohne die (berufs-)pädagogische Kontroverse um den Wert des Lernens in Arbeitsprozessen an dieser Stelle im Detail nachzeichnen zu können, sei mit Severing (2003) darauf verwiesen, dass die Aussage, Lernen im Arbeitsprozess fördere die Handlungskompetenz in besonderer Weise, nicht ohne Vorbehalte gesehen werden kann. »Unter dem Titel ›Lernen am Arbeitsplatz‹ kann sich auch der weitgehende Rückzug von Grundlagenbildung und Kompetenzvermittlung verbergen. Lernen am Arbeitsplatz erscheint vielen Unternehmen attraktiv, weil es dazu dienen kann, die Lerninhalte auf das zu verkürzen, was zur Ausführung aktueller Arbeitsanforderungen notwendig ist. Statt um Lernen auf Vorrat geht es um Lernen just in time. Es verbietet sich daher, die Verknüpfung von Arbeit und Lernen per se als berufspädagogische Errungenschaft zu betrachten« (a.a.O., S. 2).

Vor diesem Hintergrund entwickelte sich auch das Forschungsfeld »Lernen im Sozialen Umfeld«,[13] in dem es von der Entstehungsgeschichte her im Kern um die Frage von Kompetenzerhalt bei Arbeitslosigkeit ging. Nicht zuletzt im Kontext der Wiedervereinigung und der damit in Verbindung stehenden Massenarbeitslosigkeit vor allem in den neuen Bundesländern »wurden Tätigkeiten im sozialen Umfeld angeregt, anhand derer Menschen sich »lernend« entwickeln. In theoretischer Arbeit und Gestaltungsprojekten wurden dabei wichtige Erkenntnisse gewonnen. Die soziale Infrastruktur aus Vereinen, Verbänden, Selbsthilfeinstitutionen, Projekten u.a. hat eine hohe, in der Vergangenheit klar unterschätzte Bedeutung für das Lernen und die Kompetenzentwicklung der Menschen« (Erpenbeck/Sauter 2001, S. 16).

Kirchhöfer (2004) unterstreicht – belegt anhand eigener Forschungsergebnisse (vgl. Kirchhöfer 2000) –, wie Tätigkeiten außerhalb der Erwerbsarbeit vom Spielen bis hin zum Sporttreiben und der Kommunikation mit anderen gerade durch antizipatorische, partizipatorische und kooperative Akte, spezielle kognitive, technologische und soziale Kompetenzen hervorbringen. Dabei macht er deutlich, dass es sowohl beim Lernen im sozialen Umfeld als auch beim Lernen im Prozess der Arbeit gleichermaßen um einer Lernen in der Arbeit geht, wobei das Lernen im sozialen Umfeld (noch) keine Erwerbsarbeit bedeutet, wie dies z.b. bei einem Ehrenamt als Vereinsvorsitzender der Fall ist. Dennoch: »Beide Formen der Arbeit und damit auch das Lernen in ihnen stellen gleichwertige, wenn auch nicht gleichförmige Tätigkeitsbereiche dar« (Kirchhöfer 2004, S. 107).

---

13 Dem Forschungsprogramm »Lernen im sozialen Umfeld« – durchgeführt von der Arbeitsgemeinschaft Betriebliche Weiterbildungsforschung (ABWF) Berlin e.V. im Gesamtprogramm »Lernkultur Kompetenzentwicklung« (vgl. auch Trier 2001) liegt folgende Begriffsbestimmung des sozialen Umfeldes zugrunde: »Soziales Umfeld bezeichnet die Gesamtheit der sozialen Verhältnisse außerhalb der Sphäre der institutionell organisierten Erwerbsarbeit bzw. außerhalb des Funktionssystems der erwerblichen Wirtschaftsstruktur. Diese sozialen Verhältnisse gehen oft aus den Verhältnissen betrieblicher Erwerbsarbeit hervor, sie wirken auf diese Verhältnisse zurück und konstituieren gemeinsam den Lebensraum der Individuen in einer Region. Das soziale Umfeld ist in seiner Vielfalt und Differenziertheit durch das interessengeleitete Verhalten sozialer Subjekte bestimmt und vielfach sozial strukturiert« (Kirchhöfer 1998, S. 29). Wie Kirchhöfer an anderer Stelle für die Gegenwart feststellt, hat sich in der Zwischenzeit ein Begriffsgebrauch durchgesetzt unter dem Lernen im sozialen Umfeld »vor allem Lernprozesse in Tätigkeiten zu fassen, die in der Freizeit der Individuen verlaufen, sich in entsprechenden sozialen Strukturen wie Familie, Freundeskreis, Nachbarschaften, Gemeinden, Vereinen und Regionen vollziehen und durch die Individuen selbst gesteuert werden« (vgl. Franzky/Wölfing 1997; zit. n. Kirchhöfer 2004, S. 106).

2.1.6.1.3 Exkurs 1 zum Forschungsrahmen: Die Lebenswelt als Lernwelt
Entgegen einer im Forschungsfeld zum informellen Lernen bislang üblichen Fokussierung auf spezifische Lernorte wie den Arbeitsplatz oder das Alltagsleben[14] wird in dieser Studie, im Sinne einer übergreifenden Synthese und anknüpfend an die phänomenologische Sozialtheorie, die Lebenswelt der Menschen als Grundlage der Betrachtung für informelles Lernen gefasst. Eine solche Konzentration folgt der Einsicht, dass die Individuen in ihren täglichen Lebens- und Arbeitszusammenhängen informelle Lernprozesse durchlaufen, die sich wechselseitig beeinflussen und sich im Hinblick auf ihren Beitrag zur Kompetenzentwicklung nur schwerlich voneinander trennen lassen. Nicht zuletzt verweist die aktuelle Debatte zur Entgrenzung des Lernens[15] darauf, dass sich zunehmend Arbeits-, Lern- und private Lebensorte durchmischen, dass sie traditionelle, räumliche, zeitliche, mediale und soziale Rahmungen verlassen, dass private und institutionelle Lernmittel wechselseitig gebraucht werden und austauschbar sind (vgl. Kirchhöfer 2004, S. 103f.).

Das Konzept der Lebenswelt[16] geht sowohl auf philosophische (z.b. Husserl) als auch auf soziologische (z.b. Berger und Luckmann, Schütz und Luckmann, Habermas) Wurzeln zurück. Esser (2001) beschreibt in spezifisch soziologischer Hinsicht die Lebenswelt folgendermaßen:

> »Die Gesamtheit der stabilen alltäglichen Nahbezüge eines Akteurs wird auch als dessen Lebenswelt bezeichnet: der Bereich des Alltagshandelns, in denen sich die Akteure relativ dauerhaft aufhalten, in personalen Kontakt zueinander treten, die jeweiligen Probleme der Produktion und Reproduktion in wechselseitiger Abstimmung aufeinander lösen, sich gegenseitig beobachten, kontrollieren und ›sozialisieren‹, eine gemein-

---

14 Siehe hierzu das Forschungsprogramm »Lernkultur Kompetenzentwicklung« der Arbeitsgemeinschaft Betriebliche Weiterbildungsforschung (ABWF) Berlin e.V. mit dem Untersuchungsfeld »LipA« (Lernen im Prozess der Arbeit) und »LisU« (Lernen im sozialen Umfeld).

15 Im Diskurs um die Entgrenzung der Arbeit (vgl. Kirchhöfer 2001) reduzieren sich angesichts gesellschaftlicher Veränderungen und multimedialer Entwicklungen die bisherigen Grenzen zwischen Privatsphäre und Erwerbsarbeit, zwischen Freizeit und Arbeit sowie zwischen Lernen und Arbeit. Der Alltag und seine Aktivitäten werden auf die aktuelle oder potenzielle Erwerbarbeit hin strukturiert und organisiert. Besonders deutlich tritt diese Entwicklung im Konzept des Arbeitskraftunternehmers (vgl. Voß/Pongratz 1998) hervor.

16 Der Begriff der Lebenswelt wurde von Edmund Husserl im Rahmen seiner phänomenologischen Philosophie als wissenschaftlicher Terminus eingeführt. Gegenüber den von den subjektiven Voraussetzungen abstrahierenden naturwissenschaftlichen Weltbild ging es Husserl um einen ganzheitlichen Weltbegriff, mit dem die Lebenspraxis wie auch die sinnliche und kognitive Wahrnehmung der Wirklichkeit durch die Individuen beschrieben werden kann. Insbesondere in den Arbeiten des symbolischen Interaktionismus (G.H. Mead) werden die sozialpsychologischen und wissenssoziologischen Konstitutionsbedingungen für die alltägliche Lebenswelt der Individuen herausgearbeitet.

sam erlebte ›Geschichte‹ ihrer Interaktion aufbauen, und darüber zu einem geteilten
Satz an Wissen und Werten, an Frames und Skripten und damit assoziierten Symbolen
kommen, die sie fraglos leiten und in ihrem Handeln einem immer wieder neu bestätig-
ten festen Grund geben – bis auf weiteres, natürlich« (a.a.O., S. 402).

Vereinfacht formuliert, wird so die Lebenswelt als eine gemeinsame, durch
Handlungen und Kommunikation gestaltete wie auch zu gestaltende Wirklichkeit verstanden. Sie erscheint als zunächst schlicht gegeben und wird bis zu einem problematischen Sachverhalt, der zu klären ist, unhinterfragt erlebt. Schütz
und Luckmann (1993) konkretisieren das wie folgt:

»Die Lebenswelt, in ihrer Totalität als Natur- und Sozialwelt verstanden, ist sowohl der
Schauplatz als auch das Zielgebiet meines und unseres wechselseitigen Handelns. Um
unsere Ziele zu verwirklichen, müssen wir ihre Gegebenheiten bewältigen und sie verändern. Wir handeln und wirken folglich nicht nur innerhalb der Lebenswelt, sondern
auch auf sie zu. Unsere leiblichen Bewegungen greifen in die Lebenswelt ein und verändern ihre Gegenstände und deren wechselseitige Beziehungen. Zugleich leisten diese
Gegenstände unseren Handlungen Widerstand, den wir entweder überwinden oder dem
wir weichen müssen. Die Lebenswelt ist also eine Wirklichkeit, die wir durch unsere
Handlungen modifizieren und die anderseits unsere Handlungen modifiziert. Wir können sagen, dass unsere natürliche Einstellung der des täglichen Lebens gegenüber
durchgehend vom pragmatischen Motiv bestimmt ist. Jedoch schon in der natürlichen
Einstellung ist mir die Welt zur Auslegung aufgegeben. Ich muss meine Lebenswelt zu
jenem Grad verstehen, der nötig ist, um in ihr handeln zu können« (Schütz/Luckmann
1993, S. 33f.).

Deutlich erkennbar erscheint die Lebenswelt als eine vorgegebene, herausfordernde und damit lernhaltige Umgebung. So vermittelt sie den Menschen nicht
nur Handlungsmöglichkeiten, sondern auch Begrenzungen. Es ist der Widerstand des alltäglichen Lebens, an dem sich menschliche Entwicklung reibt und
entscheidet.

Im Unterschied zum klassischen Alltag erscheint der Lebensweltbegriff als rein
phänomenologischer Sachverhalt, sozusagen als Hintergrundbegriff zum Alltäglichen (vgl. Grathoff 1978, S. 69). Demgegenüber lässt sich mit dem Alltag »die
konkrete und lebendige, umfängliche Fülle der Erlebniserfahrung von Handelnden bezeichnen (...), die aneinander sich orientierend, auf Abwesend andere
sich beziehend und auf Zukünftiges zugehend, im historischen und biografischen Bestand einer stets vorgegebenen Gesellschaft ihre Orientierung suchen
und ihre Situation definieren. Der Handelnde muss in der stets so vorgegebenen
Alltagswelt seine eigene Welt ausmachen. Das verlangt nach Sinnkonstruktion,
nach »Sinnhaftem Aufbau« und stützt sich im Verstehen solchen Aufbaus auf
die Analyse der Konstitution von Vorgaben« (a.a.O., S. 68). Handelt es sich bei
dieser Definition Grathoffs um eine – wie er selbst schreibt – noch etwas un-
scharfe Annäherung, präzisiert er an anderer Stelle: »Alltag ist stets bereits
»vorgegeben«, d.h. eine in sozialen Konstruktionen (Sprache, Wissen, Sozial-

struktur) vorkonstituierte Welt, die spezifische Stile der Erlebniserfahrung des Alltags (insbesondere: Arbeit) bereits vorgibt. In diesem Sinne ist Intersubjektivität ein lebensweltliches Faktum des Alltags. Alltägliches Leben (z.b. Arbeiten) bezeichnet den gemeinsamen (intersubjektiven) Vollzug der Erlebniserfahrung von Handelnden (Liebenden, Arbeitenden), die aneinander sich orientierend in alltäglicher Typik den konstruktiven Übergang von einer irgendwie vorgefundenen Welt in ihre eigene Welt zu leisten haben« (Grathoff, S. 78).

Es ist also die Intersubjektivität, vermittelt über Kommunikation, Sprache, persönliche Begegnung, gemeinsame Geschichte, gemeinsame Identität, welche, interaktional Sinnhaftigkeit erzeugend, Gewissheit der Lebenswelt herstellt und interaktiv nur dann wieder neu zu generieren ist, wenn die gemeinsam getragenen Definitionen gestört sind. Das könnte, wie Esser (2001) illustriert, etwa der Fall sein, wenn auf einer Baustelle »der ältere Maurer den Stift zum Bierholen schickt und wenn der, obwohl die Getränkebude etwas weiter entfernt ist und er kein Auto hat, vollkommen im Reinen mit sich und der Umwelt ist, weil er weiß, dass das Ansinnen an ihn keine punktuelle erniedrigende Ausbeutung, sondern Teil eines übergreifenden und im Prinzip sinnhaften Plans ist, den er zwar nicht ganz durchschaut, dessen Anmutungen er aber für »total normal«, für gerechtfertigt und auch für unausweichlich hält. Und deshalb ist das Bierholen bei Arbeitsgruppen, die schon länger beisammen sind, kaum ein Problem, wohl aber bei jenen neuen schlanken Teams von »just in time Belegschaften, in denen alle individuell auf ihre verbrieften und gewerkschaftlich überwachten Rechte pochen und bei denen die Lebenswelt durch alle möglichen betriebswirtschaftlichen Tricks immer wieder künstlich aufgebaut werden muss« (ebd., S. 403ff.).

Bedeutet bis hierhin das Konzept der Lebenswelt vornehmlich die soziale Konstituiertheit der Wirklichkeit, so lässt sich im Anschluss an Habermas betonen, dass darin auch die schöpferische Kraft der individuellen Persönlichkeit enthalten ist. So geht er davon aus, dass das Wissen der Akteure nicht alles ist, was das soziale Leben in der Lebenswelt bedingt, sondern neben den objektiv geltenden Regeln und moralischen Standards gerade die individuellen Fähigkeiten der Akteure hinzukommen, die sie zur Bewältigung komplexer Lebenssituationen benötigen. Damit tritt der Aspekt der Persönlichkeit als Kompetenz vergesellschafteter Individuen in den Vordergrund (vgl. Esser 2001, S. 404).

Habermas sieht die soziale Konstitution der Lebenswelt in drei (Kreis-)Prozessen: zum einen in der kulturellen Reproduktion des lebensweltlichen Wissens, zum anderen aus der sozialen Integration der Lebenswelt über die Stabilisierung von Gruppenidentitäten und die Solidaritäten von Gruppenmitgliedern sowie aus der Sozialisation über den Erwerb generalisierter Handlungsfähigkeiten nebst der Abstimmung individueller Lebensgeschichten und kollektiver Lebensformen. Ein solcher Kreisprozess vollzieht sich quasi in einer Art reflexiver Selbstverstärkung dieser drei Aspekte, der durch die soziale Integration der Akteure im

Hinblick auf Rollenbeziehungen in formalen Organisationen sowie durch persönliche Begegnung zur Verständigung über die Lebenswelt gegeben ist (vgl. ebd.). Es ist, wie Esser unterstreicht, gerade die Sicherheit der kollektiv gestützten Identität und der kollektiv verbreiteten Bindung an eine übergreifende Moral und Wertvorstellung, welche die Entwicklung individueller Kreativität fördert. »Eine Lebenswelt beruht als ›System‹ gerade auch auf diesen individuellen und kollektiven, materiellen und immateriellen Leistungen und auf den Fertigkeiten der Akteure, die sich ihrerseits immer nur im Kreisprozess der gesellschaftlichen Konstruktion der Lebenswelten herausbilden, bewähren und weiterentwickeln können« (a.a.O., S. 405).

Auch wenn in der bisherigen Darstellung Alltag und Lebenswelt als Lernwelten getrennt voneinander dargestellt wurden, so bilden sie doch – inklusive der Arbeit als festem Bestandteil der Alltagswelt – einen einheitlichen Gegenstand der phänomenologischen Sozialtheorie (vgl. Grathoff 1978, S. 70). Dies allerdings tut sie erst unter dem Anspruch einer qualitativ – empirisch zu leistenden Ausdifferenzierung.

2.1.6.1.4 Exkurs 2: Informelles Lernen als Zwischenraum

Wurde bislang der Begriff des informellen Lernens unter den genannten Gesichtspunkten nicht als eigenständiger Lernbegriff, sondern als Ortsbeschreibung für Lernhandlungen jenseits pädagogischer Intentionalität beschrieben, so lässt sich mit dem daraus resultierenden Freiraum für das Individuum zum eigensinnigen Lernen ein spezifisches Raumverständnis für die Individualität dieser Lernform begründen.

Räume, so unser bisheriges kulturelles Verständnis, als abgegrenztes Gebiet, als Behälter für Dinge und Geschehen verstanden, deren gemeinhin übliche Assoziation für Lernen mit Schulräumen und den daran geknüpften soziokulturell geprägten Verhaltensweisen einhergeht, verändern sich in der Wahrnehmung, mehr noch: Räume erweisen sich als Problem, weil sie Neuformationen gesellschaftlicher Veränderungen weder begrifflich noch inhaltlich fassen können (vgl. Löw 1999). So wird im Hinblick auf die Entgrenzungen speziell des Lernens deutlich, dass eine institutionelle, geschweige denn eine räumliche Erfassung von Lernen obsolet geworden ist. »Das Lernen verlässt die traditionellen räumlichen, zeitlichen, medialen und sozialen Rahmungen, die durch die Separation von Lernorten, die Vorgabe von Curricula und durch Hierarchisierung von Zertifizierungen charakterisiert wurden« (Kirchhöfer 2004, S. 104). Raum wird, wie Löw (2000) postuliert, zum einem »Spacing«, zu einem Zwischenraum also, in dem Menschen lernen, Orte, Dinge oder andere Menschen zu inhaltlichen »Räumen« zu verknüpfen und in der Relation ihrer Erfahrungen Bildungsprozesse zu ermöglichen. Raum wird ergo nicht einfach als Behältnis für etwas vorausgesetzt, sondern die Aktivität des Raumschaffens gestaltet das, was den individuellen Lernraum ausmacht.

Betrachtet man diese Gestaltungsoption im Sinne des informellen Lernens näher, dann lässt sich hier jenseits gesellschaftlicher Ansprüche und ihrer pädagogischen Angebote ein Zwischenraum für das absolut genuin eigene finden. Mit Hilliger et al. (2004) könnte diesbezüglich von einem »Möglichkeitsraum« für eigene Suchbewegungen sowie Denk- und Reflexionsprozesse gesprochen werden, mit Knoll (1999) von einem Lernen mit Eigensinn, in jedem Fall von einem individuell im Lebensvollzug zu gestaltenden (Lern-)Raum unabhängig von gesellschaftlich und pädagogisch dominierenden Anforderungen. Mit Girmes (1999) und in deren Anlehnung an Hannah Arendt wäre es ein Platz, der sich außerhalb der täglichen Kampflinie um den Fortgang unseres Lebens befindet. »Es wäre ein Platz für das ›Sich-Bilden‹, also ein Platz für Tätigkeiten der aktiven und entlasteten Auseinandersetzung mit der Menschenwelt in all ihren Dimensionen, die Gelegenheit böte, sich selbst, den eigenen Möglichkeiten, Sichtweisen und Seinsweisen Form zu geben« (Girmes 1999, S. 91).

2.1.6.2 Innere Bedingungen: Das personale Selbst

Persönlichkeitsinterne Faktoren bestimmen also entscheidend die Qualität informellen Lernens. Kirchhöfer (2001) subsumiert dieses Bedingungsgefüge unter dem Begriff des personalen Selbst auf drei Strukturebenen:

- die Lernkompetenz,
- die Lernmotivation und
- das Selbstkonzept.

Auf der Ebene der Lernkompetenz sind es insbesondere »Reflexionsfähigkeit«, »kommunikative Orientierung« und die »Fähigkeit zur Antizipation«, die die Kompetenz, informell zu lernen, maßgeblich mitbestimmen. Dem informellen Lernen selbst liegt *nicht* zwingend eine Lernmotivation, d.h. die Absicht, etwas lernen zu wollen, zugrunde. Vielmehr ist es an Tätigkeiten gebunden, was folglich weniger eine Lernmotivation voraussetzt als das Motiv, tätig werden zu wollen. Demnach »ist bei allen Fragen zur Lernmotivation immer darauf zu verweisen, dass die entscheidenden Motive der Strukturierung der Umwelt entstammen. (…) Das schließt eine bestimmte Disposition des Individuums, überhaupt tätig werden zu wollen, und dessen Selbstkonzept ein« (125). Das Selbstkonzept, was sowohl Körperschema, Selbstverständnis und Selbstideal (wer bin ich, wer möchte ich sein), aber auch die Wahrnehmung einer durch andere zugeschriebenen Identität beinhaltet, wirkt sich im Hinblick auf das Selbstwertgefühl und damit einhergehende komplexe psychische Zustände auf die Organisation informellen Lernens aus. Denn »oft hängt die Leistungsfähigkeit mehr von die-

sem Selbstbild ab als von den tatsächlichen Voraussetzungen. (...) Die Ertra-
gens- (Leidens-) und Bewältigungskapazität, die Aufstiegsorientierung, der
Selbstbehauptungs- und Durchsetzungswille oder die Konsens- und Anpas-
sungsbereitschaft bilden solche komplexen Bereiche des Selbstkonzepts, die Rationalität und Emotionalität, Bewusstes und Unbewusstes einschließen« (ebd.).

2.1.6.3 Das Fundament: Die Biografie

Lernkompetenz, Handlungsmotivation und Selbstkonzept entwickeln sich innerhalb der Biografie des Individuums. Das Individuum findet die Geschichte seines Selbst quasi als geronnene Erfahrung in seiner Biografie vor. Dabei ist, wie
Kirchhöfer (2001) herausarbeitet, informelles Lernen auf folgende Weise intensiv mit der Biografie verknüpft:

- »Das informelle Lernen bedient sich der in der Biografie erworbenen psychischen Dispositionen. Die psychische Struktur – so hatten wir festgestellt – hat
  eine Geschichte ihrer Natürlichkeit und so hat auch die Kompetenz zur
  Selbstorganisation eine individuelle Geschichte.
- Das informelle Lernen greift auf Vorerfahrungen mit dem Lernen selbst zurück, das Individuum hat eine eigene Biografie als Lerner, die wiederum Motivation und Organisation seines aktuellen Lernens beeinflusst.
- Informelles Lernen ist in der biografischen Gesamtsituation des Individuums
  verortet und lässt sich nicht allein aus den Erfahrungen einer zentralen Le-
  benssphäre – der Erwerbsarbeit – ableiten. (...)
- Das informelle Lernen wird durch die biografischen Optionen bestimmt. Insbesondere die zukünftigen Arbeitsentwürfe als Reflexion möglicher Arbeitsfelder, der Projizierung eigener Wünsche in dieses Feld, die Verknüpfung
  lang- und kurzfristiger Arbeitsentwürfe und die biografische Reichweite von
  Identitätsentwürfen wirken sich auf die Motivation zum informellen Lernen
  aus« (S. 126).

Ebenso verweist Schulze (1993b) auf die Vielfältigkeit menschlichen Lernens in
lebensgeschichtlicher Perspektive, das sich parallel, gegenläufig und auch unabhängig vom Strang formalen Lernens entwickelt. Während das Individuum sich
im formalen Lernen in ein vorbereitetes Programm einzufügen hat, findet le-
bensgeschichtliches Lernen seine Bestimmung innerhalb des Lernenden: »Es
organisiert sich selbst« (ebd. S. 202). Es findet lebensgeschichtlich – wie Schulze unterstreicht – durch individuelle Erfahrungen in der Lebenswelt, durch Bewältigung von Brüchen und (Lebens-)Krisen, bei Gelegenheiten, in Interaktio-
nen mit Szenen und Sprüchen, und der Herausforderung von Diskontinuitäten
statt (vgl. ebd., S. 195ff.). Nicht zuletzt fordern im gegenwärtigen Zeitraum gerade die widersprüchlichen Lebensbedingungen in der Gesellschaft dem Einzelnen immer mehr ab, sein Leben selbst in die Hand zu nehmen. Individuen sind

herausgefordert, haben aber auch die Chance, ihre Lebenssituation über wechselnde Lebenskontexte hinweg individuell zu konstruieren. Zweifelsohne sind damit biografische Lern- und Bildungsprozesse verbunden, die immer wieder eigenständig konstruiert werden müssen. Hierbei kommt dem informellen Lernen eine besondere Bedeutung zu, wie dies gerade mit Blick auf die »individuell-biografische Organisation von Erfahrungs- und Bildungsprozessen« (Dausien/Ahlheit 2005, S. 28) gleichsam in vielen – für die Position informellen Lernens – anschlussfähigen Theoriediskursen zur Subjektorientierung verhandelt wird.

2.1.6.4 Zusammenfassung

Die grundlegenden Potenziale und Chancen informellen Lernens stehen in einer engen wechselseitigen Beziehung mit äußeren und inneren Voraussetzungen. So beeinflussen die spezifischen Bedingungen der Lebens- und Arbeitswelt informelles Lernen genauso wie die personalen und biografischen Strukturen des Individuums. Der Grad von Lernanregung, lernförderliche Unterstützungsleistungen der Milieustrukturen und nicht zuletzt individuelle motivationale, kognitive sowie reflexive Fähigkeiten des Individuums bestimmen entscheidend die Möglichkeiten und Grenzen, den Lerngehalt der Lebenswelt überhaupt als solchen wahrzunehmen und in informellen Lernhandlungen aufzugreifen.

Derartige Feststellungen verweisen auf die Gefahr sozialer Selektivität, nach der die soziale Herkunft und die Zugehörigkeit zu bestimmten Schichten entscheidend für Bildungschancen sind. So ist bei den hohen Anforderungen informellen Lernens insbesondere in seinem kompetenzentwickelnden Potenzial davon auszugehen, dass diese von breiten Bevölkerungsschichten nicht erfüllt werden. Damit werden wiederum diejenigen begünstigt, die aufgrund ihrer Herkunft entsprechende Dispositionen haben aufbauen können. Informelles Lernen kann somit nicht in einem automatischen Zusammenhang mit kompensatorischer Bildung oder Kompetenzentwicklung betrachtet werden. Im Gegenteil: Eine bildungspolitisch einseitige Favorisierung dieses Lernens würde nahezu auf der Ebene eines Sozialdarwinismus zur Herausbildung (wissens-)gesellschaftlicher Problemgruppen führen (vgl. Kirchhof/Kreimeyer 2003). So wird die Frage zu stellen sein, wie die Voraussetzungen beschaffen sein und geschaffen werden müssen, um eine breite gesellschaftliche Teilhabe an dieser Lernform zu ermöglichen. Dabei mutet es zunächst – zumindest historisch betrachtet – einigermaßen paradox an, dass organisiertes d.h. schulisches Lernen ursprünglich geschaffen wurde um die, wie Meder (2002) es formuliert, an Lernanreizen arme Lebenswelt zu kompensieren und sich demgegenüber heute der Eindruck einstellt, »dass informelles Lernen als Kompensation organisierten Lernens begriffen werden muss« (ebd. S. 8). Sind umgekehrt die Lernanreize und Lernaufforderungen der Lebenswelt heute so groß, dass formale Bildung nicht mehr ausreicht?

Oder ist nicht vielmehr zu fragen, inwieweit formal organisiertes Lernen bislang einem Lernverständnis folgte, das mit seinem Vermittlungsanspruch den tatsächlichen Ansprüchen und Beweggründen lernender Subjekte nicht mehr gerecht wird. So verweisen subjektwissenschaftliche und motivationspsychologische Theoriebildungen zum Lernen auf die Voraussetzung der Verwirklichung gerade eigener Interessen und persönlich bedeutsamer (Lern-)Problematiken. Dieser Zusammenhang soll im Weiteren mit Bezug auf informelles Lernen ausgeleuchtet werden.

2.1.7 Weiterführung: Zur theoretischen Anschlussfähigkeit und Aktualität informellen Lernens unter subjekttheoretischer und motivationspsychologischer Perspektive

Lernen wird in der Erwachsenenpädagogik seit Mitte der neunziger Jahre über das bis dato vorherrschende Primat der Teilnehmerorientierung (Tietgens) hinaus zunehmend unter einer subjektbezogenen Sichtweise betrachtet (vgl. z.B. Arnold 1996; Siebert 2000; Faulstich/Ludwig 2004). Das damit zusammenhängende Interesse für die Rolle der Lernenden ist zunächst maßgeblich dem Einfluss gemäßigt-konstruktivistischer Theorien zuzurechnen, denen zufolge Lernen nicht automatisch als 1:1-Ergebnis von Lehrprozessen einzustufen ist. Aber auch die subjektwissenschaftliche Lerntheorie des Psychologen Holzkamp (1995) sowie die erwachsenenpädagogischen »Wege zum Subjekt« Meuelers (1993) im Sinne einer Aneignungsdidaktik unterliegen einem verstärkten Interesse und verweisen – wenn auch vielfach implizit – auf informelle Lernbezüge. Ebenso bedeutend sind motivationspsychologische Untersuchungen, wie sie insbesondere mit der Selbstbestimmungstheorie von Deci und Ryan (1993) in den Diskurs eingebracht worden sind und sich als hoch anschlussfähig für den Erklärungszusammenhang informellen Lernens erweisen. Im Folgenden sollen daher die genannten Theorieansätze kurz skizziert werden, um die Spezifität und die Relevanz informellen Lernens im Kontext der aktuellen Theoriebezüge weiter herauszuarbeiten. Dabei geht es ausdrücklich nicht um eine zusammenfassende Darstellung der vollständigen Aussage der genannten Theorien, sondern um mögliche Bezugspunkte zum informellen Lernen. Ebenso bleibt die im erziehungswissenschaftlichen Diskurs zunehmend offen geführte Kritik an den genannten Ansätze – insbesondere am systemtheoretischen Konstruktivismus – vor dem Hintergrund von Anliegen und Aufgabe dieser Arbeit außen vor.[17]

---

17 Zur Kritik konstruktivistisch-systemtheoretischer Pädagogik sei auf Ludwig (1999) und Pongratz (2005) verwiesen.

2.1.7.1   Konstruktivistische Begründungen des Selbstlernens

Konstruktivistische Perspektiven sind in den letzten Jahren in vielen wissenschaftlichen Disziplinen modern geworden und haben Anerkennung gefunden. In der Pädagogik wurden sie vor allem durch Reich (1996), speziell in der Erwachsenenbildung durch Arnold/Siebert (1997) profiliert.

Bei aller Vielfalt gehen konstruktivistische Theorienansätze grundsätzlich davon aus, dass der Mensch nicht eine objektive Wirklichkeit erkennen kann, sondern dass er sich vor dem Hintergrund seiner Biografie und Erfahrungen ein Abbild von Wirklichkeit konstruiert. Im Anschluss an systemtheoretische Annahmen (vgl. Maturana/Varela 1987; Luhmann 1984) beschreiben die konstruktivistischen Positionen von Arnold wie von Siebert, dass unsere Wahrnehmungen, Kognitionen und Emotionen autopoietische (selbsttätige), operational geschlossene Aktivitäten unseres Gehirns sind. »Wenn wir lernen, entwerfen wir Wirklichkeit. Unser Bewusstseinssystem stabilisiert sich angesichts einer vielschichtigen Wirklichkeit dadurch, dass es selber Komplexität durch Ausdifferenzierung herausbildet« (Lenzen 1999, zit. n. Siebert 2003, S. 13).

Lernen wird damit als Konstruktion von Deutungen verstanden. Lernvorgänge finden statt, um einen Einklang zwischen den Konstrukten des Individuums und der es umgebenen Umwelt herzustellen. Erfolgskriterium für das Lernen ist nicht Objektivität und Wahrheit, sondern die Viabilität (Anschlussfähigkeit, Passung). Viabilität zielt damit auf die Lebensfähigkeit und Nützlichkeit der Konstrukte in der Lebenswelt der Lernenden aus Sicht der Lernenden (vgl. Arnold 1996).

Für den Ertrag einer Diskussion zum informellen Lernen erscheint die Relevanz der Eigenaktivität der lernenden Subjekte von Bedeutung. Dabei ist gerade die individuell konstruierte Erfahrungs- und Sinnstruktur von Lern- und Bildungsprozessen von besonderem Interesse, da letztere keinesfalls auf institutionalisierte Lernangebote beschränkt zu sehen sind, sondern grundsätzlich auch auf individuelle Aneignungsprozesse in der Lebenswelt verweisen. Schäffer (1995) spricht in diesem Zusammenhang von einer »Selbstbewegung«, die zwar von einem systemrelevanten Außen angeregt und gefördert werden kann, die aber dann gleichsam als interne Bewegung und autonomer Aneignungsprozess verläuft. Im Sinne der von ihm postulierten konstruktivistischen Lerntheorie ergibt sich hieraus ein Bildungsprozess, der »als produktiv verarbeitende Prozessstruktur einer dialektischen Innen-Außen-Relationierung aufzufassen« ist (a.a.O., S. 34). Für Fischer (2003) löst die Gegebenheit konstruktivistischer Viabilität sofort und ohne Umschweife informelle Lernprozesse aus, die als gleichsam natürlichen Lebensfunktionen wie nachhaltig wirksame Aneignungsprozesse erscheinen. Diese sind dann im Sinne des Konstruktivismus allein abhängig vom Subjekt und seinem individuellen Entwicklungsprogramm (vgl. ebd.).

2.1.7.2   Lernen als Verfügungserweiterung: Subjektstandpunkt und
          Lernbegründung in der Lerntheorie von Klaus Holzkamp (1995)

Im Mittelpunkt der subjektwissenschaftlichen Theorieperspektive Holzkamps
(1995) steht der Standpunkt des Subjekts in seiner Freiheit und Unverfügbarkeit.
Dabei wird das Individuum als »Intentionalitätszentrum« betrachtet, welches
sich auf die Welt, auf andere und sich selbst bezieht (vgl. Holzkamp 1995, S.
21). Die Intention der Lernenden ist darauf ausgerichtet, Schwierigkeiten und
Fragen von Handlungsverläufen zu lösen, bei denen sie eine Diskrepanzerfahrung zwischen ihrem Wollen und ihrem Können machen. Man kann nicht
so wie man will, die Routine ist unterbrochen, man ist irritiert. Daraus entstehen
Lernthemen, die sich aber nicht speziell auf den Lerngegenstand selbst beziehen,
sondern ihre Bedeutung in der Verfügungserweiterung von Welt oder in der persönlichen Bedrohungsabwehr haben. In diesem Zusammenhang unterscheidet
Holzkamp aus der Subjektperspektive heraus zwischen defensiven und expansiven Lernbegründungen. Expansive Lernbegründungen beziehen sich hiernach
auf die lernende Erweiterung/Erhöhung von subjektiver Lebensqualität, indem
neue Handlungsmöglichkeiten generiert werden und damit die Teilhabe an gesellschaftlichen Möglichkeiten gesteigert wird. So geht es, wie Holzkamp
(1995) verdeutlicht, »eben nicht um die Rückbeziehung des Lernens auf einen
bloß individuellen Spaß an der Sache o.ä., sondern um die Überwindung meiner
Isolation in Richtung auf die mit dem lernenden Gegenstandsaufschluss erreich-
bare Realisierung verallgemeinerter gesellschaftlicher Handlungsmöglichkeiten
in meinem subjektiven Erleben« (ebd., S. 191). Demgegenüber finden sich de-
fensive Lernbegründungen vor allem in schulischen und betrieblichen Lernkon-
texten, wenn es darum geht, lediglich eine Situation zu bewältigen, ohne Lebensqualität zu verlieren. Beispielhaft hierfür können folgende Verhaltensfor-
men sein: Abschreiben, Sich-Vorsagen-Lassen, den Lernerfolg vortäuschen. In
jedem Fall handelt es sich um einen, wie Holzkamp schreibt, »unengagierten
Lernprozess«, der zwangsläufig auf Art und Erfolg von Lerninhalten abfärbt und
einem »widerständigen Lernen« gleichkommt (vgl. a.a.O., S. 193). Welche
Form der Lernhandlung letztlich gewählt wird, ist abhängig von den Interessen
und der persönlichen Strategie, mit Lernproblematiken umzugehen. Diese sind
stets in Emotionen eingebunden. »Alle Handlungen – also auch Lernhandlungen
– sind kognitive und zugleich emotionale Einheiten psychischer Aktivität. Von
der emotionalen Befindlichkeit des Subjekts hängt es letztlich ab, ob Erfahrungen als Diskrepanz wahrgenommen oder unter Bekanntes subsumiert werden.
Gründe beruhen auf Wünschen« (Faulstich/Grell 2005, S. 26).

Bezogen auf einen Anschluss zur Diskussion um das informelle Lernen tritt besonders deutlich hervor, dass auch Holzkamp mit seiner Subjektperspektive auf
Lernen nicht speziell auf institutionalisierte bzw. Lehrergelenkte Lernvorgänge,
sondern explizit auf die Verwirklichung ganz individueller Interessen verweist.

Lernen kann auf dieser Ebene, wie es Faulstich und Ludwig (2004) beschreiben, durchaus als eine Art Voraussetzung für das Erkennen und das Verwirklichen der eigenen Lebensinteressen bezeichnet werden – ein Ansatz, der zweifelsohne auf die Eigeninitiative des Individuums verweist, einen hohen Grad informell-selbstorganisierter Lernprozesse fordert und nicht zuletzt ein klassischer Gegenentwurf zum vorherrschenden instruktionspsychologischen Verständnis der Kategorie Lernen ist (vgl. ebd.).

2.1.7.3   Erhard Meueler (1993): Das Konzept der (Selbst-)Aneignung und (Selbst-)Bildung

Meueler hat wie kaum ein anderer in der deutschen Erwachsenenpädagogik einen Weg subjektorientierten Lernens Erwachsener begründet. Dabei zielt er auf ein Subjektverständnis, das den Einzelnen bei aller Eingrenzung durch wirtschaftliche und soziale Zwänge nicht völlig fremdbestimmt sieht, sondern immer noch als autonomen Gestalter seiner eigenen Biografie sowie veränderter lebensweltlicher und gesellschaftlicher Bedingungen. Arnold (2003b) fasst dies folgendermaßen zusammen:»Das Subjekt ist für ihn sein eigener Zweck, und es steht damit in einem unhintergehbaren Gegensatz zu dem, was ihm von äußeren Zwecksetzungen her zugemutet und abverlangt wird« (a.a.O., S. 3).

Im Mittelpunkt von Meuelers Konzeption der Subjektorientierung stehen der Aneignungsbegriff und die Frage einer Aneignungsdidaktik. In Erweiterung des Lernbegriffs – den er *auch* für Tiere und Systeme als gegeben betrachtet – sieht er den Begriff der Aneignung als etwas genuin Menschliches, da Aneignung an ein bewusst und gezielt handelndes Subjekt gekoppelt ist. Aneignung zielt sowohl auf die bewusste Erschließung räumlicher und materieller Umwelt als auch auf die Form, in der ein geistiger Bezug zu ihr hergestellt wird. Hierbei fasziniert Meueler die Perspektive, dass beim Aneignungsbegriff die Initiative des Lernens vom Subjekt ausgeht. Aneignung dient der Welterschließung, sie ist in Anlehnung an den sowjetischen Psychologen Leontjew (1903-1979) eine zentrale Kategorie menschlicher Individualentwicklung, die Tätigwerden verlangt und auf Erfahrung beruht (vgl. Meueler 1993, S. 119ff.) Meueler greift den Aneignungsbegriff im Weiteren didaktisch auf, indem er das altgriechische Ursprungswort der Didaktik, nämlich *didáskein,* nicht wie gemeinhin üblich mit lehren, belehren, unterrichten übersetzt, sondern mit »verstehen, bemerken, wahrnehmen, in Betracht ziehen, abwägen, sich bewusst machen, ersinnen, aussinnen, erdenken, erfinden, dichten, erdichten, denken, erkennen, beobachten, forschen, nachdenken, bedenken, austüfteln, seine Gedanken machen, sich erkundigen, sich vergewissern, fragen, etwas meditieren, phantasieren, suchen, entdecken usw.« (a.a.O., S. 121). Damit sind Tätigkeiten aufgeführt, für die – wie Meueler trefflich beschreibt – jeder Erwachsene im Leben selbst verantwortlich ist, und die, parallel zum Schulalltag und Unterricht, gleichsam Gegenstand alltäglicher Lebensführung sind (vgl. ebd.) Damit verweist diese Form der Aneignung von Welt gerade der vorausgesetzten Eigeninitiative, Erfahrungsorientierung und selbstorganisierten geistigen Auseinandersetzung in einem hohen Maße auf informelle Lernprozesse, die zweifelsohne ein großes Potenzial von Selbstbildung erkennen lassen.

2.1.7.4   Die Selbstbestimmungstheorie der Motivation (Deci und Ryan 1993)

Die Selbstbestimmungstheorie von Deci und Ryan versteht sich – so die Autoren – als eine organismische und dialektische Theorie menschlicher Motivation. Als organismisch wird sie bezeichnet, weil sie von einer fundamental angelegten und dauerhaften Integration menschlichen Entwicklungsbestrebens ausgeht – ein Prozess, den die Autoren durch intrinsisch-motivationale Aspekte mit der nötigen psychischen Energie vorangetrieben sehen. Dialektisch ist der Vorgang darum, weil der organismische Integrationsprozess in einer wechselseitigen Abhängigkeit mit der sozialen Umwelt steht.

Das Selbst – als solches Mittelpunkt der Theorie – wird durch das Prinzip der organismischen Integration in seiner Entwicklung von Anfang an bestimmt. Es ist sowohl Prozess als auch Ergebnis der Entwicklung. Von besonderer Bedeutung sind hierbei angeborene psychische Bedürfnisse wie auch grundlegende Fähigkeiten und Interessen des Individuums.

Drei psychische Grundbedürfnisse, die von den Autoren als angeboren betrachtet werden, sind im Kontext des informellen Lernens von besonderem Interesse: Das Bedürfnis nach Kompetenz oder Wirksamkeit, dasjenige nach Autonomie oder Selbstbestimmung und schließlich dasjenige nach sozialer Eingebundenheit oder sozialer Zugehörigkeit. Der Mensch verfügt über die angeborene Tendenz, sich seinem sozialen Milieu verbunden fühlen zu wollen und dabei effektiv zu wirken, um sich persönlich als initiativ und kompetent zu erfahren.

Diese Motive erklären die Notwendigkeit und die Gründe für informelle Lernprozesse. So ist davon auszugehen, dass der angeborene Wunsch, sich persönlich zu entwickeln und dabei Kompetenz- und Autonomieerleben zu erfahren, mit genuin eigenen persönlichen Lernbedürfnissen und Interessen einhergeht, die zu informellen Lernhandlungen führen. So macht die Selbstbestimmungstheorie geltend, »dass Menschen den intrinsischen (angeborenen) Wunsch haben, ihre Umwelt zu erforschen und »in sich aufzunehmen. Die Motivation zur aktiven Auseinandersetzung ist bereits in den frühesten Stadien der Entwicklung angelegt und braucht keine Anleitungen und äußeren Zwänge« (Deci/Ryan 1993, S. 253). Die Untersuchungen von Deci und Ryan belegen zudem, dass eine auf Selbstbestimmung beruhende Lernmotivation sich positiv auf die Qualität des Lernens auswirkt. Demgegenüber beeinträchtigt von außen aufoktroyiertes Lernen, das nicht den Prinzipien des individuellen Selbst entspricht, nicht nur die Effektivität des Lernens, sondern auch die Entwicklung des Selbst.

2.1.7.5 Zusammenfassung

Die hier skizzierten Ansätze verweisen dezidiert auf die Autonomieanteile lernender Subjekte und deren Begründungszusammenhang für informelle Lernprozesse. So sind es die individuellen Suchbewegungen und selbsttätigen Aneignungsprozesse, die im Kontext alltäglicher Lebensführung informelle Lernhandlungen eröffnen: Schwierigkeiten im Handeln, Probleme bei Diskrepanzerfahrungen zwischen persönlichem Wollen und Können sowie die Verwirklichung eigener (Lebens-)Interessen bilden hierzu den Ausgangspunkt und werden motivationspsychologisch unter dem Aspekt des auf Wirksamkeit und Effektivität ausgerichteten Grundbedürfnis nach Selbstbestimmung- und Autonomie begründet. Die damit einhergehende Bildung zum Subjekt kann, wie Meueler (1993) unterstreicht, zwar durch Pädagogen angeregt werden, sie entwickelt sich aber vor allem aus dem Widerspruch der täglich zu lösenden Lebensaufgaben in Familie, Beruf und Freizeit.

2.1.8 Zwischenbilanz und ein erstes Zwischenfazit: Informelles Lernen als Grundlage zur (Selbst-)Bildung und nachhaltigen[18] Kompetenzentwicklung

Die Nachzeichnung von Aspekten informellen Lernens lässt uns ein Lernverständnis kritisch hinterfragen, in dem einzig Bildungsinstitutionen wie z.B. die Schule für das Lernen – oder besser: für das (Be-)Lehren – zuständig waren. Deutlich wird dagegen, dass sich das Individuum über Anpassungs- und Bewältigungsmechanismen im Alltagsleben ein gehöriges Maß an Fähigkeiten selbst aneignet. Dabei entwickelt der Einzelne nicht allein die für die konkrete Problemlösung notwendigen Fähigkeiten, sondern er entwickelt sich auch in seinen Haltungen und Einstellungen als Person. Dies weist auf Anteile von (Selbst-) Bildung und Kompetenzentwicklung hin. Lipski (2000) hebt diese besondere Bedeutung informellen Lernens hervor, wenn er es nicht nur als zeitlich umfangreicher, sondern auch hinsichtlich des Lernens für das Leben als bedeutsamer einschätzt. Hierbei spielt insbesondere der motivationale Rahmen eine wichtige Rolle. So belegt Rogers (bereits 1969) für die humanistische Psychologie, dass signifikantes Lernen in seinen Voraussetzungen im Wesentlichen an die Bedingungen von Freiheit geknüpft ist. Von der individuellen Person ausgehend bedarf es der Eigenständigkeit, Autonomie und Freiwilligkeit. Ähnliches belegen und unterstreichen die Forschungsergebnisse aus der Motivationspsychologie

---

18 Der mehrdeutige Begriff von Nachhaltigkeit bezieht sich im lerntheoretischen Verständnis auf eine lang anhaltende Wirkung (vgl. Schüßler 2004).

(Deci/Ryan 1993; Schiefele/Schreyer 1994; Krapp 1993), nach denen sich eine intrinsisch begründete Lernmotivation erheblich positiver auf das Lernergebnis auswirkt, als eine extrinsiche Lernmotivation. Dies betrifft das emotionale Erleben wie das Selbstwertgefühl und auch das Bewältigungsverhalten von Misserfolgen (vgl. Kirchhof/Kreimeyer 2003). In diesem Zusammenhang stellt informelles Lernen zunächst ein Gegengewicht zum klassisch-schulischen, sprich formalen Lernen dar. Die Entgegensetzung lässt sich in folgenden Dichotomien aufzeigen:

- Jenseits einer fachwissenschaftlich begründeten Orientierung an vielfach curricular geplanten Bildungsinhalten beginnt und endet informelles Lernen in der Lebenspraxis. Gerade die Konfrontation mit den Realanforderungen aktueller Lebenssituationen macht diese Lernform so wirkungsvoll und lebendig.
- Informelle Lernprozesse gestalten sich in ihrer Wirkung dadurch für Lernvorgänge als nachhaltig bedeutsam, weil es im Bewusstsein der Individuen gerade nicht um Lernen, sondern um die Lebensbewältigung und Erfüllung eigener Interessen geht.
- Als nichtintendiertes Lernen ist informelles Lernen gleichsam ein ursprüngliches Lernen, nämlich im weitesten Sinne ein Lernen durch Erfahrung. Dies ist nicht grundsätzlich an eine Tätigkeit gebunden, sondern erwächst beiläufig aus dem Umgang von Mensch und Lebenswelt. Und es ist diese sinnliche, leibhaftige Begegnung mit der Realität, die für den bildenden Aufbau der inneren Wirklichkeit und damit für das Denken des Menschen so zentral notwendig ist.

Vor diesem Hintergrund ergibt sich die Frage nach dem genauen Verhältnis von schulisch-institutionellem Lernen und informellem Lernen. Folgt man Schließmann (2005), dann ist informelles Lernen sowohl als die Voraussetzung wie auch als die Fortführung formeller Lernprozesse zu betrachten, was gleichsam den Teil informellen Lernens in formalen Lernumgebungen nicht ausschließt.[19] Damit wird deutlich, dass bei aller dichotomen Zuspitzung formale und informelle Lernprozesse nicht als Gegensätze, sondern in ihrer Verschränkung[20] ge-

---

19 Nicht zuletzt sind in der Erwachsenenpädagogik und Weiterbildung bereits didaktische Settings, z.B. die Open-Space-Methode, entwickelt worden, in denen das »informelle« einen festen Rahmen bekommt und damit in die Methode integriert wird. Informelles Lernen in Schulen wird, soweit es den Lebens- und Erfahrungsbereich des nicht institutionell Geregelten betrifft, mit dem Begriff des »Heimlichen Lehrplans« beschrieben (vgl. Köck/Ott 1994).

20 Der Begriff Verschränkung wird hier in metaphorischer Analogie zu seiner Verwendung in der Quantenphysik gebraucht. Dort bezeichnet er ein quantenmechanisches Phänomen, in dem zwei oder mehr Teilchen nicht mehr als einzelne Teilchen beschrieben werden können, sondern nur noch als *ein* Gesamtsystem. Wohl aber sind die Abhängigkeiten der einzelnen Teilchen gegenseitig bestimmbar. In der Philosophie findet sich ein Hin-

sehen werden müssen. Hierzu gehört auch die Erkenntnis, dass informelle Lernprozesse eine weitergehende Reflexion zur Verallgemeinerung und Systemati-
sierung alltäglicher Erfahrungsbildung benötigen; nicht zuletzt beinhalten implizite und erfahrungsorientierte Lernvorgänge die Gefahr der Zufälligkeit, Belie-
bigkeit und falsch verstandener Expertise. Dies trifft insbesondere dann zu,
wenn sie für eine – wie in dieser Arbeit gegenständliche – professionelle Kompetenzentwicklung fruchtbar gemacht werden sollen. So müssen Kompetenzen
in die Biografie des Individuums integriert sein, um – wie von Wittwer (2001)
analytisch unterschieden – sowohl ganz persönliche Ressourcen (Kernkompetenzen) bzw. in deren Anwendung in unterschiedlichen Anforderungssituationen
(Veränderungskompetenzen) darzustellen. Dann erlebt das Subjekt diese Fähigkeiten nicht mehr nur als Resultat einer bestimmten Handlungssituation, sondern
als persönliche Kompetenz, die es situationsübergreifend einsetzen kann. Hierzu
bedarf es grundlegend der tätigen Auseinandersetzung des Subjekts mit seiner
Umwelt sowie des Sich-in-Beziehung-setzens mit dem Gelernten. Eine reflektierende Verarbeitung der eigenen Lernschritte ist gleichsam Voraussetzung für die
Entwicklung von Handlungskompetenz. Um diesen Zusammenhang weiter aus-
zudifferenzieren sind zunächst spezifische Begriffsklärungen notwendig, was in
den folgenden Abschnitten erfolgt.

2.2   Kompetenz und Kompetenzentwicklung zur beruflichen Handlungsfähigkeit

Kaum eine Wortschöpfung ist in den letzten Jahren gleichermaßen in Erziehungswissenschaft, Berufsbildung, Erwachsenenpädagogik und Bildungspolitik
so zu einem populären Modernisierungs- und Leitbegriff aufgestiegen wie
»Kompetenz«.[21] Anders als mit dem eher traditionsbelasteten Bildungsbegriff
und entgegen einer Engführung wie sie im Kontext qualifikatorischer Anpassung durchscheint, gelingt es mit dem Kompetenzbegriff, nicht mehr abschätz-
bare gesellschaftliche Entwicklungen, tatsächliche Handlungsanforderungen und
persönliche Möglichkeiten in einen bildungspragmatisch funktionsfähigen Zu-

---

weis auf ein vergleichbares Begriffsverständnis als *Dimensionenverknüpfung*. In der an-
gelsächsischen Literatur wird im Kontext informellen Lernens von einer Überkreuzung
gesprochen: »Es ist schwierig eine freie Unterscheidung zwischen dem formalen Lernen
und formlosen Lernen zu treffen, da es häufig eine Überkreuzung zwischen den zweien
gibt« (McGivney, 1999, S. 1). Da die Unterscheidung in formelles und informelles Lernen im Hinblick auf die Kompetenzentwicklung lediglich als eine analytische Trennung
des Lernhandelns, nicht aber als Benennung empirisch zu isolierender und messbarer
Faktoren betrachtet werden kann, erscheint mir der physikalisch verwendete Begriff der
Verschränkung für den Sachverhalt zutreffend.

21   Vgl. die Buchreihe »Kompetenzentwicklung« der »Arbeitsgemeinschaft für betriebliche
Weiterbildungsforschung« (ABWF) Berlin e.V.

sammenhang zu bringen (vgl. Arnold 2002) Ebenso wird mit diesem Begriff jenseits spezifisch deutscher Bildungsdiskurse mit ihren oftmals philosophischen sowie subjekt- und gesellschaftstheoretischen Implikationen eine Anschlussfähigkeit an internationale Diskurse hergestellt. »Wohl nachhaltig wirksam geworden ist hier das EU-Weißbuch zur allgemeinen und beruflichen Bildung »Lehren und Lernen – Auf dem Weg zu einer kognitiven Gesellschaft« von 1995. Dort wird Kompetenz als zeitgemäße und zentrale Transformationskategorie bezüglich der Reproduktion von Arbeitsvermögen herausgestellt, wobei der Aspekt der flexiblen, friktionslosen Nutzung von Humanressourcen dominiert« (Brödel 2002, S. 39). Gleichwohl haben sich in diesem Zusammenhang allerdings eine Vielzahl von Konnotationen und Definitionen des Kompetenzbegriffs entwickelt, die nun, nahezu wildwuchsartig und inflationär verwendet, nicht nur – wie Arnold (2002) verdeutlicht – die Gefahr hervorrufen, die Debatte zu simplifizieren, sondern mitunter auch zu auch Lesarten führen, welche »im Gestus der Entschiedenheit und Machbarkeit« (S. 27) die pädagogische Dimension des Kompetenzbegriffes ausblenden und ökonomisch verkürzen. Vor diesem Hintergrund der vielfältigen, unterschiedlichen Ansätze[22] einerseits und dem spezifischen Anliegen der Arbeit anderseits soll im Folgenden eine Begriffs- und Theorieklärung erfolgen, die, anknüpfend an eine Skizzierung sozialwissenschaftlich-pädagogischer Wurzeln des Kompetenzbegriffs, sich an der berufs- und erwachsenenpädagogischen Tradition des Kompetenzdiskurses in seinem bildungstheoretischen Spannungsverhältnis orientiert und damit eine begriffliche Anschlussfähigkeit zur Pflegepädagogik herstellt.

2.2.1 Zum Begriffsverständnis von Kompetenz in Pädagogik und beruflicher Bildung

Ursprünglich in der Biologie verstanden als latente Fähigkeit eines Organismus, sich der Umwelt anzupassen, lässt sich der Begriff »Kompetenz« aus dem lateinischen Wort »competere« ableiten, was soviel bedeutet wie zusammenfallen oder zusammentreffen. In dieser Herleitung ist bereits das konstitutive Moment von Kompetenz für kompetentes Handeln beim Menschen erkennbar. Denn, »wenn die Erfordernisse der Situation mit dem individuellen Konglomerat von Fähigkeiten und Fertigkeiten eines Menschen zusammentreffen, so besitzt dieser die Kompetenz zur Bewältigung der Situation« (Wollersheim 1993, S. 89).[23]

---

22 Eine ausführliche Darstellung der Entwicklung des Kompetenzbegriffs und seiner mannigfaltigen Theorieströmungen findet sich bei Arnold/Schüßler (2001).

23 Der Begriff »Kompetenz« wird in juristischen Sprachgebrauch und auch im Alltagsverständnis im Sinne von »Zuständigkeit« und »Befugnis« verwendet. Zu vermuten ist, dass mit dem Kompetenzbegriff das Zusammenfallen von gesellschaftlicher, beruflicher Position und Entscheidungsmacht umschrieben wird. Wenngleich dieses Begriffsverständnis auch im Kontext der hier zu untersuchenden Pflegeberufe von Bedeutung ist,

Damit wird der Kompetenzbegriff zunächst als Relationsbegriff zwischen der handelnden Person und der situativen Umwelt deutlich (vgl. Hof 2002, S. 85f.). Bedeutsam für das Einbringen von Kompetenz ist jedoch nicht nur deren Besitz, sondern gerade deren Umsetzung in Handeln. Hier ist auf die Differenzierung von »Kompetenz« und »Performanz« aufmerksam zu machen. In dieser Unterscheidung, die auf den Linguisten Noam Chomsky[24] zurückgeht, stellen Kompetenzen als Fähigkeiten das Fundament für angemessenes Handeln in der Performanz, dem aktuellen Tun, dar (vgl. Löwisch 2000, S. 93ff.). Dabei tritt als Verbindung dieser beiden sich wechselseitig bedingenden »Pole« das Subjekt als Kompetenzträger in den Vordergrund: »Leitend ist die Idee der generativen Kompetenz und Selbsterzeugung des Subjekts im eigenen Handeln« (Brödel 2002, S. 41).

Neben Chomsky war es zunächst Habermas, der in den siebziger Jahren den Kompetenzbegriff im sozialwissenschaftlichen Diskurs einführte. Im Mittelpunkt seiner Überlegungen stand die »kommunikative Kompetenz«, die er unter weitgehender Rezeption der identitätstheoretischen Implikation des symbolischen Interaktionismus synonym zum Begriff der »Ich-Identität« entwickelte. So identifizierte er als grundlegende Voraussetzung für eine Aufrechterhaltung von Ich-Identität in Kommunikationsprozessen die Fähigkeiten der »Empathie«, »Rollendistanz« und »Ambiguitätstoleranz« (vgl. Arnold 2002, S. 31).[25, 26] Insbesondere K.H. Geißler (1974) hat diesen Ansatz für die Berufspädagogik aufgegriffen und in seiner Dissertation die Ermöglichung »kritisch-reflexiver«, »kritisch-sozialer« und »kritisch-instrumenteller Kompetenz« konzipiert (vgl. ebd.).

Obgleich der Kompetenzbegriff in der Pädagogik erst seit Mitte der neunziger Jahre – anknüpfend an die Schlüsselqualifikationsdebatte[27] – verstärkt aufgegrif-

---

    so wird hier lediglich auf das Fähigkeitsverständnis eingegangen, da es professionstheoretisch von weiter reichender Bedeutung ist.

24 Noam Chomsky führte den Begriff der Kompetenz in die Linguistik mit dem Ziel ein, »die subjektiven grammatischen Voraussetzungen für komplexes und variantenreiches Sprachhandeln zu beschreiben« (Heydrich 1996, S. 224; hier zit. n. Arnold 2002, S. 31).

25 Empathie wird beschrieben als Fähigkeit, die Rollenerwartungen anderer zu erfassen; Rollendistanz als Fähigkeit, eine jeweils eingenommene Rolle nicht mit dem eigenen Ich zu verwechseln, und Ambiguitätstoleranz als Fähigkeit, widersprüchliche Rollenerwartungen auszuhalten. Hierbei handelt es sich um Grundkompetenzen des Rollenhandelns, die zur Aufrechterhaltung einer Ich-Identität zwischen Alter und Ego ausbalanciert werden müssen. Damit wird die Aufrechterhaltung der Ich-Identität zu einer in jedem Interaktionsprozess neu zu erbringenden Leistung (vgl. Tillmann 1993, S. 137).

26 Sozialisation und Kompetenzentwicklung lassen sich auf dieser Ebene als einen Zusammenhang beschreiben (vgl. auch Hurrelmann 1990 S. 158ff.).

27 Der Begriff der Schlüsselqualifikationen, verstanden als so genannte beruflich übergeordnete Fähigkeiten, gleichsam als »Schlüssel« zur Bewältigung des Problems der in Zeiten dynamischen Wandels schnell veralteten Bildungsinhalte und damit zur Erschließung wechselnden Spezialwissens, wurde 1974 von dem Arbeitsmarktforscher Dieter

fen und mit Forschungsprogrammen unterlegt wurde, findet sich in der pädagogischen Anthropologie Heinrich Roths schon zu Beginn der siebziger Jahre eine
erste Verwendung. So versteht er den Begriff der Mündigkeit als Kompetenz,
wenn er schreibt: »Mündigkeit ist als Kompetenz zu interpretieren, und zwar in
einem dreifachen Sinne: a) als Selbstkompetenz, d.h. als Fähigkeit, für sich
selbst verantwortlich handeln zu können, b) als Sachkompetenz, d.h. als Fähigkeit, für Sachbereiche urteils- und handlungsfähig und damit zuständig sein zu
können, und c) als Sozialkompetenz, d.h. als Fähigkeit, für sozial, gesellschaftlich und politisch relevante Fach- oder Sozialbereiche urteils- und handlungsfähig und damit ebenfalls zuständig sein zu können« (Roth 1971, S. 180). Dieses
von Roth zweifelsohne in der Bildungstradition – nicht zuletzt im Bemühen um
eine entsprechende Operationalisierung – entwickelte Kompetenzverständnis
wurde von Reetz (1989) unter besonderer Berücksichtigung der Persönlichkeits-
theorie von Roth in ein Konzept von Schlüsselqualifikationen integriert (vgl.
Reetz 1989, S. 3ff.). Nicht zuletzt gelang es damit, den Anspruch von Erziehung
als Persönlichkeitsentwicklung und von Persönlichkeitsentwicklung als Befähigung zu mündigem Handeln (Kompetenz) in Abgrenzung zum Qualifikationsbegriff in der berufspädagogischen Diskussion zu verankern (vgl. Czycholl
2001, S. 171f.). Folgt man dem deutschen Bildungsrat (1974) wie auch den
Handreichungen der KMK (1999), werden Kompetenzen und Qualifikationen
folgendermaßen unterschieden: »**Kompetenz**[28] bezeichnet den Lernerfolg in
Bezug auf den einzelnen Lernenden und seine Befähigung zu eigenverantwortli-
chem Handeln in beruflichen, gesellschaftlichen und privaten Situationen. Demgegenüber wird unter **Qualifikation**[29] der Lernerfolg in Bezug auf die Verwertbarkeit, d.h. aus Sicht der Nachfrage in beruflichen, gesellschaftlichen und privaten Situationen verstanden« (HaR99-9; zit. n. Czycholl 2001, S. 71). Während
damit Qualifikationen im Hinblick auf ihre Verwertbarkeit bestimmt werden,
betrachten wir Kompetenz, Fähigkeiten, Fertigkeiten und Kenntnisse aus der
Perspektive des Subjekts, »d.h. sie stellen die Befähigung des lernenden Menschen in den Mittelpunkt. (...) Der Kompetenzbegriff steht damit in seiner Subjektorientierung in der Tradition der Bildungstheorie und bietet Anknüpfungs-
punkte zum Bildungsbegriff« (Elsholz 2002, S. 32f.). Ob allerdings Kompetenz
und Bildung tatsächlich begrifflich zu vereinen sind, ist Gegenstand einer breiten Auseinandersetzung wie sie gegenwärtig in der Erziehungswissenschaft, der
Berufspädagogik und der Weiterbildung geführt wird (vgl. u.a. Erpenbeck/
Weinberg 2004).

Mertens in seinen »Thesen zur Schulung für eine moderne Gesellschaft« entwickelt und
in der Berufspädagogik als Zielgröße einer ganzheitlich orientierten beruflichen Bildung
breit und kontrovers diskutiert. Zur inhaltlichen Dimension des Begriffs – insbesondere
in seiner pädagogischen Rezeption vgl. u.a. Severing 1994, S. 65-79; zur pädagogischen
Kontroverse vgl. u.a. Gonon (Hrsg.) 1996.

28   Im Original hervorgehoben.
29   Im Original hervorgehoben.

2.2.1.1   Berufliche Handlungskompetenz

In der beruflichen Erstausbildung hat sich – angelehnt an die Position des deutschen Bildungsrates – der Begriff der Handlungskompetenz als Leitziel der Berufsbildung durchgesetzt. Dieser Begriff soll hier aufgenommen werden, da er im Zusammenhang der in dieser Arbeit zu untersuchenden pflegerischen Berufsbildung von Relevanz ist.[30] Entsprechend der Position der Kultusministerkonferenz wird Handlungskompetenz als Einheit von Fach-, Sozial- und Humankompetenz[31] begriffen und im Einzelnen folgendermaßen verstanden:

- »Fachkompetenz als die Fähigkeit und Bereitschaft, Aufgabenstellungen selbstständig, zielorientiert und sachgerecht zu bearbeiten und das Ergebnis zu beurteilen;
- Sozialkompetenz als die Fähigkeit und Bereitschaft, mit anderen zusammen zu arbeiten, sich mit ihnen rational und verantwortungsbewusst auseinander zu setzen und zu verständigen. Die Entwicklung sozialer Verantwortung und Solidarität ist hier einzubeziehen;
- Humankompetenz als die Fähigkeit und Bereitschaft, als Individuum Entwicklungschancen und Zumutungen im Beruf, Familie und öffentlichen Leben zu durchdenken und zu beurteilen, eigene Begabungen zu entfalten sowie Lebenspläne zu fassen und fort zu entwickeln« (vgl. Kultusministerkonferenz 1999, zit. n. Elsholz 2002, S. 33).

Mit diesem Modell gelingt es, die über das reine Fachwissen hinausgehenden Kompetenzen für die berufliche Bildung zu systematisieren und beschreibbar zu machen. Gleichwohl fällt auf, dass von unterschiedlichen Autoren dieselben oder ähnliche Begriffe des oben beschriebenen Modells jeweils unterschiedlich verwendet werden. Beispielsweise taucht dann der Begriff der Humankompetenz wahlweise als Persönlichkeitskompetenz oder personale Kompetenz auf, wobei zum Teil Inhalte zugeordnet werden, die auch Teil der Fachkompetenz sein könnten (vgl. Herold/Landherr 2003, S. 21). Gleichfalls unübersichtlich und von der begrifflichen Seite nahezu paradox erscheint es, wenn der berufspädagogische Begriff der Schlüsselqualifikationen mit dem Begriff der Handlungskompetenz gleichgesetzt wird und dieser nun wiederum mit *Fähigkeiten und Eigenschaften* beschrieben wird. Grundsätzlich ist mit dem Modell der Handlungskompetenz als Leitidee der beruflichen Bildung eine methodische Empfehlung zur Handlungsorientierung verbunden, nämlich aktives und selbsterschließendes Lernen zu ermöglichen, um damit Handlungskompetenz zu generieren.

---

30   Vgl. Kapitel 2.3, S. 89.
31   »Andere Kompetenzen wie die Methodenkompetenz, Lernkompetenz und kommunikative Kompetenz, die gelegentlich aufgeführt werden, sind nicht additiv als weitere Kompetenzen zu fassen, sondern Bestandteile der Fach-, Sozial- und Personalkompetenz« (Elsholz 2002, S. 33).

Damit rücken Dispositionen des selbst organisierten Handelns in den Vordergrund.

2.2.1.2 Kompetenz als Selbstorganisationsdisposition

Weitgehend übereinstimmend wird im Diskurs über die Erwachsenen- und Weiterbildung mit Erpenbeck und Heyse (1999, S. 155ff.) Kompetenz als Selbstorganisationsdisposition[32] verstanden, d.h., Kompetenzen bilden die Grundlage, selbst organisiert individuelle Handlungen zur Erfüllung von Anforderungen und Aufgaben vollziehen zu können. Erpenbeck und Heyse unterscheiden im Sinne von individueller Handlungskompetenz fünf Kompetenzformen, von denen vier als Grundkompetenzen zu verstehen sind. Diese sind Fach-, Methoden-, Sozial- und personale Kompetenzen, welche durch die fünfte Kompetenz, die Handlungskompetenz – verstanden als so genannte Metakompetenz – zum Ausdruck gebracht werden.

Fachkompetenzen	Die Disposition, geistig selbst organisiert zu handeln, d.h., mit fachlichen Kenntnissen und fachlichen Fertigkeiten kreativ Probleme zu lösen, das Wissen sinnorientiert einzuordnen und zu bewerten.
Methodenkompetenzen	Die Disposition, instrumentell selbst organisiert zu handeln, d.h. Tätigkeiten, Aufgaben und Lösungen methodisch kreativ zu gestalten und von daher auch das eigene geistige Vorgehen zu strukturieren.
Sozialkompetenzen	Die Disposition, kommunikativ und kooperativ selbst organisiert zu handeln, d.h., sich mit anderen kreativ auseinander- und zusammenzusetzen, sich gruppen- und beziehungsorientiert zu verhalten, um neue Pläne und Ziele zu entwickeln.
Personale Kompetenzen (Individualkompetenzen)	Die Disposition, reflexiv selbst organisiert zu handeln, d.h., sich selbst einzuschätzen, produktive Einstellungen, Werthaltungen, Motive und Selbstbilder zu entwickeln, eigene Begabungen, Motivationen sowie Leistungsvorsätze zu entfalten und sich im Rahmen der Arbeit wie auch außerhalb kreativ zu entwickeln und zu lernen.
Handlungskompetenzen	Die Disposition, gesamtheitlich selbst organisiert zu handeln, d.h., viele oder alle der zuvor genannten Kompetenzen zu integrieren.

Abbildung 5:   Kompetenzen nach Erpenbeck und Heyse (aus: Erpenbeck/Heyse 1999, S. 157)

---

32 Der Dispositionsbegriff wird gemäß Duden als eine Fähigkeit (angeboren oder erworben) bzw. als eine Verfügbarkeit über etwas verstanden. Wissenschaftstheoretisch gilt Disposition als ein Möglichkeitsbegriff, der die Fähigkeit eines Gegenstandes bezeichnet, jederzeit unter bestimmten gegebenen Bedingungen in einen anderen Zustand übergeführt werden zu können (vgl. Tschamler 1996). In der psychologischen Diagnostik beinhaltet der Dispositionsbegriff die Vorstellung, dass bestimmte strukturelle Merkmale (Persönlichkeitseigenschaften) vorhersagen können, wie sich eine Person in einer bestimmten Situation verhalten wird (vgl. Krapp et al. 2001).

Folgt man Erpenbeck und Heyse (1999, S. 161f.), dann wird die ganzheitliche Dimension des Kompetenzbegriffes, nicht zuletzt in seinem motivationspsychologischen Strukturgefüge, verdeutlicht. So werden Kompetenzen von Wissen fundiert, durch Werte konstituiert, als Fähigkeiten disponiert, durch Erfahrungen konsolidiert und auf Grund von Willen realisiert. Dies lässt sich wie in Abbildung 6 dargestellt veranschaulichen.

Ob sich in Bildungsprozessen derartige Dispositionen bzw. Kompetenzen haben entwickeln lassen, ist Erpenbeck zufolge nicht direkt prüfbar, sondern nur anhand der tatsächlichen Performanz rekonstruierbar.

Zusammenfassend wird mit diesem Verständnis an (arbeits-)psychologische Kompetenztheorien angeschlossen, innerhalb deren die Kompetenz als Steuerungsmechanismus für menschliches Handeln eingedenk seiner Bezüge zu emotionalen und wertbezogenen Aspekten begriffen wird.

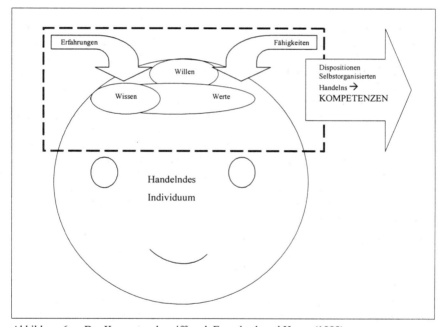

Abbildung 6:   Der Kompetenzbegriff nach Erpenbeck und Heyse (1999)

2.2.1.3   Handlungskompetenz und reflexive Handlungsfähigkeit

Ergänzend zur (beruflichen) Handlungskompetenz formulieren Elsholz (2002, S. 37ff.) und Dehnbostel et al. (2003, S. 28f.) die Notwendigkeit einer reflexiven

Handlungsfähigkeit: »Während berufliche Handlungsfähigkeit im bisher darge-
legten Sinn auf die kompetente Bewältigung von Arbeitsaufgaben gerichtet ist,
muss die Handlungsfähigkeit in der reflexiven Moderne eine Erweiterung erfahren. Die industriegesellschaftliche Fixierung auf den Beruf erweist sich angesichts der Entgrenzung zwischen Berufs- und Privatleben als unzureichend.
Kompetenzentwicklung muss eine reflexive Handlungsfähigkeit zum Ziel haben. Dieser Begriff weist über das klassische Verständnis beruflicher Handlungsfähigkeit hinaus« (Elsholz 2002, S. 38). Reflexivität beinhaltet gemäß der
Interpretation von Scott Lash zwei Dimensionen:

> »Zunächst existiert eine strukturelle Reflexivität: dabei reflektieren die (…) Akteure
> über die ›Regeln‹ und ›Ressourcen‹ der eigenen Strukturen und sozialen Existenz-
> bedingungen der Handelnden. Zum zweiten besteht eine Selbst-Reflexivität, mittels de-
> ren die Handelnden über sich selbst reflektieren. Bei der Selbstreflexivität tritt an die
> Stelle der früheren heteronomen Bestimmung der Handelnden die Eigenbestimmung«
> (Lash 1996, S. 203f., zit. n. Elsholz 2002, S. 38).

Reflexive Handlungsfähigkeit bedeutet hiernach die Fähigkeit, Strukturen, Arbeitsbedingungen und sich selbst zu hinterfragen. Ein solcher Anspruch steht
einerseits zweifelsohne im Zusammenhang von Persönlichkeits- und Kompetenzentwicklung, wie er anderseits im Zusammenhang gesellschaftlicher Veränderungen Relevanz erhält. So wird eine solche Fähigkeit ergänzend zur beruflichen Handlungskompetenz immer bedeutsamer, je stärker es darum geht, gesellschaftliche Veränderungen und eigene Perspektiven kritisch zu reflektieren und
mitzugestalten. Folgt man dem Soziologen Oskar Negt (2001), dann haben sich
nie zuvor in der Geschichte der europäischen Zivilisation durch den technisch-
wissenschaftlichen Fortschritt derart grundlegende gesellschaftliche Veränderungen vollzogen wie in den vergangenen zwei Jahrzehnten. Damit ist die Dynamik eines überaus gravierenden strukturellen und soziökonomischen Wandels
angesprochen, der als »verschärfte Moderne« ganz besondere Anforderungen an
Gesellschaft und Individuen stellt. So machte Beck bereits 1986 deutlich:

> »In der individualisierten Gesellschaft muß der einzelne entsprechend bei Strafe seiner
> permanenten Benachteiligung lernen, sich selbst als Handlungszentrum, als Planungs-
> büro in bezug auf seinen eigenen Lebenslauf, seine Fähigkeiten, Orientierungen, Part-
> nerschaften usw. zu begreifen« (Beck 1986, S. 217).

Nicht zuletzt vor dem Hintergrund des Diskurses zum »Arbeitskraft-Unter-
nehmer« (Voß/Pongratz 1998), wonach es nicht mehr ausreicht, als beruflicher
Arbeitnehmer zu fungieren, sondern die Vermarktung der eigenen Arbeitskraft
der individuellen Verantwortung zufällt, geht es unter dem Anspruch einer reflexiven Handlungsfähigkeit auch darum, sich mittels einer ganzheitlichen Lebensführung, d.h. einer ausgewogenen Balance zwischen Arbeitsmarktgesichts-
punkten und persönlichen Interessen sowie Lebensweltlichen Anforderungen

vor Selbstökonomisierung und Selbstausbeutung zu schützen (vgl. Elsholz 2002).

Verschiedene Autoren haben die gesellschaftlichen Implikationen hinsichtlich der Bewältigung von Veränderung, Übergängen und Diskontinuität mit dem Kompetenzbegriff verknüpft. Dabei handelt es sich um besondere Formen reflexiver Handlungsfähigkeit, welche – nahezu im bildungstheoretischen Sinne – emanzipatorische Subjektbezogenheit und Lebensbewältigung ermöglichen. Während Preißer (2001) die Notwendigkeit sieht, Kompetenz hinsichtlich berufsbiografischer Selbstorganisation und Flexibilität zu dimensionieren, um Beschäftigte überfachlich in die Lage zu versetzen, »an ihre bisherigen beruflichen Qualifikationen und Erfahrungen anzuknüpfen, sie zu verwerten und sich auf neue Erfordernisse einzulassen« (S. 221), spricht Hendrich (2003) von einer berufsbiografischen Gestaltungskompetenz. Diese ist zu verstehen als »die Fähigkeit, Alternativen zu identifizieren und wahrzunehmen sowie die eigenen Interessen vertreten zu können. Damit verbunden ist immer auch die Herstellung einer subjektiven berufsbiografischen Anschlussfähigkeit, d.h. die Möglichkeit, Wissen, Kenntnisse und Erfahrungen auf neue berufliche Tätigkeitsfelder zu übertragen« (Hendrich 2003, S. 273). Gerade diese Verbindung von eigenen Interessen, Berufsbiografie, persönlichem Sinnleitfaden und gesellschaftlichen Bedingungen greift Wittwer (2001) mit seinem kompetenzanalytischen Modell der Kern- und Veränderungskompetenz auf, welches als theoretisches Konzept berufsbiografischer Bilanzierung nachfolgend beschrieben wird.

2.2.1.4   Kern- und Veränderungskompetenz

Kompetenzen werden grundsätzlich immer von zwei Seiten bestimmt. Hierzu gehört die jeweilige Anforderungsseite (Situation/Kontext), in der kompetentes Handeln zum Einsatz gebracht werden muss, und die persönliche Seite der individuellen Fähigkeiten (personale Ressourcen), d.h. die spezifische Art und Weise, wie die Person in der konkreten Situation handelt. Wittwer (2001) unterscheidet demzufolge in analytischer Differenzierung des Kompetenzbegriffes zwei Elemente: Kernkompetenz und Veränderungskompetenz. Folgt man Wittwer, dann nimmt die Bedeutung von Kern- und Veränderungskompetenz zu, je stärker die gesellschaftlichen Problemlagen eine hochgradige Veränderungsdynamik entfachen und den Einzelnen immer wieder auf sich selbst und seine ureigensten Fähigkeiten zurückverweisen, um »überleben« zu können. Allerdings ist nicht jedem Menschen bewusst, über welche spezifischen Kompetenzen er überhaupt verfügt und wie diese ihm helfen können, instabile Lebenslagen zu bewältigen. Darum gilt es, wie Wittwer als Synthese von soziologischer Problemanalyse und (berufs-)pädagogischer Konsequenz verdeutlicht, die jeweilige Kern- und Veränderungskompetenz »in der beruflichen Weiterbildung –

wie in der Bildungsarbeit überhaupt – zu erleben, zu entdecken und zu fördern«
(Wittwer 2001, S. 243).

Kernkompetenzen beschreiben die individuellen Stärken eines Individuums –
und zwar in der Hinsicht, was und wie das Individuum Fähigkeiten in ganz besonderer, unverwechselbarer Art und Weise beherrscht. Vereinfachend und ein
Stück weit biblisch orientiert, könnte man auch von Talenten und persönlichem
Charisma sprechen. Anknüpfend an das oben skizzierte Kategoriensystem beruflicher Handlungskompetenz beschreibt Kernkompetenz die ganz individuelle
Spur ureigenster Kompetenzausprägungen – und damit in Abgrenzung zu anderen Individuen –, das persönliche und ureigene Kompetenzprofil. Für den Ar-
beits- und Lebenszusammenhang haben diese Kernkompetenzen die folgenden
drei wichtigen Funktionen (Wittwer 2003, S. 27):

1. Sie geben Orientierung: Das Wissen um die eigene Stärke und deren Erleben
   in unterschiedlichen (Berufs-)Lebenssituationen wird zum Motor der beruflichen Entwicklung.
2. Sie stellen Kontinuität her: Die Kernkompetenzen behält das Individuum,
   unabhängig davon, welche Berufstätigkeit es auswählt und wo es arbeitet.
3. Sie begründen Fachqualifikationen: Eine Kernkompetenz kann nie »nur so«
   eingesetzt werden, sondern immer nur in einem fachlichen Kontext. Zu ihrer
   Anwendung sind daher zugleich auch Fachqualifikationen erforderlich.

Kernkompetenzen werden ergänzt durch Veränderungskompetenzen. Damit sind
nicht nur Transferfähigkeiten gemeint, die erforderlich sind, um die jeweiligen
Kernkompetenzen in wechselnde Anforderungssituationen einbringen zu können, sondern auch die persönliche Einstellung, gesellschaftliche Dynamiken un-
sicherer Lebenslagen für sich produktiv zu deuten und zu nutzen. Dies bezieht
sich nach Wittwer (2001, S. 246) unter anderem auf

- »die Funktionalisierung von Veränderungen für eigene Zwecke,
- die Nutzung der Arbeitssituation als subjektiver Erfahrungsraum,
- das Treffen von Entscheidungen unter Unsicherheiten,
- die Fähigkeit zum Transfer von Kernkompetenzen und Fachqualifikationen in
  neue und andere Situationen.«

Kompetenztheoretisch geht es hierbei zuvörderst um den Willen (Volition), als-
dann um die Fähigkeit, seine individuellen Begabungen und ganz persönlichen
Stärken in veränderte Lebens- und Berufssituationen einbringen und mit seiner
persönlichen Leitidee der eigenen Ziele und Wünsche integrieren zu können.
Mit anderen Worten: Es geht darum, die Veränderungssituation in Beziehung
zur eigenen Person zu setzen und im Hinblick auf die eigenen Möglichkeiten
und Grenzen zu analysieren. Dies setzt neben einer positiven und offenen

Grundhaltung gegenüber Veränderungen ein realistisches Selbstbild eigener Fähigkeiten und Bewusstheit über die eigenen Ziele voraus. Selbstreflexivität, biografisches Bewusstsein und die Motivation, das Drehbuch des eigenen Lebens, eingedenk aller Fremdbestimmung, selbst zu schreiben, sind somit entscheidende Voraussetzungen zur Entfaltung der Veränderungskompetenz (vgl. Kirchhof 2004, S. 6ff.)

Dieses von Wolfgang Wittwer im Kontext der beruflichen Bildung entwickelte Verständnis von Kompetenz der Individuen hat auch eine Nähe zum psychologischen Verständnis von Kompetenz als Ressource zur Lebensbewältigung, welche nachfolgend – insbesondere mit Blick auf ihre entwicklungspsychologische Dimensionen – kurz vorgestellt werden soll.

2.2.2   Zum Vergleich: Der Begriff der Kompetenz im Verständnis der Psychologie

Wie aus der allgemeinen und der pädagogischen Diskussion bereits vertraut, umfasst das Verständnis von Kompetenz auch in der Psychologie unterschiedliche Bedeutungen.

Eingeführt wurde der Kompetenzbegriff von dem amerikanischen Entwicklungs- und Motivationspsychologen White (1959). Für ihn ist Kompetenz die grundlegende Fähigkeit des Individuums zur effektiven Interaktion mit der Umwelt. Ihre Entwicklung steht im Zusammenhang mit dem von ihm identifizierten Wirksamkeitsmotiv, einem auf konkrete Ziele gerichteten und energetischen, nahezu triebartigen und im Kontext der Kompetenzgenese immer weiter auszudifferenzierenden Zustand des Aktivseins. Kompetent zu sein, so seine These, sei ein Grundbedürfnis des Menschen. Bereits als kleines Kind verspüre der Mensch den Willen, seine Umwelt zu erkunden, was sich über die Erfahrungen, die das Kind dabei macht, sukzessive zur Motivation entwickelt, effektiver als bisher mit der Umwelt zu interagieren.

Für den deutschen Entwicklungspsychologen Oerter (1994) bedeutet Kompetenz die Fähigkeit zur Nutzung von Fertigkeiten, die auf bestimmte Themen und anstehende Aufgabenbereiche gerichtet sind. Als Beispiel beschreibt er den Umgang mit sozialen Partnern im Prozess des Konfliktlösens, für das er kognitive Fähigkeiten für ebenso notwendig hält wie eine Ich-Distanzierung und emotionale Handlungskontrolle. Gerade letztere Fähigkeiten und Methodenfertigkeiten heben den Kompetenzbegriff über den klassischen Fertigkeitsbegriff (skills) hinaus. Ausschlaggebend für Kompetenz ist aber immer auch der motivationale Aspekt, nämlich, seine Fähigkeiten und Fertigkeiten für bestimmte zu bewältigende Aufgaben nutzen zu *wollen*. Oerter (1991) spricht denn auch von Kompetenz als »Bewältigungsressource«.»In jedem Lebensalter werden zur Bewältigung von Aufgaben Kompetenzen benötigt, die es zu entwickeln gilt« (ebd. S., 166).

Baltes und Wilms (1995) beschreiben eine dritte Perspektive, in der Kompetenz im Sinne von »agency« oder Lebensmeisterung verstanden wird. Dieses Kompetenzverständnis beruht, wie sie deutlich machen, auf dem Aspekt subjektiver Selbstevaluation, wie es beispielsweise in den Modellen der »Selbstwirksamkeit« (Bandura 1977), der »subjektiv wahrgenommenen Kompetenz« (Weisz 1983) oder »subjektiven Kontrolle« (Weisz/Stipek 1983) beschrieben wird. Gemeinsam ist all diesen vom Prinzip unterschiedlichen Theorieansätzen die Betonung der subjektiven Selbsteinschätzung, genauer gesagt die Frage, ob es gelingt, mit dem vorhandenen Handlungspotenzial das gewünschte Ziel zu erreichen. In diesem Sinne werden zwei Funktionen von Kompetenz gesehen, nämlich die Bewertungsfunktion und eine Ziel- und Effektfunktion.

Olbrich (1987) beschreibt Kompetenz nicht als Eigenschaft von Personen, sondern als ein individuelle Ressourcen organisierendes Konstrukt. Dazu gehören Umweltressourcen, die z.B. auf der Ebene von Sozialpartnern und ihren Verhaltensmodellen bei der Koordination eigener affektiver, kognitiver und aktionaler Potenziale helfen können. Zu den Ressourcen der Person gehören ebenso spezifische und generelle Fähigkeiten wie Programme zur Mobilisierung, Koordinierung und Aktualisierung dieser Fähigkeiten.

In eine ähnliche Richtung schließen auch Krapp et al. (2001) an. Für sie bezieht sich der Kompetenzbegriff im Wesentlichen auf den Prozess der Handlungssteuerung. Hiernach liefern Kompetenzen die Basis für das Generieren oder Erfinden von Aktivitäten, aus denen heraus eine flexible Bewältigung der Situation möglich ist. Dies schließt Ziele, Motive, Interessen und damit die Bereitschaft ein, in bestimmten Situationen initiativ zu werden.

Zusammenfassend wird in dieser knappen Synopse die Betonung deutlich, die das psychologische Kompetenzverständnis auf die strukturellen, d.h. psychischen Ressourcen zur effektiven Organisation oder zur Komposition von Fähigkeiten im Hinblick auf Bewältigung von Aufgaben und Lebensbereichen legt. Kompetenz erscheint als psychisches Steuerungsinstrument. In diesem Sinne lässt sich aus der psychologischen Perspektive problemlos an das innerhalb der Erwachsenen- und Weiterbildung pädagogisch verwendete Verständnis von Kompetenz als Selbstorganisationsdisposition anknüpfen. Deutlicher als in der pädagogischen Diskussion tritt jedoch der Aspekt der Interaktionalität oder Transaktionalität, sprich: der wechselseitigen und dynamischen Beeinflussung von Person und Umwelt und damit die kontextuelle Abhängigkeit der Kompetenz einer Person in den Vordergrund. Darüber hinaus wird bei Baltes und Wilms (1995) noch der Begriff der Bereichsspezifität hervorgehoben. Dieser Aspekt macht deutlich, dass ein Individuum nicht generell auf allen Gebieten kompetent oder mehr oder weniger inkompetent ist, sondern dass sich Kompetenz immer auf bestimmte Teilaspekte des Gesamtverhaltens bezieht.

2.2.3   Zur Kompetenzgenese

Wie entwickelt sich nun Kompetenz eigentlich? Zu dieser Frage liegen inzwischen zahlreiche theoretische Auseinandersetzungen und empirische Befunde vor (vgl. u.a. Erpenbeck/Heyse 1999, Löwisch 2000, Olbrich 1987). Dabei zeigt sich zum einen, dass Kompetenzentwicklung als individuell biografisch einzigartig geprägter Lernprozess in der selbsttätigen Auseinandersetzung mit der Arbeits- und Lebenswelt verstanden werden kann, zum anderen im Hinblick auf die Entwicklung professioneller beruflicher Kompetenz (Expertenhandeln) in Phasen verläuft. Beide Ansätze werden nachfolgend dargestellt. Darüber hinaus wird der Stand im Diskurs um eine kompetenzförderde Didaktik in der Aus- und Weiterbildung skizziert.

2.2.3.1   Der ontogenetisch-biografieorientierte Ansatz

Betrachtet man die Vielschichtigkeit des dargestellten Kompetenzbegriffes, dann wird im Hinblick auf die Verwobenheit von Wissensbeständen, Fähigkeiten, Fertigkeiten und Einstellungen mit der individuellen Persönlichkeit deutlich, dass Kompetenzen keinesfalls gelehrt oder beigebracht werden können.[33] Gleichwohl findet Kompetenzentwicklung in einem Lehr-Lernprozess statt, dem individuell selbst organisierten Kompetenzlernen. So ist »die Kompetenzentwicklung dann hoch, wenn die Fähigkeit der Selbstorganisation in möglichst verschiedenen

---

33 Problematisierungen der Kompetenzvermittlung innerhalb der beruflichen Bildung wie auch der Erwachsenen/Weiterbildung – insbesondere auf der Ebene von personaler und sozialer Kompetenz – sind in den letzten Jahren immer wieder Gegenstand wissenschaftlicher Diskurse gewesen. So stellt Laur-Ernst (1990) die Vermittlungsproblematik von sozialen Kompetenzen in den Zusammenhang der personengebundenen (Wesens-) Merkmale und vorwiegend affektiven Lernziele, die der inneren Zustimmung und Wertschätzung der Lernenden bedürfen. »Sie sind nicht äußerlich, haben keinen definierbaren Endzustand und lassen sich weder unmittelbar unterrichten noch unterweisen« (Laur-Ernst 1990, S. 147). Gerade diese Verbindung zur Persönlichkeitsstruktur und das daraus resultierende Vermittlungsproblem, insbesondere in Lerngruppen, betont auch Thöne-Geyer (2004, S. 168): »Vermittlungsproblematiken beim Aufbau sozialer Kompetenzen werden insbesondere dann virulent, wenn es um die einzelne Person geht mit ihrem spezifischen biografischen Hintergrund, ihren besonderen Erfahrungen, ihren Wertvorstellungen, spezifischen Fähigkeiten, ihrem persönlichen Stil und ihrer Persönlichkeit. Das bedeutet, dass die individuelle Ausprägung von Teilnehmenden in solchen Bildungsveranstaltungen nicht genügend berücksichtigt wird oder auch werden kann«. Arnold und Schüßler (2001) unterstreichen, dass davon auszugehen ist, dass Sozialkompetenzen sich in frühen Beziehungskonstellationen »eingespurt« haben und im weiteren Lebenslauf nicht mehr vollständig verändert werden können.

Kompetenzbereichen entsteht oder gestärkt wird, also wenn selbst organisiert gelernt und dieses Lernen in den Handlungsvollzug integriert wird« (Messerschmidt/Grebe 2005, S. 54). In eine ähnliche Richtung argumentiert auch Löwisch (2000), wenn er unterstreicht, dass Kompetenz – erzeugt durch Unterweisung – nur eine funktionsbezogene Qualifikation im Sinne einer »Kompetenz ersten Grades« schafft: »Besitz, aber nicht Eigenschaft des Kompetenzträgers« (S. 119). Die zur Kompetenzbildung notwendige Auseinandersetzung mit der jeweiligen Wertorientierung und individuellen Einstellung ist vielmehr Gegenstand von persönlichen Grundfähigkeiten und Haltungen, die jeder Mensch im Rahmen von Sozialisation und biografischer Entwicklung aufbaut. Dass hierzu die »Grundlegung der Handlungsfähigkeit« bereits in der frühen Kindheit beginnt, macht Breloer (2002, S. 8) unter Bezug auf Erkenntnisse der Entwicklungspsychologie, Sozialisationstheorie und einer Pädagogik der frühen Kindheit deutlich. In diese Richtung argumentieren auch Krüger und Lersch (1993), die den Kompetenzerwerb im Anschluss an Habermas, Döbert/ Nunner-Winkler, Oevermann, Piaget/Inhelder, Mead und Kohlberg als ontogenetische, sprich: Entwicklungsprozesse erörtern. Dieser Entwicklungsprozess wird nicht als biologischer Reifungsprozess interpretiert, sondern als Resultat der – wie im psychologischen Paradigma der Transaktionalität bereits geschilderten – Wechselbeziehung zwischen Subjekt- und Umweltstrukturen (vgl., ebd., S. 107) bzw., wie Wittneben (2003) verdeutlicht, als Wechselwirkungsprozess von Sozialisation und Individuation. Sozialisationstheoretisch entwirft Tillmann (1993) ein Subjekt-Umwelt Modell: »Der heranwachsende Mensch ist weder biologisch determiniert (...), sondern entwickelt seine inneren Strukturen in Interaktion mit den Umweltbedingungen« (ebd., S. 102). Löwisch (2000) betont eine anthropologisch fundierte Konstante im Menschen, die es grundsätzlich jedem Menschen ermöglicht, Kompetenz auf einer universalen Ebene auszubilden. Zweifelsohne kann ein solcher Aneignungsprozess von außen induziert sein (und damit bis zu einem gewissen Grade von der Umwelt abhängig), dennoch beruht die Aneignung primär auf den aktiven Leistungen, die das Individuum mit seinen individuellen Ressourcen vollbringt. Folgt man Wollersheim (1993), so hat jeder Mensch einen eigenen Kompetenzwillen, der sich als Wunsch deuten lässt, »sich selbst in relevanten Lebenssituationen als gestaltende Kraft zu erfahren« (S. 258) – einschließlich der Möglichkeit, auf solche gestaltende Wirkung freiwillig und aus eigenem Entschluss zu verzichten. Kompetenzentwicklung in diesem Sinne im Ganzen betrachtet lässt sich als langfristiges Geschehen interpretieren, das sich über die gesamte Biografie bis hin zum Alter erstreckt. Dabei bedeutet, so Wollersheim in Anschluss an Flammer, Lernen bereits die Entwicklung von Kompetenzen, was auf einen Doppelaspekt von Kompetenz hinweist. Denn Kompetenz ist so nicht nur Voraussetzung für die reale Bewältigung von Situationen, sondern auch für deren Ergebnis.

2.2.3.2   Vom Novizen zum Experten: Zum Stufenmodell der Entwicklung professioneller Kompetenz

Der Erwerb und die Entwicklung professioneller Kompetenz im Berufsalltag ist ein Prozess, der sich über einen längeren Zeitraum – weit über die Berufsausbildung hinaus – stufenförmig entwickelt. So lässt sich Kompetenzentwicklung in beruflichen Werdegängen nicht nur von dem biografisch geprägten Aneignungsprozess her verstehen, sondern auch als Entwicklungsprozess vom Anfänger (Novizen) zur reflektierten Meisterschaft (Experten) systematisieren (vgl. Rauner 2004). Anknüpfend an das Modell der Gebrüder Dreyfus (1987) und aufbauend auf der damit u.a. in der amerikanischen Krankenpflege untersuchten Kompetenzentwicklung des Pflegepersonals (Benner 1994)[34] rekonstruiert Rauner (2002/2004) die Entwicklungslogik der beruflichen Kompetenzentwicklung von der Aufgaben- und Anforderungsseite her, die sich gleichermaßen für die Strukturierung beruflicher Lernprozesse nutzen lässt: »Entwicklungstheoretisch bleibt die objektive Seite – also die, die dem Subjekt die Anforderungen des Lernens präsentiert – immer bestehen. Darauf reflektiert die Idee der Entwicklungsaufgaben (…), die sich jemandem stellen, der sie noch nicht gelöst hat: Was jemand zunächst – mangels entwickelter Kompetenzen – noch nicht kann, erlernt er in der Konfrontation mit der Aufgabe, die bei ihm Kompetenzentwicklung auslöst« (Rauner 2004, S. 3).

Dieses empirisch belegte Modell unterstreicht, dass berufliche Kompetenzentwicklung als ein längerer berufsfachlicher und persönlicher Entwicklungsprozess gesehen werden muss, der durch entsprechende Aufgabenstellungen von außen angestoßen und unterstützt werden muss und Erfahrung benötigt.

Wie die Expertiseforschung (Gruber/Ziegler 1996) zunächst am Beispiel des Schachspiels deutlich macht, verfügt der Experte im Vergleich zu einem Novizen über eine andere Qualität des Wissens und der Wahrnehmung. So schlägt der Schachexperte den Novizen nicht nur im Spiel, sondern auch in den speziellen psychologischen Settings, welche zur Erfassung und Messung der besonderen Wahrnehmung konzipiert wurden. Gegenüber Novizen sind Schachexperten hiernach signifikant besser in der Lage, komplexe Stellungen nachzustellen, was nicht – wie zu vermuten wäre – mit einem grundlegend besseren Gedächtnis begründet wird, sondern mit einem besseren gegenstandsbezogenen Gedächtnis. Wie Gruber (2001) deutlich macht, ist diese Gedächtnisleistung kompetenzrelevant, da sich zeigt, dass Gedächtnisinhalte nicht isoliert abgespeichert werden, sondern stets mit Anwendungs- und Handlungsmöglichkeiten verknüpft sind. Im Hinblick auf die Suche nach einem besserem Verständnis für das Gedächtnis erfahrener Menschen wird theoretisch zwischen verschiedenen Wissensformen unterschieden. Gemeint ist einmal das sogenannte deklarative Wissen, was das

---

34   Vgl. Kapitel 2.3.2.1, S. 96.

Faktenwissen umfasst. Es ist dem Individuum bewusst, dieses kann darüber Auskunft geben und das Wissen wird zumeist propositional in Form semantischer Netzwerke repräsentiert. Demgegenüber steht das prozedurale Wissen, das sogenannte »Know-how«, das unmittelbar in die Praxis umgesetzt werden kann, über das die Person in der Regel aber keine Auskunft geben kann, und das in Form von Produktionsregeln repräsentiert wird. Wie Untersuchungen bei Medizinern (Schmidt/Boshuizen 1993) zeigen, findet im Zusammenhang von Erfahrung eine Veränderung des Wissens statt, die für die Kompetenzentwicklung bedeutsam ist. Während der Mediziner im Studium reichlich biomedizinisches

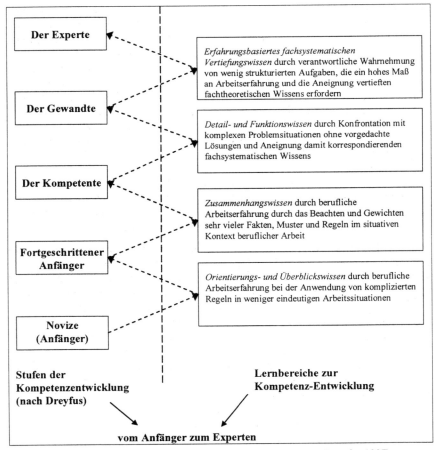

Abbildung 7:   Kompetenzentwicklung vom Novizen zum Experten (Dreyfus 1987)

und diagnostisches Wissen angesammelt hat, wandelt sich dieses deklarative Wissen durch klinische Erfahrung in prozedurales Wissen auf der Ebene sog. »illness scripts«. Dadurch ist es dem Mediziner möglich, ohne Vergegenwärtigung seines umfangreichen Wissens effizient Diagnosen zu stellen. Allerdings verschwindet das deklarative Wissen nicht wirklich, es gerät lediglich aus dem Fokus. Es liegt in »enkapsulierter« Form vor, wobei das deklarative Wissen nicht mehr kontextfrei sondern in das fallbezogene Schema integriert ist. Keineswegs wird damit das Denken ausgeschaltet, sondern diese Scripts werden immer wieder bei neuen Erfahrungen aktualisiert und bei Diskrepanzen kritisch beurteilt.

Rauner und Bremer (2004) haben dieser Auffassung einer Transformation »akademischen Wissens« in Handlungswissen aus der Perspektive der Berufsbildungsforschung widersprochen. Anstelle der Theoriebildung, die häufig als Buchwissen abqualifiziert, wird und der im Sinne einer »intellektualistischen Legende« nur eine untergeordnete Bedeutung beigemessen wird, stehe die originäre Qualität der praktischen Ausbildung und damit des Praxiswissens, letztlich des »Know-hows« im Vordergrund. So sind für einen gelingenden Kompetenzaufbau mehr entwicklungstheoretisch fassbare Bildungsprozesse nötig als eine einfache Adaption systematisierten Wissens. »Wer sich beruflich entwickelt, tut dies an solchen Entwicklung eben herausfordernden Aufgaben« (ebd., S. 149).

2.2.3.3   Didaktische Konsequenzen: Von der Wissensvermittlung zur Handlungsorientierung

Die Frage des Verhältnisses von Wissen und Können ist eine Debatte, die bereits gut 600 Jahre vor Christus begann. So macht Wollersheim (1993) in Anschluss an Koch darauf aufmerksam, dass vormals in der griechischen Antike von dem Begriff des »Könnens« dahingehend gesprochen wurde, dass Können nur durch selbsttätige Übung im konkreten Vollzug erworben werden kann und damit über das bloße Wissen hinausgeht.

Während in unserem organisierten Bildungswesen über lange Zeit bis in die Gegenwart versucht wurde, Handlungsfähigkeit durch Vermittlung relevanten Wissens sowie von Handlungsnormen und Werthaltungen, zu ermöglichen, verweist die kompetenzorientierte Wende individueller Handlungsmöglichkeiten auf praktisches Handeln, konkrete Situationen und die Aktivität des Subjekts (vgl. Hof 2002). Jenseits einer Passivität der Lernen in der Rezeption abstrakter Theorien soll das konkrete Individuum mit seinen Handlungspotenzialen und Selbstorganisationsfähigkeiten zum Ausgangspunkt pädagogischer Interventionen zur Kompetenzförderung gemacht werden. Hof (2002) skizziert die für eine Kompetenzförderung notwendige Veränderung in der Gestaltung pädagogischer Praxis:

- Ausgangspunkt von Bildungsarbeit sollen nicht mehr Lernziele, sondern Handlungsziele sein.
- Entscheidendes Kriterium für die Auswahl von Lerninhalten ist die Orientierung an Handlungsproblemen der Adressaten und nicht der Hintergrund einer systematisch-wissenschaftlichen Sachlogik.
- Die Rolle des Pädagogen wandelt sich vom Vermittler zum Trainer oder Berater, der durch die Gestaltung von Lernumgebungen kompetenzfördernde Lernprozesse unterstützt.
- Die Teilnehmer sind aufgefordert, Wissen nicht in erster Linie durch Aufnahme und Rezeption zu erwerben, sondern durch den aktiven Beitrag zur konkreten Problemlösung.

Gleichwohl – und dies wird von Hof (2002) deutlich unterstrichen – ist Wissen[35] nicht von Kompetenz zu trennen. Vielmehr gehören beide zusammen, »denn Wissen ist als eine Grundlage von Kompetenz anzusehen und Kompetenz lässt sich als Form des Umgangs mit Wissen rekonstruieren« (ebd., S. 87). Um das Verhältnis von Wissen und Kompetenz zu erklären, ist es hilfreich, in Anlehnung an Staudt und Kriegesmann (2002) zwischen *explizitem Wissen* und *implizitem Wissen* zu unterscheiden:

- Explizites Wissen wird überwiegend in formalen Bildungsprozessen und/oder durch Lehrbücher erworben. Es ist kommunizierbar, handlungsleitend, reflektierbar und vermittelbar.
- Implizites Wissen[36] wird durch gegenständliche Erfahrungen beiläufig im (Berufs-)Alltag erworben und weiterentwickelt. Es wird ohne bewusste Lernvorgänge gewonnen. Die Aufmerksamkeit ist auf den Gegenstand, nicht aber auf Lernen fokussiert. Je nach subjektiver Schwelle wird es als mehr oder weniger handlungsleitend empfunden. Es beinhaltet sowohl situationsangemessenes als auch fehlerhaftes Wissen, womit es sich nicht grundsätzlich von anderen Wissensformen unterscheidet (vgl. Schneider 2003).

Wenn objektivierbares Arbeitshandeln sich auch überwiegend durch explizites Wissens aufbaut und darin Reflexion handlungsleitend ist, so umfasst nach Ulrich (2001) die Handlungsfähigkeit des Individuums lediglich 20 Prozent expliziten Wissens. Kompetenz ist daher nicht allein über die Aneignung von Wissen

---

35 Als Begriffsbestimmung von Wissen sei hier an Probst, Raub und Romhardt angeschlossen: »Wissen bezeichnet die Gesamtheit der Kenntnisse und Fähigkeiten, die Individuen zur Lösung von Problemen einsetzen. Dies umfasst sowohl theoretische Erkenntnisse als auch praktische Alltagsregeln und Handlungsanweisungen. Wissen stützt sich auf Daten und Informationen, ist im Gegensatz zu diesen jedoch immer an Personen gebunden« (Probst, Raub und Romhardt 1999; zit. n. Osterloh et al. 2002, S. 395).

36 Vgl. Kap. 2.2.3.1, S. 75.

zu erwerben, sondern braucht überdies Erfahrung und eigenständige Aktivität und Übung in Handlungsaufgaben und Problemlösungsprozessen, was die persönliche Auseinandersetzung mit sich selbst und Werten einschließt.

Vor diesem Hintergrund wird deutlich – und hier besteht im Diskurs weitgehend Einigkeit –, dass Kompetenzen pädagogisch nur partiell, d.h. in analytisch zergliederten Einheiten über die skizzierten handlungsorientierten und arbeitsplatznahen (Trainings-)Elemente gefördert, insgesamt jedoch *nicht vermittelt, bewirkt oder beigebracht werden können.* Vielmehr müssen sie als Ergebnis vielfältiger biografischer Lern- und Sozialisationsprozesse, insbesondere auch informeller Art betrachtet werden (vgl. Bender 2004).

2.2.3.4 Zusammenfassung: Vom informellen Lernen hin zu einer nachhaltigen Kompetenzentwicklung

Aus den vorgenannten Darlegungen über das informelle Lernen und seinen Beitrag zur Kompetenzentwicklung ergibt sich, dass zwar nicht das ganze Spektrum informeller Lernprozesse per se zur Kompetenzentwicklung führt, jedoch davon auszugehen ist, dass in der Bewältigung täglicher Lebensanforderungen vielfältige Potenziale vorhanden sind, die kompetenzentwickelnde Lernvorgänge herausfordern und unterstützen. Dohmen (2001) hebt hervor, dass sich gerade informelles Lernen als besonders kompetenzentwickelndes Lernen kennzeichnen lässt, insofern sich die Facetten des beiläufigen, erfahrungsorientierten und selbstorganisierten Lernens zu einem integrierenden Konstrukt zusammenfügen: »Kompetenz entsteht so als Resultat integrierter Lernprozesse im Handeln« (ebd., S. 43). Voraussetzung für diese Form von Kompetenzentwicklung ist dann, dass sich informelle Lernprozesse aus authentischen Lebens- und Arbeitszusammenhängen ableiten, die wiederum Handeln erfordern und so individuelle Kompetenzen generieren (vgl. ebd.).

Informellem Lernen lässt sich im lerntheoretischen Sinne eine besondere Nachhaltigkeit[37] unterstellen, da im ganzheitlichen Erfahrungsmoment und in der selbstorganisierten Lernhandlung eine höhere Intensität der Internalisierungsprozesse gegeben ist als vergleichsweise bei der reinen Wissensvermittlung. Es ist daher nicht übertrieben, von der Wirkung informellen Lernens auf eine nachhaltige Kompetenzentwicklung zu schließen. Diese setzt jedoch voraus, dass der Lernende in der Lage ist, den informellen Lernprozess als solchen zu reflektieren und damit in ein Lernergebnis zu überführen, welches sich im kompetenten Handeln ausdrückt (vgl. Wittwer 2003).

---

37 Der mehrdeutige Begriff von Nachhaltigkeit bezieht sich im lerntheoretischen Verständnis auf eine lang anhaltende Wirkung des Gelernten (vgl. Schüßler 2004).

2.2.4 Weiterführung: Der Kompetenzbegriff in der Theoriediskussion von Erwachsenenbildung und Berufspädagogik

Während im Vorangegangen der Kompetenzbegriff in seiner Bedeutung für die berufliche Bildung und im Hinblick auf die Voraussetzungen für eine Kompetenzentwicklung beschrieben wurde, soll nunmehr eine Einordnung in den begrifflichen Diskurszusammenhang von Erwachsenen- und beruflicher Bildung erfolgen. So steht der Begriff »Kompetenz« bei allem Subjektbezug und inhaltlicher Substanz, die über das bisher dargelegte Qualifizierungsdenken hinausgeht, nebst wirtschafts- und bildungspolitischer Euphorie in Form mannigfaltigen Gebrauchs – in der Gefahr, dass er unreflektiert verwandt wird. Nicht umsonst lässt sich gegenwärtig sowohl in der Erwachsenenbildung als auch in der Berufspädagogik ein kritischer Diskurs feststellen, der auf problematische Fragen und Klärungsbedarf zum Kompetenzparadigma hinweist. Für Bodensohn (2003) ist es vor allem die inflationäre Anwendung des Kompetenzbegriffs, welche die bildungstheoretische Reflexion herausfordert. Auch Arnold (2002) mahnt die Unschärfe und Traditionslosigkeit an, mit welcher der Kompetenzbegriff verwendet wird. Geißler und Orthey (2002) spotten mit spitzer Zunge über einen Begriff »für das verwertbare Ungefähre« (S. 69), Höhne (2005)[38] markiert den Kompetenzbegriff als »neoliberales Mantra« der Personalentwicklung und Bender (2004) sieht die Problematik des domestizierten und instrumentalisierten Subjekts. In dieser mit zunehmender Schärfe und Ironie geführten Auseinandersetzung lassen sich zwei Diskussionsstränge ausmachen, die hier insoweit einer weiteren Reflexion zugeführt werden, als damit dieser Arbeit ein in seinen Widersprüchen reflektiertes Begriffsverständnis von Kompetenz zur Verfügung steht. So handelt es sich zum einen um ein Grundproblem erwachsen- und berufspädagogischer Theoriebildung im Verhältnis von Kompetenz und Bildung, zum anderen um die Gefahr einer voranschreitenden Ökonomisierung von Kompetenz in Wirtschaft und Politik.

2.2.4.1 Das Verhältnis von Kompetenz und Bildung

Folgt man dem BMBF (2003) in seiner Expertise zur Entwicklung nationaler Bildungsstandards, dann besteht zwischen dem Kompetenzbegriff und dem Bildungsbegriff eine völlige inhaltliche Übereinstimmung. So heißt es dort:

> »›Kompetenzen‹ beschreiben aber nichts anderes, als solche Fähigkeiten der Subjekte, die auch der Bildungsbegriff gemeint und unterstellt hatte: Erworbene, also nicht von

---

38 Titel seines Vortrages auf der Sektionstagung für Bildungsphilosophie der Deutschen Gesellschaft für Erziehungswissenschaft in Heppenheim, Oktober 2005.

Natur aus gegebene Fähigkeiten, die an und in bestimmten Dimensionen der gesellschaftlichen Wirklichkeit erfahren wurden und zu ihrer Gestaltung geeignet sind, Fähigkeiten zudem, die der lebenslangen Kultivierung, Steigerung und Verfeinerung zugänglich sind, so dass sie sich intern graduieren lassen, z.zb. von der grundlegenden zur erweiterten Allgemeinbildung; aber auch Fähigkeiten, die einen Prozess des Selbstlernens eröffnen, weil man auf Fähigkeiten zielt, die nicht allein aufgaben- und prozessgebunden erworben werden, sondern ablösbar von der Ursprungssituation, zukunftsfähig und problemoffen« (BMBF 2003, S. 65).

Eine solche Einschätzung, die vor allem den selbstorganisationalen und transformativen Aspekt des Kompetenzbegriffs in Übereinstimmung mit dem Bildungsbegriff stellt, mag auf dieser Ebene zweifelsohne geteilt werden. Nicht zuletzt sei nochmals an die pädagogische Grundlegung des Kompetenzbegriffs von Heinrich Roth (1971) erinnert, in der es ja gerade darum ging, den gemeinhin als unscharf geltenden Bildungsbegriff so zu konkretisieren, dass er für das Bildungswesen empirisch fruchtbar wurde. Hiernach kann dem Kompetenzbegriff per se ein Zusammenhang zum Bildungsbegriff unterstellt werden. Insofern nunmehr im erwachsenen- und berufspädagogischen Diskurs eine Kontroverse darüber geführt wird, dass sich Bildungsbegriff und Kompetenzbegriff in mehrfacher Hinsicht unterscheiden (vgl. Brödel 2002), welche Konvergenzen oder Divergenzen zwischen beiden Begriffen bestehen (vgl. Erpenbeck/Weinberg 2004), oder ob der Kompetenzbegriff nicht nur eine pragmatische Variante eines zu traditionell aufgeladenen wie undeutlichen Bildungsbegriffs (vgl. Arnold 2002) sei, mag im Wesentlichen nicht nur dem Kompetenzbegriff als solchem, sondern wohl auch seinen vielfältigen Konnotationen, insbesondere in ökonomischen Zusammenhängen geschuldet sein. So macht Vonken (2001) in seiner Abhandlung »von Bildung zur Kompetenz« deutlich, dass sich der Kompetenzbegriff gleichsam als »ökonomisierte Variante« des »klassischen Bildungsbegriffs« darstellen lässt, was ihn in Anbetracht seiner unzureichenden bildungstheoretischen Reflexion der Gefahr aussetzt, zu einem politisch motivierten Begriff zu werden. Brödel (2002) sieht indessen grundsätzliche Unterschiede. Für ihn sind beide Begriffe Bestandteile verschiedener Referenzsysteme. So gehört zum Bildungsbegriff quasi die anthropologische Konstante der Selbstverwirklichung, wobei Bildung als Klammer zwischen dem Ich und dem Weltbezug zu interpretieren ist. Darüber hinaus zielt Bildung im Gegensatz zur Kompetenz in spezifischer Weise auf die subjektive Seinsweise von Kultur, wobei der Bildung eine besondere Orientierungsstiftung zukommt. Demgegenüber lässt der Kompetenzbegriff – so die Position Brödels – den gesellschaftstheoretischen Anteil von Bildung außer Acht und stellt einseitig auf das Individuum ab. »Zugleich wird das Individuum unter dem Aspekt von Handlungsfähigkeit und Handlungsvermögen auf bestimmte Praxisfelder relationiert. Beim Kompetenzbegriff ist der Zugriff auf die Bewältigung von Lebensproblemen wesentlich funktionaler und auch eingeengter als beim Bildungsbegriff« (Brödel 2002, S. 45). Erpenbeck und Weinberg (2004), die in ihrem Ansatz grundlegende Aspek-

te der von Brödel skizzierten Sichtweise zu teilen scheinen, indem auch sie auf
die Selbstentfaltungs- und Verwirklichungsseite als Spezifikum des Bildungs-
begriffes abheben, betonen allerdings mehr inhaltliche Konvergenzen zwischen
den beiden Begriffen. So sehen sie eine Übereinstimmung insbesondere auf der
Ebene der Bildungs- bzw. Kompetenzgenese als subjekthaftes Prozessgeschehen. Ebenso wie der Bildungsbegriff hat auch der Kompetenzbegriff den ganzen
Menschen im Blick, was sowohl Wissen als auch Wertorientierungen und ideel-
le Bestrebungen umfasst. »Mit Blick auf das Prozessgeschehen bei der Entste-
hung von Bildung oder Kompetenzen besteht eine Ähnlichkeit zwischen dem,
was als selbstorganisative Kompetenzgenese des Einzelnen einerseits und als
individueller Selbstbildungsprozess andererseits beschrieben wird« (Erpenbeck/
Weinberg 2004, S. 72). Dabei erscheint gleichermaßen bedeutsam, dass gerade
der Selbstbildungsprozess, weder im Bildungsbegriff noch im Kompetenzbegriff, allein auf Bildungsinstitutionen beschränkt zu betrachten ist, sondern
sich vielmehr über das gesamte Leben hinweg im Sinne eines Aneignungsprozesses verläuft.[39] Gleichwohl, während Bildung als generativer Besitz des Individuums gilt, lassen sich Kompetenzen empirisch besser rekonstruieren und di-
agnostizieren (vgl. ebd.).

2.2.4.2   Kompetenz in Bildungspolitik und Ökonomie

Bezieht sich der Bildungsbegriff grundlegend auf das neuhumanistische Ideal
einer für das Leben in einer Kultur gebildeten, sich selbst verwirklichenden Persönlichkeit, die in Verantwortung für sich und andere lebt und handelt, so wird
der Kompetenzbegriff – bei aller seiner Subjekt- und Werteorientierung – in bil-
dungs- und wirtschaftspolitischen Debatten auf die gesellschaftlich und ökonomisch entsprechend handlungsfähige Persönlichkeit zugeschnitten. Dabei ist es
nicht die theoretische Basis des Kompetenzbegriffs, sondern die Herauslösung
aus pädagogischen Kategorien, die zu seiner starken Ökonomisierung geführt
habt (vgl. Vonken 2001). So konnte sich in der bildungs- und wirtschaftspolitischen Debatte das sogenannte »Humankapitalkonzept« durchsetzen. »Danach
wird Bildung, und hier vor allem berufliche Bildung als Investitionsgut gesehen,
das sich sowohl für das einzelne Individuum als auch für den Betrieb und die
Gesellschaft insgesamt rentieren muß« (Gruber 2001, S. 185). Kompetenz erscheint hier als pragmatischer Klammerbegriff, der die gesellschaftliche Dimension mit der subjektiven Seite von Fähigkeit und Einstellung hervorragend
zu verbinden weiß. »Betriebe wünschen sich zur Bewältigung von Komplexität
und Unüberschaubarkeit in aktuellen Modernisierungsanforderungen Beschäftigte, die in unübersichtlichen, risiko- und gefährdungsreichen Situationen flexibel und reflexiv mit ihrer gesamten Subjektivität und nicht nur mit ihrer Arbeitskraft handeln« (Ludwig 2002, S. 97). Und auch für den Staat ist es ökono-

---

39 Vgl. hierzu die Kompetenzbiografie von Erpenbeck/Heyse (1999).

misch, wenn er im Kontext der Anforderungen lebenslangen Lernens die Verantwortung für Kompetenzbildung und Kompetenzerhalt auf das Individuum
verlagern kann. Geht man vor diesem Hintergrund davon aus, dass der Bildungsbegriff den genuinen Gedanken der Nichtangepasstheit und wohlfeilen
Zweckfreiheit verfolgt, dann wird hier die größte Differenz in der Entwicklung
des ursprünglich pädagogischen Anliegens deutlich. So zeigt bereits die Formulierung immer neuerer Kompetenzformen deren Zweckgerichtetheit auf ver-
meintliche Bedarfe von Wirtschaft und Gesellschaft.

2.2.4.3   Kompetenz als erwachsenen- und berufspädagogische Kategorie

Geht man von den frühen Grundlegungen des Kompetenzbegriffs für die Pädagogik Anfang der siebziger Jahre aus, dann hat es relativ lange bis zu seiner Rezeption in erwachsenen- und berufspädagogischen Diskursen gedauert. Zwar
vollzog sich Mitte der achtziger Jahre in der Berufspädagogik die sogenannte
»Ganzheitswende«, die mit dem Begriff der Handlungskompetenz arbeitete und
anknüpfend an die Schlüsselqualifikationsdebatte eine Persönlichkeitsorientierung in die Berufsbildung zu integrieren suchte. Wie aber der Kompetenzbegriff
schlechthin in die Weiterbildung kam, lässt sich heute, so Vonken (2001) nur
noch bruchstückhaft erfassen. Belegbar scheint eine politische Perspektive zu
sein, nach der im Zuge der »Weiterbildungsoffensive Ost« nicht mit einer pau-
schalierten Abwertung berufsfachlicher Qualifikationen, sondern mit der Arbeit
an neuen Werthaltungen und Einstellungen begonnen werden sollte. So sollte
»ein neuer Begriff für die Teilnehmer signalisieren, dass es sich bei der »Kompetenzentwicklung« nicht um klassische Weiterbildungsveranstaltungen in traditioneller Form handelt, sondern um den Versuch einer Integration von Arbeiten
und Lernen in Verbindung mit der als notwendig angesehenen Veränderung von
Wertmustern und Einstellungen« (Vonken 2001, S. 513). Gleichwohl hat die damit unterstützte »kompetenzorientierte Wende« in der Weiterbildung ihren Antrieb weniger durch den innerdisziplinären Diskurs als durch die Wirtschaft erfahren. So stellt man zwar heute fest, dass das zweckbezogene Lernen nicht
mehr automatisch im Gegensatz zu persönlichkeitsorientiertem Lernen stehen
muss, sieht aber nach wie vor keinen rechten Anschluss an erwachsenen- und
berufspädagogische Theoriebildung. »Dies begünstigt nicht nur eine traditions-
lose Verwendung des Kompetenzbegriffs, sondern blendet auch dessen moral-
pädagogische und sozialisationstheoretische Bezüge (»Erwachsenensozialisati-
on«) weitgehend aus. Ähnliches gilt tendenziell für die Konkretisierungen der
handlungsorientierten Berufspädagogik sowie für die erwachsenenpädagogischen Hinweise zum Verhältnis von Identität und Kompetenzentwicklung« (Arnold 2002, S. 34). Brödel (2002) sieht in der konstruktiven Wendung der Problematik mit einer stärkeren Konzeptionalisierung des Kompetenzparadigmas aus
der Perspektive der Erwachsenen/Weiterbildung eine Professionalisierungs-
chance für die eigene Disziplin. »Offensichtlich hebt der Kompetenzbegriff auf

Aspekte gesellschaftlich und persönlich bedeutsamer Lernvorgänge ab, die durch die kognitive Brille bisheriger Begrifflichkeit nicht hinreichend auf den Punkt gebracht werden können. Um so dringlicher erscheint die Arbeit an einem weitergreifenden Professionalisierungskonzept, das sich für zeitgemäße Vernetzungen im Bereich des Erwachsenenlernens und damit für die Entwicklung komplexer Lernkulturen öffnet« (Brödel 2002, S. 40). Ein solcher Ansatz müsste sich, wie Ludwig (2002) mit Blick auf die differenten Interessen in Bezug auf Kompetenzmodelle zurecht fordert, besonders der subjektiven Anteile der Akteure auf theoretischer und empirischer Basis zuwenden. Zu klären ist hierbei auch die Paradoxie des Kompetenzbegriffes, der Subjektivität als Bewältigung für die Moderne konstatiert und mit dem Konzept beruflicher Handlungskompetenz gleichzeitig normative Kompetenzanforderungen fixiert. So wird deutlich die Gefahr gesehen, dass der Kompetenzbegriff letztlich im Qualifikationsbegriff aufgehen könnte (vgl. Ludwig 2002; Geißler/Orthey 2002). Um so mehr wird der Ruf einer deutlicheren Einbindung der Begriffsdiskussion in den bildungstheoretischen Diskurs laut (vgl. u.a. Arnold 1997; 2002). Gleichzeitig wird deutlich, dass der Kompetenzbegriff gerade im Hinblick auf die Generierung von Kompetenz im Zusammenhang mit entwicklungstheoretischen Ansätzen zu untersuchen ist (vgl. Arnold 2002; Rauner/Bremer 2004).

2.2.5   Zusammenfassung und ein zweites Zwischenfazit: Von der Bildung zur Kompetenzentwicklung als Wegbereitung für eine ganzheitlich subjektorientierte Lernkultur

Inwieweit der Kompetenzbegriff tatsächlich deckungsgleich mit dem Bildungsbegriff ist, ob er gar eine Alternative dazu oder vielmehr ein sogenannter Substitutionsbegriff ist, kann im Rahmen dieser Arbeit nicht abschließend beantwortet werden. Zweifel erscheinen mir aber angebracht, da dem Kompetenzbegriff – nicht zuletzt im Sinne normierter Handlungskompetenzen – die im Bildungsbegriff inhärent angelegte Selbstbestimmung des Subjekts fehlt.[40] Seine Stärke mag jedoch in der Erweiterung berufsfachlicher Qualifizierung hin zu einer Per-

---

40   Ohne dass die innerhalb der Erziehungswissenschaften geführte Kontroverse um den Bildungsbegriff hier abgebildet werden könnte, sei darauf hingewiesen, dass der Bildungsbegriff selbst als pädagogische Leitkategorie in den letzten drei Jahrzehnten des 20. Jahrhunderts in Frage gestellt war. Problematisiert wurde insbesondere seine idealistische Abgehobenheit und unrealistische Weltfremdheit in Verbindung mit dem Vorwurf der Ausblendung seiner ihm eigenen Herrschaftsfunktionen. Hoyer (2004) stellt anknüpfend an Messer indes fest, dass bislang keiner der vielfach vorgebrachten Substitutionsbegriffe wie Kompetenz, Erziehung oder Sozialisation in der Lage war, Bildung als Leitbegriff zu ersetzen. Im Gegenteil: Heute hat der Bildungsbegriff wieder Konjunktur und wird speziell vor dem Hintergrund der anhand der PISA-Studie als katastrophal defizitär beklagten Bildung erneut populär. Gleichwohl ist die theoretische Klärung im Hinblick auf seine Bedeutung und Verwendung bis heute kaum vorangekommen (vgl. Hoyer 2004).

sönlichkeitsorientierung gesehen zu werden, die auf die Verbindung gesellschaftlicher und wirtschaftlicher Anforderungen mit Identität, Werthaltungen
und Einstellungen, kurz der Subjektivität und dem Fähigkeitspotenzial des Individuums abstellt. Anders als der Qualifikationsbegriff, der auf zertifizierbare
Fähigkeitsmerkmale abhebt, ist Kompetenz als dispositiver Begriff konzipiert,
das heißt: das Individuum hat in einer Handlungssituation die prinzipielle Möglichkeit, sich in Abwägung und Aushandlung von objektiven Anforderungen
und den eigenen Maßstäben und Können zu verhalten.

Hier ist er dem Bildungsbegriff ähnlich und schafft für die Berufsbildung und
die Ökonomie eine pragmatische Brücke zwischen dem im Sinne des Bildungsgedankens in seiner Selbstentfaltung zu fördernden Subjekt und gesellschaftlichen sowie wirtschaftlichen Handlungsanforderungen und Verwertungsabsich-
ten. Schneider (2003) spricht denn auch von Kompetenz als einem Syntheseprо-
dukt von Qualifikation und Bildung. Verwertbarkeit als Bildungsziel – so Elke
Gruber (2001) – mag nicht schlecht an sich sein, aber selbstverständlich stellt
sich die Frage, für wen sie brauchbar ist und woran sich diese Brauchbarkeit
bemisst. Dabei liegt aus pädagogischer Perspektive auf der Hand, dass an erster
Stelle von Bildung deren prinzipielle Zweckfreiheit für den Einzelnen stehen
muss. Wenn dieser Anspruch auf den Kompetenzbegriff nicht zutrifft – wobei
Kompetenz nicht nur dem Betrieb, sondern auch dem Individuum nutzt –, ist
dennoch ein Spannungsfeld gegeben, nämlich dadurch, dass die im Kompetenzbegriff angelegte Fokussierung auf Persönlichkeit und Subjekthaftigkeit (und
damit im weitesten Sinne Bildung) in der Gefahr steht, einseitig im Hinblick auf
Nutzbarmachungsaspekte reduziert zu werden. Hier verschiebt sich, wie Ludwig
(2002) feststellt, deutlich die Grenze zwischen den von der Arbeitskraft einzu-
bringenden Fähigkeiten und persönlichen Anteilen. Diese in berufsbildenden
Leitbegriffen offenkundig vorhandene Dichotomie zwischen Persönlichkeitsentwicklung einerseits und Verwertbarkeit andererseits ist für die Pädagogik im
Allgemeinen die Berufliche Bildung im Speziellen nicht neu. So lässt sich nahezu die vollständige Übertragbarkeit aller Facetten der Debatte um Schlüsselqualifikationen auf den Kompetenzdiskurs ebenso feststellen, wie dabei die grundsätzliche Frage aufkommt, was nunmehr mit dem Kompetenzbegriff genuin in
bildungstheoretischer und didaktischer Hinsicht an solch einer Erkenntnis gewonnen ist, die substanziell über das hinaus geht, was mit dem Schlüsselqualifikationsbegriff nicht bereits thematisiert worden ist und welche originären Konsequenzen das für den Diskurs in der Weiterbildung und Berufspädagogik hat.[41]

---

41 Es entbehrt wohl zweifelsohne nicht einer gewissen Ironie, um nicht zu sagen Tragik,
    (in) der Pädagogik, dass der Kompetenzbegriff in der ernsthaften Gefahr steht, eine ähn-
    liche Begriffskarriere wie der im Diskurs gescheiterte Terminus der Schlüsselqualifi-
    kation zu machen. Ob dies damit zu tun hat, dass es in Diskursen der (Erziehungs-)Wis-
    senschaft üblich zu sein scheint, immer wieder neue Begriffe für dasselbe kontrovers
    »durchs Dorf zu jagen«, um sich am Ende, nahezu auf einer Metaebene, zu fragen, wa-

Demgegenüber lässt sich jedoch auch ein anderer Blickwinkel ausmachen. So kann festgestellt werden, dass mit dem Kompetenzbegriff im Berufsbildungs- und Weiterbildungsdiskurs eine faktisch stärkere Hinwendung zum Subjekt und seinen Interessen erfolgt ist. In den Vordergrund getreten ist besonders die Frage der Kompetenzentwicklung, die als Persönlichkeitsentwicklung nicht mehr als klassisch lehrbar, sondern in ihrer Wechselwirkung mit biografisch geprägten, sozialisatorischen, informellen und formellen Lernprozessen begriffen wird. Mit der »Entgrenzung des Pädagogischen« als charakteristischer Bildungsentwick- lung postmoderner Gesellschaften (Kade/Nittel 1995) beginnt der Blick für eine Pluralisierung der Lernorte und Lernverfahren. Die Perspektive »lebensbeglei- tenden Lernens als Kompetenzentwicklung« (Dewe 1999; Brödel/Kreimeyer 2004) unterstreicht, dass sich individuelle Kompetenzen an unterschiedlichen Lernorten der Lebenspraxis herausbilden. Der Mensch kommt nicht mehr als unbeschriebenes Blatt in die Aus- Weiterbildung. Seine Lebensgeschichte ist auch immer eine erfahrende Lerngeschichte, die im Kontext von Bildungs- prozessen Gelegenheit erhält, sich im eigener Deutungsmuster und Erfahrungen zu vergewissern (vgl. Arnold 2002). Augenfällig ist die Konzeptualisierung ei- gener »Selbstorganisations-Didaktiken« und die Sicht auf eine veränderte päda- gogische Professionalität, in der sich der Kern von der Vermittlerrolle zur Eröff- nung von Selbstlernwegen und Lernberatung wandelt (vgl. ebd.). Vor diesem Hintergrund werden Forschungsperspektiven bedeutsam – an die auch diese Ar- beit anknüpft – welche vom Subjektstandpunkt aus Möglichkeiten und Grenzen individueller Kompetenzentwicklung empirisch untersuchen (vgl. Ludwig 2002). Fasst man diese Entwicklung zusammen, dann lässt sich für den Kompe- tenzbegriff in seiner erwachsenen- und berufspädagogischen Lesart eine Art ei- ne Wegbereiterfunktion konstatieren, den Lernenden immer mehr in den Mittel- punkt der Betrachtung zu stellen und in der Konsequenz Lernbedingungen zu ermöglichen, die ihm in seinen ganzheitlichen Bezügen des Mensch-Seins, sei- ner Interessen, Erfahrungen und seiner Entwicklung entsprechen. Zugespitzt

---

rum eigentlich bestimmte Konzepte eine bahnbrechende Bedeutung bekommen, wer den Begriff eingeführt hat und welche Rolle dabei die Wissenschaft und die Bildungspolitik spielt (vgl. für die Schlüsselqualifikationsdebatte u.a. Laur-Ernst 1996, für die Kompe- tenzdebatte Arnold/Schüßler 2001), oder ob es schlicht immer wieder zu demselben Er- gebnis kommt (kommen muss?), wenn bildungsnahe Begriffe und entsprechend subjekt- orientierte Anliegen aus pädagogischer Sicht mit ökonomischen Interessen auszuhandeln sind, bleibt an dieser Stelle mangels klarer Erkenntnis unbeantwortet. Sicher ist, dass es zwischen dem Kompetenzbegriff und dem Schlüsselqualifikationsbegriff sowohl im Hinblick auf den Abstraktionsgrad, die inhaltliche Diffusität und nicht zuletzt eine ge- meinsame Zielrichtung große Übereinstimmung gibt (vgl. Ludwig 2002; Vonken 2005). Und sicher ist auch, dass sich der Kompetenzbegriff vom seinem Theoriegehalt her nicht auf die Ökonomieseite beschränkt. Vielmehr könnte, wie Vonken (2005) konstatiert, Kompetenz eine allgemeine Kategorie für die Analyse menschlicher Handlungsfähigkeit werden.

wird damit eine Lernkultur (selbsttätiger) Bildungsprozesse als Voraussetzung für eine Kompetenzentwicklung angenommen. Eine solche ist allerdings nur da sinnvoll, wo es um die Förderung der Autonomie und Entwicklung des Subjekts geht, und sie steht da in Frage, wo Kompetenzen – wie im Bereich der beruflichen Bildung – nicht mehr als individuelle Fähigkeitspotenziale, sondern als weitestgehend normierte – vom Betrieb bestimmte und von daher auch immer wieder wechselnde Erwartungen (beruflicher) Handlungsanforderungen formuliert werden.

So wird es schließlich eine (begriffstheoretische) Frage der Differenzierung und Aushandlung divergierender Interessen zwischen Bildungspolitik, Wirtschaft und Pädagogik sein, inwieweit dieser Anspruch einer Subjektorientierung in einem ausgewogenen Verhältnis dem Subjekt und nicht seiner ausschließlichen Funktionalisierung dienlich ist bzw. sein soll. Wenn Gruber (2001) sich in diesen Zusammenhang für eine Erziehungswissenschaft und Berufspädagogik ausspricht, die sich nicht (nur) von ökonomischen und zweckrationalen Interessen leiten lässt, sondern sich im subjektbezogenen und ethischen Sinne so kritisch mit der Entwicklung auseinandersetzt, dass sie als Korrektiv wirken und damit konstruktive Impulse vermitteln kann, dann entspricht genau das dem vorgenannten Verständnis. Die vorliegenden Überlegungen, wie sie im Folgenden am Beispiel der Pflegeberufe weitergeführt werden, gehen hierbei von der Vorstellung aus, dass kompetentes berufliches Handeln jenseits betrieblichen Nutzens sowohl der Gesellschaft wie auch dem Kompetenzträger zugute kommt.

2.3 Der Feld- und Forschungsbezug: Zur Handlungskompetenz im Berufsfeld Pflege[42]

Pflege findet nicht im luftleeren Raum statt. Sich im Forschungskontext dieser Arbeit auf die spezifische Seite von Handlungskompetenzen im Pflegeberuf zu beziehen heißt, über einen Beruf zu schreiben, der in ein sich nahezu kontinuierlich reformierendes Gesundheitswesen unter immer knapper werden ökonomischen und personellen Ressourcen eingebunden ist und sich in einem langwierigen Professionalisierungsprozess von der christlich motivierten Berufung,

---

42 Unter dem Begriff der Pflegeberufe lassen sich eine Vielzahl unterschiedlich geregelter (Ausbildungs-)Berufe fassen: Altenpflege, Kinderkrankenpflege, Krankenpflege, Heilerziehungspflege. Im Hinblick auf Modellprojekte in Bremen und Stuttgart, die bereits eine Integration der Alten-, Kranken- und Kinderkrankenpflegeausbildung zu einer gemeinsamen Pflegeausbildung anstreben, sollen diese im Folgenden zusammenfassend als Pflegeberufe bezeichnet und auf eine weitere Trennung verzichtet werden.

später der weiblich-caritativen (Liebes-)Tätigkeit hin zu einer wissenschaftlich fundierten Disziplin befindet.[43] Dabei verfügt er gegenwärtig bei allen Ansätzen von Pflegeforschung und Pflegewissenschaft weder über ein eindeutiges Berufsbild, noch über ein geklärtes Berufsverständnis und damit auch nicht über ein ausdifferenziertes Profil pflegerischer Handlungskompetenzen. Derartige Uneinheitlichkeiten stehen im engen Zusammenhang mit einer für die Pflegeberufe außerhalb des Berufsbildungsgesetzes geregelten Berufsausbildung einerseits[44] und einer Entgrenzung traditioneller Arbeitsfelder wie Krankenhaus und Altenheim zur ambulanten, teilstationären oder häuslichen Pflege anderseits, was Aufgaben und Arbeitsanforderungen mehr und mehr verändert (vgl. Hoh 2002). Koeppe und Müller (2004) unterstreichen die Zunahme vor allem edukativer Aufgabenstellungen: »Das Ziel der Förderung von Autonomie, Selbstbestimmung und Souveränität der zu pflegenden Menschen lässt die anleitenden und beratenden Aufgaben von Pflegepersonen immer wichtiger werden« (Koeppe/Müller 2004, S. 261). Die Zunahme vor allem von chronisch-degenerativen Erkrankungen einer immer älter werden Bevölkerung, der medizinisch-technische Wandel und der Einzug neuer Informationstechnologien verlangen nicht nur immer mehr an interaktiv-kommunikativer Kompetenz (high touch) und mehr technologischen Fähigkeiten (high tech), sondern gleichermaßen die Fähigkeit, neues Wissen in eine durch Eigenständigkeit geprägte berufliche Handlungskompetenz zu transformieren (vgl. ebd.).

Diese Szenerie gilt es im Zusammenhang der zu klärenden Voraussetzungen informellen Lernens mit Blick auf die Lernpotenziale und deren Wechselwirkung für die Kompetenzentwicklung im Pflegeberuf zu berücksichtigen. Daher wird der in diesem Gliederungsabschnitt notwendigerweise zu leistenden Diskussion von Kompetenzanforderungen und ihrer Entwicklung eine Betrachtung des beruflichen Pflegekontextes vorangestellt.

---

43 Eine ausführliche und sehr differenzierte Darstellung des Professionalisierungsprozesses in der Pflege wurde von der Robert-Bosch Stiftung (2000) unter dem Titel »Pflege neu denken« herausgegeben.

44 Rechtlich wird die Krankenpflegeausbildung durch das *Gesetz über die Berufe der Krankenpflege* (KrPflG) und die Ausbildungs- und Prüfungsordnung von 1985 geregelt. Mit dieser gesetzlichen Grundlage ergibt sich für die Krankenpflegeausbildung innerhalb des deutschen Bildungssystems eine sehr eigene Position, nach der sie weder der schulischen noch der dualen Berufsausbildung zuzuordnen ist (Pflegeschulen gelten als Schulen der besonderen Art). So schließt § 26 des KrPflG dezidiert die Anwendung des Berufsbildungsgesetzes aus. Demzufolge gibt es auch keinen entsprechenden Bildungsauftrag für die Krankenpflegeschulen. Gleiches gilt für den Weiterbildungsbereich. Auch hier liegen, je nach Bundesland, entweder gesetzliche Regelungen oder Empfehlungen der DKG (Deutsche Krankenhausgesellschaft) vor, die Ziel, Durchführung und Inhalt von beispielsweise Fachweiterbildungsmaßnahmen für die Intensivpflege oder den Operationsdienst bestimmen, ohne explizit Bildungsziele zu benennen. Vermittelt werden sollen vielmehr die zur Erfüllung der Aufgaben notwendigen Kenntnisse und Fertigkeiten (vgl. Oelke 1991).

2.3.1 Der Hintergrund: Was ist Pflege?

Deutlich erkennbar bietet das Berufsbild der Pflege eine personenbezogene Dienstleistung an, die sich als Face-to-Face-Beziehung und Body-to-Body-Situation definieren lässt (vgl. Darmann/Keuchel 2005). Bei aller Vielfalt pflegerischer Berufsdefinitionen und Tätigkeiten liegt das Gemeinsame darin, dass Pflege eine komplexe menschliche (Beziehungs-)Aufgabe ist, die im Kontext einer ganzheitlichen patientenorientierten Sichtweise zu verstehen ist, und darauf abzielt, den einzelnen Menschen, »ob krank oder gesund, in der Durchführung jener Handreichungen, die zur Gesundheit oder Genesung beitragen (oder zu einem friedlichen Tod), welche der Kranke selbst ohne Unterstützung vornehmen würde, wenn er über die nötige Kraft, den Willen oder das Wissen verfügte, zu unterstützen« (Henderson 1977, S. 10). Insoweit die pflegerische Hilfe darauf ausgerichtet ist, eine möglichst rasche Unabhängigkeit des pflegebedürftigen Menschen zu erreichen und hierbei ressourcenorientiert zu arbeiten, umfasst Pflege eine edukative Aufgabenstellung, die die Bereiche Beratung, Anleitung, Förderung zur Selbsthilfe bis hin zur teilweise völligen Übernahme aller Pflegetätigkeiten beinhaltet.[45]

2.3.1.1 Der Innenraum: Existenzialität und Leiblichkeit als Pflegealltag

Das pflegerische Arbeitsfeld ist in einem hohen Maße durch tägliches Erleben von vitaler, existenzieller Intensität und Bedrohlichkeit geprägt. Hierzu gehört der ständige Umgang mit Einschränkungs- und Beunruhigungserfahrungen von Patienten und Angehörigen sowie nicht zuletzt intime Körperlichkeit. Wettreck (2001) beschreibt die Patientensituation aus der anthropologischen Perspektive:

> »Der (schwer-)kranke Mensch erlebt damit eine existenzielle Bedrohung: einen Sturz aus der normalen, alltagsweltlichen Sinnkonstruktion der umgebenden (gesunden) Gesellschaft. Der Kranke stürzt aufgrund von Bedrohung, Verletzung oder Zerstörung seiner Vitalität – graduell oder abrupt – aus seiner Alltagsnormalität der Sicherheit und der als selbstverständlich vorausgesetzten Gesundheit; er erlebt die Zerstörung seiner bisher selbstverständlichen Wirklichkeitskonstruktion. Konfrontiert wird er mit der bisher zumeist unbewussten präsenten Existenzbedingung seines Daseins, seiner Leiblichkeit,

---

45 Aus der amerikanischen Pflegewissenschaft existiert eine Vielzahl unterschiedlicher Pflegetheorien, deren Adaption auf die Verhältnisse und Bedingungen deutscher Pflegewirklichkeit zwar immer wieder diskutiert, deren Rezeption jedoch weitgehend theoretischer Natur geblieben ist. Deshalb wird auf eine ausführliche und differenzierte Darstellung an dieser Stelle verzichtet. Für die in dieser Arbeit zu behandelnde Frage nach spezifischen Kompetenzanforderungen und der Kompetenzentwicklung beruflich Pflegender wird davon ausgegangen, dass in der oben aufgeführten Interpretation pflegerischer Arbeit sowie in der Aufarbeitung gegenwärtiger internationaler und nationaler Forschung zur Pflegekompetenz die größte Gemeinsamkeit unterschiedlichster Verständnisformen von einer sich beobachtbaren Pflege wie auch ihrer idealtypischen Sichtweise zu finden ist.

seines Leib-Seins: Plötzlich ist ihm die Basis seines Seins, seines Lebensentwurfes, seiner Gewohnheiten, Lebensformen, Sozial-Beziehungen und Perspektiven seines Körpers-, Selbst- und Weltverhältnisses, seiner Leistungs- und Lebenskraft entzogen, die ihm selbstverständlich war. Aus der Autonomie des »gesunden« Menschen wird Angst, Desintegration und existenzielle Haltlosigkeit, Selbstentfremdung und Selbstverlust, Abhängigkeit, Hilfsbedürftigkeit, Orientierungslosigkeit, der Schrecken von (fremden) biologisch-körperlichen und gleichzeitig im Kern persönlichen Grenzen und Einbrüchen« (Wettreck 2001, S. 86).

Die Berufsgruppe der Pflegenden übernimmt mit ihrer Dienstleitung in der medizinisch- pflegerischen Hilfe und Begleitung von Patienten und Angehörigen eine, wie Wettreck im Weiteren unterstreicht, von der Gesellschaft delegierte Aufgabe, die dadurch bestimmt ist, dass diese sich den Umgang mit Krankheit, Behinderung und Tod im wahrsten Sinne des Wortes vom Leibe hält und an eine Gruppe weitergibt, »die von Berufs wegen damit konfrontiert werden« (ebd., S. 87). Dieser Auftrag bleibt für die Berufsgruppe der Pflegenden nicht folgenlos. Im Gegenteil: »Es macht etwas mit einem« (ebd.), was sich – gegenüber aller persönlichen Erfüllung und Befriedigung in dieser sehr existenziell geprägten Arbeit – häufig in Interaktionsstress als Quelle emotionaler Überforderung bis hin zu Erschöpfung und/oder Burnout-Syndromen manifestiert. So stellt Badura (1990) fest: »Es ist also die tägliche Bombardierung mit mehr oder weniger intensiven Gefühlsäußerungen, bedingt durch permanenten Kontaktzwang (…), der man als Beschäftigter in diesem Bereich ausgesetzt ist. Und es gehört zu den unausgesprochenen Normen, insbesondere der Pflegeberufe, dass man die eigenen (möglicherweise negativen bis feindseligen) Gefühle unterdrückt und sich ganz den sozialen und emotionalen Bedürfnissen anderer widmet« (Badura 1990, S. 318). Bedenkt man hierbei die Gefahr für die eigene Gesundheit, dann muss es gerade deshalb, wie Burisch (1994) betont, ein vorrangiges Ausbildungsziel für Krankenpflegeberufe sein, die Fähigkeit zur psychischen Selbstfürsorge zu erhöhen. Gefordert sind nicht Krankenschwestern und -pfleger, »deren Belastbarkeit aus zusammengebissenen Zähnen besteht, sondern solche, die mit ihren Schwächen im reinen sind, Fürsorge auf sich selbst verwenden können, Fröhlichkeit kennen und in sich ruhen – kurz Menschen, die geben können, weil sie selbst genug haben« (Burisch 1994, S. 232).

2.3.1.2   Äußere Bedingungen: Professionalisierung versus
            Qualifikationsdefizit in Zeiten demografischen Wandelns

Vor dem Hintergrund demografischer und epidemiologischer Veränderungen im Hinblick auf die pflegerische Notwendigkeit für eine immer älter werdende Gesellschaft bei gleichzeitiger Zunahme chronischer und degenerativer Erkrankungen, erhält eine aktivierende und ressourcenunterstützende Pflege immer größere Bedeutung. Eine erweiterte und das Berufsprofil zukünftig stark beeinflussende Aufgabenstellung ergibt sich in diesem Zusammenhang im Kern durch die gesellschaftlich voranschreitende Auflösung traditioneller Lebensformen, familiärer Versorgungsstrukturen und sozialer Netzwerke. Hier wird das Bedürfnis nach sozialer Unterstützung, nach beruflicher Pflege, immer größer, wobei die Bedeutung der sozialen Interaktion und des emotionalen Rückhalts zunimmt. »Pflegefachpersonen werden in diesem Fall zu persönlichen Bezugspersonen und in das Familiensystem integriert. Sie übernehmen hier teilweise neben ihren fachlichen Aufgaben auch Aufgaben, die normalerweise von Familienangehörigen, Freunden oder Nachbarn ausgeführt werden« (Oehmen 1999, S. 103). Gerade der emotionale Hilfebedarf wird zu einer Anforderung, die, wie Stratemeyer (2002) deutlich macht, seitens der Pflegenden bei chronisch degenerativen Erkrankungen wie z.b. Demenz nicht mehr mit einer Substitutionstherapie für verlorene Selbstpflegefähigkeiten beantwortet werden kann. Erforderlich sind verhaltenstherapeutisch orientierte Interaktionsfähigkeiten, damit Pflegende in die Lage versetzt werden, Patienten und ihre Familien wirkungsvoll zu unterstützen. Darüber hinaus sind Pflegende stärker zu befähigen, mit ihrer Fürsorgeverantwortung und der eigenen Macht so verantwortungsvoll umzugehen, dass sie mit den Patienten und ihren Familien einen Zustand herstellen, der von den Betroffenen als wertvoll erachtet wird (vgl. ebd.).

Entsprechende Professionalisierungsschritte, wie sie sich in den letzten zehn Jahren im Pflegeberuf mit der Einführung von pflegepädagogischen und pflegewissenschaftlichen Studiengängen an Fachhochschulen und Universitäten entwickelt haben, greifen noch zu kurz. Es reicht offenbar nicht aus, sich auf die Bildung sog. Pflegeeliten in Lehre und Leitung zu konzentrieren und dabei zu hoffen, dass sich die Praxis automatisch mitentwickeln werde, bzw. diese Schritte im Top-Down-Verfahren zu verordnen. Noch immer lässt sich mit Wettreck (2001) feststellen, dass die mannigfaltigen Anstrengungen zur Professionalisierung die Situation vor Ort eher tröpfelnd, punktuell, insulär und aspekthaft erreichen, als dass sie in der Lage wären, die Pflegepraxis grundlegend an die neuen Anforderungen anzupassen. Vielmehr ist gegenwärtig »die Lage der Pflege zwischen Theorie und Praxis, Anspruch und Wirklichkeit, Fortschritt und Gewohnheit ›Oben‹ und ›Unten‹, Tradition und Professionalisierung (...) verwirrend« (Wettreck 2001, S. 15). Folgt man Stratemeyer (2002), dann geht es hierbei nicht nur um ein strukturelles Problem, wozu zweifelsohne auch alte Hierarchien in der Zusammenarbeit mit dem Arztdienst gehören, und wo erste neue Differenzierungen der Pflege mehr Eigenständigkeit zuweisen müssen. Gleichzeitig fehlt der Pflege noch immer ein eigener Qualifikationskern bzw. das, was sie als eigene Disziplin gegenüber der Medizin und deren naturwissenschaftlich-mechanischen Erklärungsmodellen ausweist bzw. ihr auf dem Weg der Professionalisierung angestrebtes Alleinstellungsmerkmal legitimiert. Gleichwohl besteht im Diskurs Einigkeit darüber, dass es in der Pflegewelt der Zukunft, jenseits bislang fruchtloser Debatten um die Eigenständigkeit der Pflege, eher um Zusammenarbeit und Etablierung berufsgruppenübergreifender Teams geht, deren Aufgaben vom gemeinsam zu tragen Behandlungs- und Pflegeprozess bestimmt sein sollen (vgl. ebd.).

Mit einem veränderten Krankenpflegegesetz und der entsprechenden Ausbildungs- und Prüfungsverordnung wird gegenwärtig versucht, den geänderten Rahmenbedingungen besser gerecht zu werden. So zielt die neue Berufsbezeichnung »Gesundheits- und Krankenpflegerin« bereits deutlich auf eine stärke Gewichtung des Gesundheitsbegriffes, was gleichermaßen Gesundheitsförderung und Prävention als Aufgabe der Pflege beinhaltet. Ebenso wird die Bedeutung der Pflegewissenschaft hervorgehoben und der Pflege ein eigenverantwortlicher Handlungsrahmen zugewiesen, der sich sowohl auf den Pflegeprozess als auch auf Beratungsaufgaben bezieht. Für die Ausbildung sehr bemerkenswert und folgenreich ist auch der Wandel vom Qualifikationsverständnis hin zur Kompetenzentwicklung.

2.3.1.3   Die Ausstattung: Von der Qualifizierung zur Kompetenzentwicklung

Nach Jahren der für die pflegerische Berufsausbildung gesetzlich leitenden Maxime der Anpassungsqualifizierung an eine gegebene Praxis (vgl. Oelke 1991) wurde mit der Novellierung der Krankenpflegegesetztes von 2003 erstmals ein Ausbildungsziel formuliert, das über die Vermittlung von pflegefachlichen Kenntnissen und Fertigkeiten hinausgeht, indem es auf die Förderung von Handlungskompetenz abzielt. So heißt es im Krankenpflegegesetz (2003): »Die Ausbildung (...) soll entsprechend dem allgemein anerkannten Stand pflegewissenschaftlicher, medizinischer und weiterer bezugswissenschaftlicher Erkenntnisse fachliche, personale, soziale und methodische Kompetenzen zur verantwortlichen Mitwirkung insbesondere bei der Heilung, Erkennung und Verhütung von Krankheiten vermitteln« (BG-Blatt 2003, S. 1443). Nun könnte man meinen, mit diesem Ausbildungsziel werde an den Bildungsauftrag der regulären Berufsschulen angeschlossen und damit insbesondere die Förderung der personalen Kompetenz im Sinne des Bildungsgedankens von Persönlichkeitsentwicklung, Emanzipation und Kritikfähigkeit angestrebt. Dies ist jedoch nicht der Fall, da die Pflegeausbildung nach wie vor außerhalb des Berufsbildungsgesetzes angesiedelt und kein expliziter Bildungsauftrag formuliert ist. Ebensowenig sind die im Gesetz ausgewiesenen Kompetenzmerkmale inhaltlich ausdifferenziert, sodass eine Konkretisierung der Kompetenzmerkmale lediglich aus den weiter spezifizierten Ausbildungszielen und dem jeweiligen pflegetheoretischen Verständnis abgeleitet werden muss. So geht die Pflegeausbildung bei aller Reform einen Sonderweg und bleibt wohl »eine Berufsbildung besonderer Art« (Beier 2004, S. 614). Dennoch ist die Einführung des Kompetenzbegriffes für die Pflegeausbildung grundsätzlich zu begrüßen, da, wenn auch nicht im Gesetz als Bildungsauftrag, so doch zumindest im Kompetenzbegriff die Persönlichkeitsentwicklung als Ausbildungsaufgabe angelegt ist Kirchhof (2006). Gleichwohl sollte die von Kultusministerkonferenz (KMK 2000) formulierte »Personalkompetenz« Anknüpfungspunkt für dieses Verständnis sein. Dort heißt es:

»Personalkompetenz bezeichnet die Bereitschaft und Fähigkeit, als individuelle Persönlichkeit die Entwicklungschancen, Anforderungen und Einschränkungen in Familie, Beruf und öffentlichem Leben zu klären, zu durchdenken und zu beurteilen, eigene Begabungen zu entfalten sowie Lebenspläne zu fassen und fortzuentwickeln. Sie umfasst personale Eigenschaften wie Selbständigkeit, Kritikfähigkeit, Selbstvertrauen, Zuverlässigkeit, Verantwortungs- und Pflichtbewusstsein. Zu ihr gehören insbesondere auch die Entwicklung durchdachter Wertvorstellungen und selbstbestimmte Bindung an Werte« (KMK 2000, S. 9).

Dieses zumindest implizite Bildungsverständnis zu gewährleisten, wäre zweifelsohne eine für die pflegerische Berufsbildung neue pädagogische und didaktische Herausforderung.

2.3.1.4 Zusammenfassung und Fazit: Pflegepraxis umfasst ein bildendes Lernfeld und braucht kompetentes Handeln durch Bildung

In diesem Abschnitt wurden Aufgaben, Anforderungen und qualifikatorische Rahmenbedingungen beruflich pflegerischen Handelns skizziert. Deutlich zeigt sich ein anspruchsvolles Lernfeld, das sowohl im Hinblick auf die Aufgabenstellung der Pflege als auch auf das damit verbundene persönliche Handeln und die individuelle Entwicklungsperspektive der Pflegenden als lernendes Subjekt Bildungscharakter hat. So ist erkennbar, dass die Pflegepraxis von ihrem Wesen her geradezu als ein Spezifikum der Bildungsarbeit betrachtet werden kann. Denn Pflege ist darauf bezogen, Menschen, die durch Krankheit von der Teilhabe am Zusammenleben und damit der Chance auf Aneignung der Wirklichkeit getrennt sind, in ihrer Lebensverfassung zu schützen, abzusichern und für die Möglichkeit neuer Teilhabe und Handlungsmöglichkeiten zu fördern (vgl. Grams 1998). Ausgangspunkt für diesen Prozess ist der Aufbau einer dialogischen Kooperationsbeziehung, aus der heraus gemeinsam mit den betroffenen Patienten Wege der Bewältigung zurück in das Leben entwickelt werden können, gleichzeitig aber auch die Möglichkeiten und Grenzen der eigenen Hilfeleistung wahrgenommen und anerkannt werden. Damit ergibt sich für beide Seiten, d.h. Patient und Pflegekraft, ein Lern- und Entwicklungsprozess. Die Pflegetheoretikerin Hildegard Peplau (1995) sieht denn auch in der Pflege und Pflegeausbildung eine in der Reife zu fördernde Persönlichkeit, weshalb ihr Anliegen für die Pflegebildung besonders die Förderung einer beziehungsfähigen Pflegeperson ist. Stratemeyer (2002) mahnt in diesem Zusammenhang das Fehlen einer interaktionsintensiven therapeutischen Kompetenz an und unterstreicht, wie wichtig es ist, sich in der Interaktion mit dem Patienten darum zu bemühen, »einen sinnverstehenden deutenden Zugang zu den lebenspraktischen Bedürfnissen zu finden, die angesichts der Krankheitsbedrohung in der biografischen Entwicklung

durchaus auch verschüttet sein können« (ebd., S. 85). Es liegt auf der Hand, dass
für diese Form der lebenslagenbezogenen Professionalisierung Bildungsprozesse
nötig sind, die ein entsprechend kompetentes Handeln erst ermöglichen. Ziel
sollte damit nicht nur die Bewältigung professioneller Anforderungen über die
Ausbildung fachlicher und methodischer Handlungskompetenzen sein, sondern
gleichermaßen die Förderung einer freien und beziehungsfähigen Personalität
der Pflegenden. Gemeint ist ein vertrauensvoller Selbst- und Weltbezug, der
aber nicht auf kindlicher Naivität, sondern auf durchlebter Distanzierung zu eigenen und fremden Ansprüchen und Möglichkeiten beruht.

2.3.2   Kompetenzmerkmale und Kompetenzentwicklung in der Pflege

Ein verbindliches Modell der Pflegekompetenz gibt es jenseits der im Krankenpflegegesetz formulierten Begriffe beruflicher Handlungskompetenz nicht. Zwischenzeitlich liegen einige empirische Untersuchungen vor, welche die Fragen
von Kompetenzanforderungen und Kompetenzentwicklung im pflegerischen
Berufsbild näher untersucht haben. Differenzierte und gut belegte (Stufen-)Mo-
delle beschreiben die Kompetenzentwicklung in der Berufspraxis. Ihre besondere Stärke ist, dass sie teilweise gleichzeitig untersucht haben, was Pflegende faktisch tun. Im Folgenden werden diese Studien nacheinander vorgestellt, da sie
jeweils unterschiedliche Aspekte bearbeiten und zusammen eine gute Übersicht
über das Spezifische pflegerischer Handlungskompetenz, ihre Entwicklung und
ihre Einordnung in den professionstheoretischen Zusammenhang geben. Eine
der prominentesten Studien auf diesem Gebiet geht auf die US-amerikanische
Pflegewissenschaftlerin Patricia Benner (1984) zurück.

2.3.2.1   From Novice to Expert: Pflegekompetenz nach Benner (1984)

Im Mittelpunkt ihrer quantitativ und qualitativ durchgeführten Studie »From
Novice to Expert« (1984) stehen die von ihr und anderen als zentral identifizierten Aspekte pflegerischen Handelns, nämlich die »Fürsorge«, das »klinische Urteilsvermögen« und die »Könnerschaft« beruflich Pflegender.[46] Grundlegend
verorten Benner und Wrubel (1997) im pflegerischen Handeln eine Förderung
therapeutischer Arbeit, deren Basis der Mensch selbst ist, und deren Wirkung sie
folgendermaßen beschreiben:

---

[46] Befragt wurden 1.200 amerikanische Krankenschwestern und Pfleger mithilfe von Fra-
gebögen und Interviews. Darüber hinaus kamen Methoden der (teilnehmenden) Beobach-
tung am Arbeitsplatz zur Anwendung. Ziel der Untersuchung war es herauszufinden, was
das wesentliche Potenzial pflegerischen Handelns ausmacht und wie es gelehrt werden
kann (vgl. Benner 1994, Benner et al. 2000).

»Die Pflegenden fördern die Heilung dadurch, dass sie dem Patienten helfen, menschliche Bindungen und Anliegen aufrechtzuerhalten. Es sind die menschlichen Beziehungen, die den Menschen die Kraft geben, ihr Kranksein zu überwinden« (S. 87).

Diesem Handeln liegt, Benner und Wrubel folgend, die Fähigkeit zur Fürsorge zugrunde. Dabei handelt es sich für Benner und ihre Mitarbeiterin, angelehnt an den fundamentalontologischen Fürsorgebegriff von Heidegger (1927/1962), um einen grundlegenden Aspekt menschlichen Seins, der auf einer Art höherem Wissen beruht:

»Da die menschliche Art des Seins durch Anteilnahme und Ganzheitlichkeit gekennzeichnet ist, kann es keine abstrakte analytische Theorie darüber geben. Fürsorge ist etwas, das man als eine existenzielle Fähigkeit bezeichnen könnte. Es ist genau das, was Sokrates als Talent bezeichnet hätte, doch da es hier, anders als beim Kochen, um Leben und Tod geht und der ganze Mensch beteiligt ist, ist diese Bezeichnung wohl kaum angemessen. Die Macht einer Tradition, die auf Theorien über Erkrankungen basiert, zeigt sich darin, dass es für existenzielle Fertigkeiten traditionell keine Bezeichnungen gibt, in denen die Hochachtung vor ihrer Bedeutung zum Ausdruck kommt, und auch heute haben wir offenbar kein passendes Wort dafür in unserem Vokabular. Die für uns beste Art der Beschreibung lautet: Fürsorge, verstanden als Möglichkeit, Menschen durch ein Sich-Einlassen auf ihre Welt beizustehen, ist eine Art höheres Wissen, das wir als Verständnis bezeichnen können« (Benner et al. 2000, S. 65).

Um in dieser Form eine pflegerische Fürsorge entwickeln zu können, müssen Pflegende – so Benner et al. (2000) – in der Lage sein, die Dinge aus der Perspektive der Patienten zu betrachten, mehr noch, sie müssen in der Lage sein, mit Feingefühl den Patienten dazu zu befähigen, sein Kranksein zu überwinden. Dies verlangt zweifelsohne eine sehr gut ausgeprägte Fähigkeit zur Perspektivübernahme, mehr aber noch eine selbstreflexive und existenzielle Fähigkeit, sich auf den anderen wirklich einzulassen und ihn (los) zu lassen. Folgt man nämlich Heidegger (1979), dann sind im Hinblick auf die Fürsorge zwei extreme Möglichkeiten zu unterscheiden: einmal jene, die dem Anderen jede Sorge gleichsam abnimmt, für ihn einspringt, letztlich den Anderen damit aber in die Abhängigkeit treibt und sich Macht über ihn verleiht. Demgegenüber wiederum jene, die für den anderen nicht einspringt, um ihm die Sorge abzunehmen, sondern sie in der einfühlsamen Begleitung wohlwollend zurückgibt, um ihn zu stärken, und damit die eigentliche Sorge übernimmt, »das heißt die Existenz des anderen [betreffend: S.K.] und nicht ein Was, das er besorgt« (Heidegger 1979, S. 122). Sie ist es, die dem Anderen letztlich dazu verhilft, für die eigene Sorge *frei* zu werden und Selbstverantwortung zu übernehmen (vgl. ebd.).

Klinisches Urteilsvermögen beinhaltet nach Benners Verständnis »die verschiedenen Methoden, die dazu führen, dass Pflegende die Probleme, Belange oder Interessen der Klienten/Patienten verstehen, wichtige Informationen beachten und einfühlsam sowie engagiert reagieren« (Benner et al. 2002, S. 12). Diese

Fähigkeiten sieht Benner im Handeln erfahrener Pflegender und Pflegeexperten im Anschluss an Polanyi (1958) an ein hohes Maß impliziten Wissens gekoppelt, welches durch Erfahrung erworben wird, sich aber von den Pflegenden kaum oder nur sehr gering explizieren lässt. Der Weg zu dieser Form von Könnerschaft wird von Benner unter Rückgriff das von den Gebrüdern Dreyfus berichtete Konzept des Kompetenzerwerbs in fünf Stufen vom Anfänger zum Experten beschrieben.[47] Hierbei geht sie davon aus, dass für Pflegende bei Erlernen einer praktischen Fähigkeit nur am Anfang theoretische Grundlagen und Regeln von Bedeutung sind. Im Laufe der Zeit entwickelt sich mit zunehmender Erfahrung eine Veränderung vom abstrakten regelgeleitet-analytischen Denken hin zur Intuition, sprich zur situativen Urteilskraft. Dies geschieht allerdings nicht automatisch, sondern führt über Erkenntnisse, die dann entstehen, wenn vorgefasste Einstellungen und Erwartungen durch die Realität in Frage gestellt, verfeinert oder verworfen werden. »Somit sind Erfahrungen die Voraussetzung für Expertenpraxis« (Benner 1984, S. 26f.).[48]

Insgesamt hat Benner in ihrer Studie – orientiert an den zentralen Aspekten pflegerischer Handlung und Pflegekompetenz – 31 verschiedene Aufgaben und Fähigkeiten herausgearbeitet, die sie sieben identifizierten Bereichen der Pflegepraxis zugeordnet hat. In der folgenden Tabelle werden diese Praxisbereiche mit exemplarisch skizzierten und sprachlich etwas zusammengefassten Fähigkeitsmerkmalen kurz vorgestellt:

Bis eine professionelle Pflegeperson zum Pflegeexperten gereift ist, durchläuft sie nach Benner – wie oben bereits skizziert und von ihr in Anschluss an die Gebrüder Dreyfus beschrieben – fünf Stufen der Kompetenzentwicklung, die zur Verdeutlichung in der nachfolgenden tabellarischen Übersicht dargestellt werden.

Benner unterstreicht, dass es sich bei diesem Entwicklungsprozess nicht um ein grundlegendes Begabungsmodell in dem Sinne handelt, dass eine Pflegekraft ihre einmal gewonnene Expertise generell auf jedweden Bereich pflegerischer Einsatzgebiete, Aufgaben und Handlungen übertragen können muss, sondern dass dies situativ geschieht. »Zum Beispiel wäre eine Spezialistin mit einer erstklassigen Ausbildung und viel Erfahrung sowie Spezialkenntnissen auf dem Gebiet der Erwachsenenintensivpflege wieder ein Neuling, wenn sie auf eine Intensivstation für Neugeborene versetzt würde« (Benner 1994, S. 42).

Es ist m.E. jedoch zu vermuten, dass allein die Fähigkeit, Expertise zu erwerben – und dies ist, wie sie deutlich macht, kein passiver Prozess – dazu befähigt, sich auch in fremden Einsatzgebieten schnell einzuarbeiten und den Verlauf der spezifischen Kompetenzentwicklung hin zur Expertise zu beschleunigen. So geht

---

47   Vgl. Kap. 2.3.2.1, S. 96ff. und Abbildung 7, S. 78.
48   Vgl. Abb. 9, S. 100.

Praxisbereiche	Pflegekompetenzen
Helfen	• Ermöglichung einer heilenden Beziehung • Dasein und Förderung von Selbstverantwortung • Trost spenden • Begleitung von Patient und Angehörigen in emotionalen Krisen
Beraten und Betreuen	• Erfassen der Verarbeitungsstufe des Patienten • Hilfeleistung bei der Verarbeitung • Information: Aspekte der Krankheit verstehbar machen • Den Patienten sein Krankheitsverständnis aussprechen lassen und seine Sichtweise nachvollziehen
Diagnostik und Patientenüberwachung	• Bedeutsame Veränderungen des gesundheitlichen Zustandes des Patienten erkennen und dokumentieren • Komplikationen und Verschlechterungen vorausahnen, noch ehe messbare Anzeichen vorliegen • Zukünftige Probleme erahnen, vorausschauendes Denken • Bedürfnisse und Möglichkeiten des Patienten einschätzen
Durchführen und Überwachen von Behandlungen	• Risiko- und komplikationslose Verabreichung der Medikationen • Überwachung therapeutischer Effekte • Prävention und Behandlung von Hautschädigungen • Förderung der Beweglichkeit • Prävention von Atemfunktionsstörungen • Wundversorgung
Überwachung und Sicherstellung der Qualität der medizinischen Versorgung	• Maßnahmen auf ihre medizinische und pflegerische Sicherheit prüfen • Beurteilung – Revision und Ergänzung des Behandlungsplanes • Ärzte zur rechten Zeit zu den notwendigen Schritten bewegen
Organisation und Zusammenarbeit	• Aufbau und Funktionserhalt eines therapeutischen Teams zur Gewährleistung optimaler Therapie • Mit vielfältigen Wünschen der Patienten umgehen • Bewältigung von Personalmangel und Fluktuation

Abbildung 8:   Pflegekompetenz nach Benner (vgl. Benner 1994, S. 65-160)

sie auch nicht von einer inneren Gesetzmäßigkeit in der Entwicklung der Kompetenzstufen aus, sondern von der aktiven Bewusstseinsleistung, »paradigmatische Fälle«[49] und Erfahrungen durch ein Nachdenken über die Ereignisse perspektivisch hin zum intuitiven Erfassen der Situation zu entwickeln.

---

49 Nach Benner und Wrubel (1997) fordern paradigmatische Fälle in besonderer Weise dazu auf, bisherige subjektive Vorstellungen und Einstellungen zu verändern. Gemeint sind solche Arbeitsaufgaben, die subjektiv als besonders herausfordernd erlebt werden, mit dem gegenwärtigen Stand an Erfahrung und Wissen bewältigt werden können und dabei objektiv neue Arbeitserfahrungen hervorbringen. Rauner (2004) macht deutlich, das diese para-

Stufe	Beschreibung
Neuling (Novice)	Benötigt Regeln, die ihn jedoch in konkreten Situation noch einschränken und ihn unflexibel erscheinen lassen. Handlungen wirken stockend und starr, es besteht eine unzureichende Kenntnis über die Dinge, die beobachtet und durchgeführt werden können und müssen.
Fortgeschrittener Anfänger (Advanced Beginner)	Hat bereits so viele Situationen bewältigt, dass er sich wiederkehrender bedeutungsvoller situativer Bestandteile bewusst wird, pflegt regel- und modellgesteuert.
Kompetent Pflegende (Competence)	Kompetent Pflegende haben das Gefühl, ihren Aufgaben gewachsen zu sein und mit allen möglichen Anforderungen ihres Berufes fertig zu werden. Demgegenüber sind ihre Handlungen noch nicht so schnell und flexibel wie bei erfahrenden Pflegenden. Charakteristisch für diese Stufe ist das auf Effizienz angelegte bewusste Planen.
Erfahrende Pflegende (Proficiency)	Pflegende dieser Stufe sind in der Lage, aufgrund ihrer Erfahrungen Situationen spontan als Ganzes wahrzunehmen; Abweichungen vom Normalen und Erwarteten werden unmittelbar erkannt, Entscheidungen fallen leicht.
Pflegeexperte (Expert)	Pflegende auf dieser Stufe sind nicht mehr auf analytische Prinzipien (Regeln, Richtlinien, Maximen) angewiesen, um angemessene Handlung abzuleiten. Im Gegenteil: Mit ihrem großen Erfahrungsschatz sind Pflegeexperten in der Lage, jede Situation intuitiv zu erfassen und direkt auf den Kern des Problems vorzustoßen.

Abbildung 9:   Übertragung des Dreyfus-Kompetenzmodells auf den Krankenpflegeberuf nach Benner (vgl. Benner 1994, S. 35-53)

digmatischen Fälle weitgehend dem Konzept der Entwicklungsaufgaben von Havighurst entsprechen. Gemeint sind für den Menschen aufgeworfene Problemlösungssituationen, die entscheidend dazu beitragen, dass er sich in seinem Lebenszyklus weiterentwickelt und individualisiert. »Eine Entwicklungsaufgabe ist also etwas, das dazu zwingt, seine bisherigen Handlungskonzepte und eingespielten Verhaltensweisen in Frage zu stellen und neu einzurichten« (ebd., S. 17). Während Rauner sich dafür ausspricht, Entwicklungsaufgaben zum Gegenstand der Curriculumentwicklung zu machen, hält Benner sie in der Regel für zu komplex, um sie über eine Simulation zu vermitteln, insbesondere deshalb, weil die besondere Abwandlung vorgefasster Vorstellungen und des bestehenden Verständnisses auf das besondere Zusammenspiel mit dem individuellen Vorwissen beruht. Anknüpfend an Polanyi hebt sie die besondere Transaktion mit dem persönlichen Wissen und der Individualität des Einzelnen hervor: »Jeder Mensch bringt seine eigene Geschichte, intellektuelle Möglichkeiten und seine persönliche Lernbereitschaft mit in eine spezielle klinische Situation. Die Transaktion zwischen diesem persönlichen Wissen und der klinischen Situation bestimmt dann, welche Handlungen ausgeführt und welche Entscheidungen getroffen werden. Aus diesem Grund ist ein klinisches Anwendungsfach auf Experten angewiesen, um aus der dynamischen Transaktion zwischen persönlichem Wissen und klinischer Praxissituation Lehren ziehen zu können« (Benner 1994, S. 32).

Neben dem Begriff der Erfahrung steht für Benner (1994) und Benner et al. (2000) der Begriff des Wissens. Unterschieden wird in Anlehnung an Polanyi (1958) zwischen theoretischem und praktischem Wissen. Das praktische Wissen wird als »Know-how« bezeichnet, das theoretische Wissen als »Know-that«, welches wissenschaftlichen Theorien und Begründungen entspricht. Experten verfügen nach Benner über ein hohes Maß an praktischem Wissen, können aber ihr theoretisches Wissen, das ihrer konkreten Handlung zugrunde liegt, kaum noch explizieren.

Diese These ist für Rolfe (1998), der sich kritisch mit Benners Modell der Kompetenzentwicklung auseinandergesetzt und ein eigenes Modell der Pflegepraxis entwickelt hat, sehr problematisch, da sie seiner Überzeugung nach die Gefahr in sich birgt, dass eine Pflegeexpertin sich in ihrem Handeln nur noch auf ihr implizites Wissen stützt und es nicht weiter legitimiert: »she does not have to jusify her decisions because she can not justify her decisions. She just knows that she is always right« (ebd., S. 245, zit. n. Holoch 2002, S. 111). Rolfe beschreibt demgegenüber ein Reflektieren im Handeln.

2.3.2.2 Reflection in action und formelle sowie informelle Theorien: Kompetenzentwicklung in der Pflege nach Rolfe (1998)

Anders als Benner, die zwischen einem Know-how und Know-that unterscheidet, hebt Rolfe die Differenz und Interaktion zwischen formalen und informellen Theorien hervor. Formale Theorien, von ihm verstanden als wissenschaftlich fundierte Theorien, stehen sogenannten informellen Theorien[50] im Sinne von selbst generierten Erklärungen gegenüber. Rolfe beschreibt Pflegepraktiker, die ihr Handeln allein auf formale Theorien aufbauen als »nurse-technicans«, die im Gegensatz zu »nurse-practioners« kein eigenes Wissen entwickeln, sondern nur

---

50 Die von Rolfe erwähnten informellen Theorien erinnern an die von Groeben und Scheele (1982) beschriebene subjektive Theorie. Anders als wissenschaftliche Theorien sind hiernach subjektive Theorien individuell und dienen dem Einzelnen dazu, Bereiche seines Lebens zu erklären. Subjektive Theorien werden nicht intersubjektiv geteilt. Weitere Ähnlichkeiten bestehen zu den Begriffen Deutungsmuster und mentale Modelle. Im Kontext der Pflegeberufe findet sich eine (weitere) Studie zu subjektiven Theorien, die von Renate Schwarz-Govaers (2005) in ihrer Dissertation als Basis für Wissen und Handeln von Pflegenden untersucht wurde. Sie stellt fest: »Während sich die Anfängerinnen häufig zwischen eigenen (subjektiven) Alltagstheorien und den ersten schulisch erlernten wissenschaftlichen oder »objektiven« Theorien entscheiden müssen, befinden sich die Fortgeschrittenen vermehrt im Entscheidungsdruck, also Dilemma zwischen gelernter (objektiver) Theorie und Praxistheorie. Dabei scheint sich unter Druck häufig die Praxistheorie zur eigenen subjektiven Theorie verdichtet zu haben; z.B. wird dem »Helfen-Wollen« zu Beginn der Ausbildung eine große Bedeutung beigemessen, die sich häufig nicht mit dem pflegetheoretischen Ziel der »größtmöglichsten Unabhängigkeit« oder »Selbstpflegekompetenz« in Einklang bringen lässt, aber in der Praxis sich manchmal mit dem »schnellen Arbeiten« deckt.

fremdes, objektiviertes Wissen zur Anwendung bringen. Er unterstreicht, dass die Anwendung formaler Theorien pflegerischen Situationen, die auf eine individuelle Problematik des Patienten und einer Pflegebeziehung aufbauen, nicht gerecht werden können. Gleichwohl sind formale Theorien wichtig, da sie in der konkreten Pflegehandlung das Fundament für selbst generierte, sprich informelle Theorien bilden. Tritt nun eine Pflegekraft in Interaktion mit einem Patienten, dann ist sie zunächst von Theorien geleitet, die sie selbst in vorausgegangenen Begegnungen mit demselben oder anderen Patienten entwickelt oder entwickelt hat. Und es ist dann diese Situation, in der sie ihre bisherigen Vorstellungen der

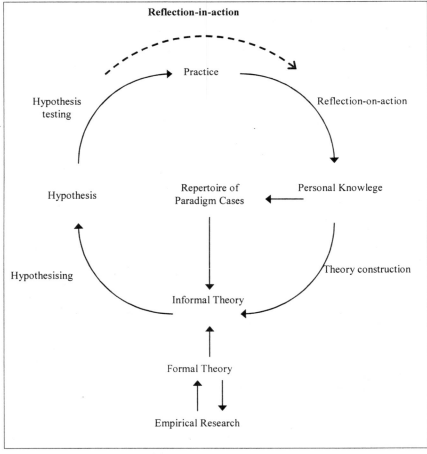

Abbildung 10: Modell der Pflegepraxis nach Rolfe (vgl. Holoch 2002, S. 115)

Situation anpasst und verändert bzw. erweitert. Bisherige Erklärungen und das Verhalten leitende Vorstellungen werden also im Sinne einer Hypothese auf Relevanz geprüft und modifiziert, ein Reflexionsprozess, den Rolfe als »reflection in action« bezeichnet hat. Dennoch entsteht hieraus keine auf jedwede Situation übertragbare Theorie, sondern ein zirkulärer Prozess, der bei jedem Patienten immer wieder neu entwickelt wird. Holoch (2002) hebt hervor, dass informelle Theorien deshalb für Praktiker unersetzlich sind, weil ohne sie jedes Handeln in komplexen und immer wieder neuen Situationen von Zufällen abhängig wäre.

»Informelle Theorien ermöglichen, dass jede neue Situation in einen Sinnzusammenhang gestellt werden kann, damit sie sozusagen eine Angriffsfläche bietet für ihre Bewältigung. Dabei bedient man sich nicht einer Reihe von generalisierten Regeln, sondern eher eines Gesamtplanes oder eines Bildes vorausgegangener, ähnlich verlaufener Situationen. So betrachtet ist Könnerschaft die Fähigkeit, sich auf jede Situation neu einzustellen, seine informellen Theorien auf ihre Relevanz hin zu prüfen und sich bzw. das eigene Handeln dabei kontinuierlich zu verändern« (Holoch 2002, S. 112).

Abbildung 10 (S. 102) stellt diesen Zusammenhang modellhaft dar.

2.3.2.3 Vier Dimensionen pflegerischen Handelns: Pflegekompetenz nach Olbrich (1999)

Eine einschlägige Studie zur Pflegekompetenz im deutschsprachigem Raum findet sich bei Olbrich (1999). Mit der Methode der Grounded Theory entwickelt sie eine Theorie zur Kompetenz und Kompetenzentwicklung in der Pflege. Sie identifiziert mit der Unterscheidung in regelgeleitetes, situativ-beurteilendes, reflektierendes und aktiv-ethisches Handeln von Pflegenden vier Dimensionen pflegerischen Handelns, aus denen sie neben fundiertem pflegerischem und klinischem Fachwissen ausgeprägte Wahrnehmungsfähigkeiten, Sensibilität, Kommunikationsfähigkeiten, (Selbst-)Reflexionsfähigkeiten sowie persönliche Stärke als Kompetenzmerkmale ableitet. Dieses Modell (s. Abb. 8, S. 99) wird nun erläutert. Diesen Kompetenzen liegen die in Abbildung 12 (S. 104) dargestellten Dimensionen pflegerischen Handelns zugrunde.

Regelgeleitetes Handeln – wie es Olbrich erkannt hat – beruht auf Fachwissen, Können und einer sachgerechten Anwendung dieses Wissens. Wenn Pflegepersonen regelgeleitet arbeiten, bedeutet das, dass sie über theoretische Prinzipien Bescheid wissen, auf die sie lehrbuchmäßig und an Standards orientiert zurückgreifen können. Sie arbeiten sach- und fachgerecht, den Regeln der Kunst entsprechend. Inkludiert darin sind Normen, die auf der entsprechenden Einsatzstation gültig sind, und die sie an dem orientieren, was Kolleginnen und Kollegen auch tun würden. Olbrich (2001a) fasst diese Dimension als Antwort auf die Fragen »Was sind die Inhalte der Pflege«? und »Wie werden sie ausgeführt?« auf (ebd., S. 274).

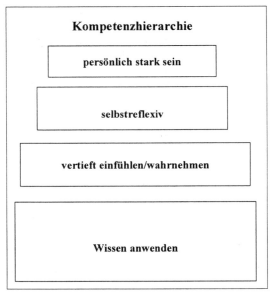

Abbildung 11: Pflegekompetenz nach Olbrich (2001, S. 152)

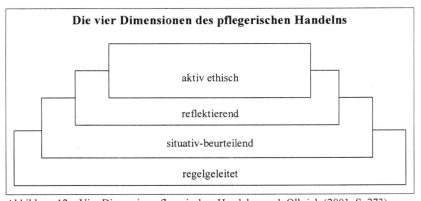

Abbildung 12: Vier Dimension pflegerischen Handelns nach Olbrich (2001, S. 273)

Im *situativ-beurteilenden Handeln* wird die Wahrnehmung und Sensibilität, die auf eine spezifische Pflegesituation ausgerichtet ist, bedeutsam. Dabei wird auf einer Metaebene die Frage reflektiert, was die konkrete pflegerische und/oder ärztliche Intervention für den Patienten in seiner konkreten Situation bedeutet.

Darüber hinaus werden im antizipatorischen Sinne zukünftige Ereignisse ebenso prognostiziert, wie zukünftige Maßnahmen (vor-)geplant werden. Olbrich unterstreicht, dass situativ-beurteilendes Handeln als Berücksichtigung der individuellen und einzigartigen Situation des Patienten in seinem Kontext beschrieben werden kann.

Während des *reflektierenden Handelns* ist nicht nur der Patient Gegenstand der Überlegungen, sondern die eigene Person wird als Subjekt in das Geschehen mit einbezogen. Die eigenen Gefühle im Umgang mit dem Patienten und seiner Situation werden bewusst wahrgenommen und vor dem Hintergrund des beruflichen und/oder persönlichen Menschenbildes eingeordnet. Auf dieser Ebene wird auch nicht von der Subjekt-Objekt Ebene ausgegangen, sondern die Intersubjektivität wird erlebbar. Hierbei bekommt die Kommunikation als Ausdruck der intersubjektiven Beziehung einen wichtigen Stellenwert.

Beim *aktiv-ethischen Handeln* erfolgt die Hilfe für den Patienten auf der Basis einer aktiven Auseinandersetzung mit Wert- und Normvorstellungen. Olbrich macht deutlich, das dieses Handeln zwar nicht immer explizit reflektiert wird, sich aber mitunter in kämpferischen Auseinandersetzungen mit großer emotionaler Beteiligung in einer Art Anwaltsrolle für den Patienten äußert.

> »Ethisches Handeln wird dann notwendig, wenn Werte der PatientInnen oder der Pflegenden nicht beachtet oder verletzt werden, wenn z.b. der Wille des Patienten nicht respektiert wird, wenn die Würde des Menschen missachtet wird, wenn Pflege nicht nach dem jetzigen Wissenstand ausgeführt werden kann oder die Gefühle der Pflegeperson nicht geachtet werden« (ebd. S. 275).

Im Hinblick auf eine mögliche Wertigkeit dieser vier Dimensionen pflegerischen Handelns beschreibt sie eine hierarchische Stufung, in der stets die höhere die jeweils darunter liegende Stufe voraussetzt. Im Hinblick auf die dafür notwendige Kompetenz entwickeln sich die (Fähigkeits-)Stufen, so Olbrich (1999, S. 139), wenn neben der Vermittlung des adäquaten Lehrstoffes das eigene Lernen und Handeln reflektiert wird. »Es ist also die Urteilskraft, der zentrale Bedeutung zur Ausprägung von Kompetenz in einer konkreten Ausführung zur Performanz zukommt« (ebd.). Sie schließt die Lücke zwischen dem allgemeinen, lehrbaren Wissen und dem Können (vgl. ebd.).

Olbrich (1999 und 2001 a und b) stellt ihr Kompetenzmodell in einen systemischen Strukturzusammenhang. Wurde zuvor Kompetenz überwiegend aus der Sicht der Person betrachtet, so beschreibt sie Pflegekompetenz nunmehr im Kontext aller die Pflege beeinflussenden Perspektiven und weist darauf hin, dass Pflegekompetenz nicht nur an ihrer Ausgestaltung sondern auch vor dem Hintergrund ihrer Rahmenbedingungen erkannt und bestimmt werden muss. Diesen Zusammenhang verdeutlicht sie in grafisch (s. Abb. 13, S. 106):

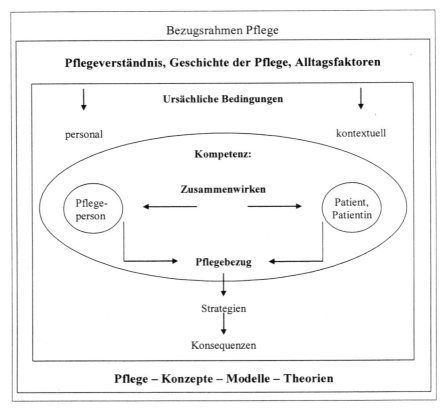

Abbildung 13:   Struktur der Pflegekompetenz nach Olbrich (2001, S. 280)

Die strukturellen Bezüge von Pflegekompetenz differenziert sie in diesem Zusammenhang wie folgt:

- *Die Pflegeperson mit ihren personalen Ressourcen:* Grundsätzlich ist es, wie Olbrich (2001) deutlich macht, jedem Menschen auf der Basis einer anthropologisch fundierten Konstante möglich, Kompetenz zu erwerben. Beeinflusst wird dies sowohl durch berufliche Sozialisationsprozesse, biografisch individuelle Erfahrungen als auch durch kognitive und emotionale Prozesse.
- *Der Kontext mit seinen beeinflussenden und ursächlichen Bedingungen:* Hierunter fallen formelle und informelle Bedingungen des pflegerischen Berufsverständnisses, geprägt aus Geschichte, Tradition, Theorie- und Alltagsfaktoren, sowie rechtliche Rahmenbedingungen von Pflegeleistungen, welche die pflegerischen Befugnisse determinieren.

- *Der Patient einschließlich seines Bezuges zur Pflegeperson:* Im Hinblick auf die transaktionale Dimension von Kompetenz ist der Patient derjenige, der die Anforderung an die spezifische Kompetenz bedingt. Von ihm wird in der jeweiligen Situation definiert, was er an Ressourcen der Pflegeperson braucht. Zweifelsohne ist hierbei auch die Pflegebeziehung von besonderer Bedeutung.

- *Die Prozesse und Strategien:* In der Komplexität beruflicher Anforderungen erscheint Kompetenz nicht als ein statisches Können, sondern muss Olbrich zufolge in ihrer Dynamik sowie den Strategien und Veränderungen begriffen werden, die zur Erreichung von Zielen eingesetzt werden und das individuelle Berufsverständnis zum Ausdruck bringen.

- *Konsequenzen von Kompetenz:* Pflegepersonen bieten aufgrund ihrer umfassenden Kompetenz eine Hilfe für Patienten an, die sich nicht nur auf eine Unterstützung der medizinischen Behandlung erstreckt, sondern den Menschen in all seinen elementaren Lebensbereichen, vom körperlichen Leiden bis hin zur transpersonalen Dimension umfasst.

Mit diesem systemischen Fokus unterstreicht Olbrich, dass Kompetenz eines Menschen bzw. deren Performanz nur vor dem Hintergrund seiner Beziehungen zum Umfeld und dessen beruflichen Rahmenbedingungen gesehen und verstanden werden kann.

2.3.2.4 Von der Pflegekompetenz zum professionellen Pflegehandeln (Weidner 1995)

Ob und inwieweit der Pflegeberuf überhaupt den Status einer Profession erreichen kann, ist umstritten. Dennoch ist Pflege in jedem Fall – so die These von Weidner (1995) – professionalisierbar. In seiner Untersuchung über Voraussetzungen und Perspektiven beruflichen Handelns in der Krankenpflege setzt er denn auch nicht an den klassischen von Hartmann (1968) beschriebenen professionstheoretischen Merkmalen des Wissens und der sozialen Orientierung auf den Ebenen Arbeit, Beruf und Profession an, sondern verknüpft – orientiert an der Patientenorientierung als Paradigma pflegerischen Handelns – Pflege mit der Strukturlogik professionellen Handelns von Oevermann (1978). Professionelles Pflegehandeln ist hiernach ein »personenbezogenes, kommunikatives Handeln verpflichtetes, stellvertretendes und begleitendes Agieren auf der Basis und Anwendung eines relativ abstrakten, ›dem Mann auf der Strasse‹ nicht verfügbaren Sonderwissensbestandes sowie einer praktisch erworbenen hermeneutischen Fähigkeit der Rekonstruktion von Problemen defizitären Handlungssinns in aktuellen und potentiellen Gesundheitsfragen betroffener Individuen« (Weidner 1995, S. 328). Ein derart professionelles pflegerisches Handeln basiert, wie Weidner im Weiteren verdeutlicht, sowohl auf praktisch technischen, klinisch-pragmatischen wie auch auf ethisch-moralischen Kompetenzen des Pflegepraktikers.

Um Pflegende dafür in ihrer Kompetenzentwicklung zu unterstützen, empfiehlt er u.a. folgende Maßnahmen (vgl. ebd., S. 334f.):

- Die Entwicklung eines systematischen Regelwissens im Sinne einer Verwissenschaftlichung der Pflege,
- eine Ausweitung des Handlungs- und Entscheidungsspielraumes der Pflege mit dem Ziel des professionellen Fallverstehens als Grundlage der Beziehung zwischen Patient und Pflegekraft,
- sowie eine Schulung der Pflegenden hinsichtlich ihrer Bewältigungskompetenz.

2.3.2.5   Pflegerische Handlungskompetenz als Begriff und Gegenstand professioneller Sozialisation nach Raven (2006)

Bei Raven (2006) findet sich die Diskussion eines Modells pflegerischer Handlungskompetenz, das gut geeignet ist, anschließend an Weidner die aufgeführten Kompetenzmerkmale in einem neuen Licht von Strukturlogik abzubilden. So gründet seine Kompetenzarchitektur auf zwei Säulen von einander abgrenzbarer Kompetenzfeldern:

- Wissenschaftliche Kompetenz ermöglicht »Theorieverstehen« durch wissenschaftliches Wissen, Reflexions- und Analysefähigkeiten;
- »Fallverstehen« basiert auf hermeneutisch-lebenspraktischer Kompetenz.

Während Theorieverstehen auf das Anwenden berufsfachlichen Wissens fokussiert, ist es das Fallverstehen, welches die Schwester/Pfleger-Patient-Beziehung ermöglicht. Dabei spielen die Grundqualifikationen des Rollenhandelns wie z.B. Empathie und die Fähigkeit zur Perspektivübernahme eine zentrale Rolle. Sofern das Theorieverstehen als notwendige, aber nicht hinreichende Bedingung pflegerischen Handelns angesehen werden kann, rückt im Zusammenhang des Fallverstehens der Patient und die Spezifik seines Autonomiedefizits in den Mittelpunkt der Betrachtung. Das Verstehen des Falles selbst wird zur zentralen Bedeutung für professionelles Pflegehandeln (vgl. Raven 2006, S. 24f.). Eine Entwicklung hin zu diesen Fähigkeiten im Sinne einer voll ausgeprägten pflegerischen Handlungskompetenz erfolgt nach Raven neben einer realitätsnahen, auf Reflexivität angelegten Ausbildung über berufliche Sozialisationsprozesse hin zu einem professionellen Pflegehabitus. Dieser auf Bourdieus Habituskonzept (1974) zurückgehende Begriff bezeichnet hier »das einigende Prinzip, das die je besonderen Lebensäußerungen einer Pflegeperson, ihr Denken, Wahrnehmen, Urteilen und Handeln mit ihrem (pflege-)kulturellen Zusammenhang verbindet« (Raven 2006, S. 27). Entsprechend der wechselseitigen Bedingtheit von Kompetenz und Performanz, so Raven, verschmelzen die beiden Kompetenzfelder im

Prozess einer beruflichen Sozialisation, die sowohl in der Pflegeschule wie der Pflegepraxis Kompetenzentwicklung anregt, zu einer komplexen generativen Grammatik des Pflegehandelns (vgl. ebd.). Abbildung 14 erklärt diesen Zusammenhang.

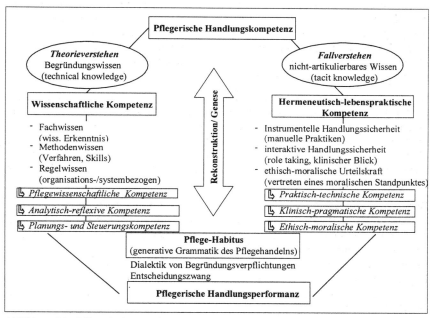

Abbildung 14: Pflegerische Handlungskompetenz (Raven 2006, S. 25)

2.3.2.6 Zusammenfassung, Einordnung und Diskussion der Kompetenzmodelle mit Blick auf das Wesen pflegerischer Handlungskompetenz und die empirische Untersuchung

Schwerpunkt der Kompetenzentwicklung bei Benner ist ein stufenweiser Prozess der Erfahrungsbildung. Während im ersten Stadium Anfänger mit Schulwissen in die Praxis kommen, lernen sie, Wissen in konkreten Situationen anzuwenden, und sind darauf angewiesen, ihr theoretisches Wissen mit dem aus ersten Erfahrungen gelernten zu verknüpfen. Im fortgeschrittenen Stadium beginnen sie, aus der Erfahrung heraus erste Situationen wiederzuerkennen. Als kompetente Praktikerinnen sind sie nach zwei bis drei Jahren Berufserfahrung in der Lage, bekannte Pflegesituationen im Detail zu erkennen, zu planen und ihre Aktivitäten darauf abzustimmen. Noch ist ihr Handeln, so Benner, aber nicht flexibel und differenziert genug, um die Komplexität sich immer wieder verändernder Situationen zu erfassen. Vielmehr ist ihr Handeln noch an Regeln,

Checklisten und Pflegeplänen ausgerichtet, die es kompetent zu erfüllen gilt. Der erste qualitative Sprung findet dann statt, wenn die jetzt erfahrene Praktikerin die Situation nicht mehr fragmentarisch, sondern ganzheitlich wahrnimmt. Und ein weiterer bedeutender Sprung ist durch viel Erfahrung dann entstanden, wenn die Pflegeexpertin durch intuitives Erfassen dessen, was geschieht, handelt. Kesselring (1997) beschreibt dies als meisterhafte Pflegepraxis, in der die Pflegexpertin selber Teil der Situation wird. Dieses Stadium ist gekennzeichnet durch die Fähigkeit, flexibel, flüssig und adäquat auf jede Situation reagieren zu können, und beinhaltet verpflichtendes Engagement, Kreativität und die Bereitschaft, persönliche Risiken einzugehen.

Rolfe grenzt sich von Benners Ansatz insoweit ab, als er davon ausgeht, dass auch Pflegeexperten nicht ohne Denken im Handeln auskommen. Hierbei geht es um ein kritisch reflektierendes Prüfen eigenen und fremden Handelns. Um aber die in seiner Theorie grundgelegten informellen Theorien generieren zu können, ist gleichsam das formale Theoriewissen als wissenschaftliche Basis des Handelns wichtig, und zwar in der Art, dass sie nicht nur gelernt, sondern auch verstanden wurde.

Benner wiederum geht über Rolfes Verständnis informeller Theoriebildung hinaus, wenn sie die Praxis und das Know-how von Pflegeexperten als einen Schatz an noch unerfasstem, verstecktem Wissen und Erfahrungen sieht, welche es systematisch zu entdecken, festzuhalten und im Sinne einer Theorieentwicklung der Pflege weiter zu entwickeln gilt. Auch spricht sie von einer Art informellem Raum, in dem die Pflegenden ein gemeinsames Verständnis aus ihren Erfahrungen im Umgang mit den Patienten und ihren Angehörigen entwickeln (vgl. Benner 1994, S. 29ff.)

Olbrich Verständnis von Kompetenzentwicklung ist vergleichsweise mehr anthropologisch und transaktional bestimmt, indem sie sowohl auf die menschliche Anlage der Kompetenzausbildung als auch auf den persönlichkeitsbildenden Sozialisationsprozess im Austauschprozess zwischen dem Subjekt und seiner gesellschaftlich vermittelten Umwelt abstellt. So hat sie für ihr Kompetenzmodell konsequenterweise einen systemischen Blickwinkel zugrundegelegt, indem sie betont, dass die Kompetenz bzw. die Performanz eines Menschen nur vor dem Hintergrund seiner Beziehungen zur Umwelt verstanden werden kann. Im Hinblick auf die Entwicklung professioneller Pflegekompetenz sieht sie neben der didaktisch korrekten Vermittlung der Unterrichtsinhalte vor allem die Befähigung zur Reflexion und kritischen Urteilskraft. Anders als die anderen Modelle – und im Kontext informellen Lernens und seiner Kompetenzentwicklung besonders bemerkenswert – hat sie speziell die »starke Persönlichkeit« als Merkmal von Pflegekompetenz betont, für die sie vor allem Fähigkeiten von vertiefter Wahrnehmung, Einfühlung und Selbstreflexivität hervorhebt. Derartige Fähigkeiten wurden innerhalb des pflegewissenschaftlichen Diskurses der neunziger Jahre in Deutschland unter dem Begriff der psychosozialen Kompetenz für die Berufsbildung der Pflege eingefordert (vgl. Meifort 1991; Gürtler 1994; Bischoff 1997). Dies umso mehr – wie Badura und Feuerstein (1991) vermuten –, weil der Pflegeberuf als ein typischer Frauenberuf Fähigkeiten wie Einfühlungs- und Kommunikationsvermögen offenbar als geschlechtstypische Merkmale stillschweigend voraussetzt und deshalb nicht als Gegenstand von Ausbildungsprozessen integriert.

Vom Grundsatz her zeigt sich an dieser Stelle aber noch einmal das bildungstheoretische Dilemma des Kompetenzbegriffes. Denn erfordern nicht gerade die hier aufgeführten personalen Kompetenzen Bildungsprozesse, die eine frei entfaltete und starke Persönlichkeit hervorbringen, und lässt sich dies über den Anspruch formulierter Fähigkeitsbündel tatsächlich erreichen? Mit anderen Worten: Verweist der Kompetenzbegriff nicht geradezu auf den Anspruch nach Bildung?

Sowohl in Weidners professionstheoretischem Ansatz als auch in Ravens weiterführendem Ansatz pflegerischer Handlungskompetenz werden zwei grundlegende, nahezu akademische Säulen – das Theorieverstehen als Wissenschaftskompetenz und das Fallverstehen als hermeneutisch-lebenspraktische Kompetenz – konzipiert. Situations- und fallangemessenes Handeln beruhen auf einem Gleichgewicht zwischen diesen beiden Kompetenzen, die Raven deutlich von Fähigkeiten und Fertigkeiten abgrenzt. Kompetenzen werden nach seinem Konzept nicht allein in der Ausbildung, sondern durch praktische Pflegeerfahrungen und berufliche Sozialisationsprozesse erworben. Und dann gilt:

> »Im Verlaufe des Prozesses voll sozialisierte, eigenverantwortlich handelnde Pflegesubjekte wissen ›im eigentlichen Sinne nicht ..., was sie tun, weil das, was sie tun, mehr Sinn aufweist, als sie wissen‹« (Bourdieu 1979, zit. n. Raven 2006, S. 27).

Jedes der hier zweifelsohne idealtypisch dargestellten Kompetenzmodelle setzt zwar unterschiedliche Schwerpunkte, gemeinsam ist jedoch allen der Aspekt von Erfahrung in der Kompetenzentwicklung. Damit wird in allen Ansätzen auch ein informeller (Lern-)Raum, sei es zur Erfahrungsbildung, zur Generierung eigener Theorien oder als Abbild stations- und berufsspezifischer Sichtweisen benannt, der, wenn auch ungleich akzentuiert, als Teil des Prozesses der beschriebenen Kompetenzentwicklung gewertet wird. Übereinstimmend wird zur (professionellen) Kompetenzentwicklung im Sinne von Expertenhandeln ein langer beruflicher und persönlicher Entwicklungsprozess vorausgesetzt. Gleichzeitig wird deutlich, dass Pflegekompetenz gleichermaßen die Kompetenzfelder beinhaltet, wie sie für das Modell beruflicher Handlungskompetenz gegeben sind. Mayer (2001) fasst stichpunktartig die Aspekte pflegerischer Handlungskompetenz zusammen:

- »Manuelles Geschick zum routinierten Durchführen von pflegerischen Tätigkeiten,
- Expertise im jeweiligen Fachgebiet, was bedeutet, wissenschaftlich gesicherte Erkenntnisse situationsgerecht in der Praxis anwenden zu können,
- die Fähigkeit zum selbständigen Problemlösen und zur Zusammenarbeit in der Gruppe,
- die Fähigkeit, über Erfahrungen zu reflektieren und daraus neue Erkenntnisse zu gewinnen,
- die Fähigkeit zur Fürsorge, d.h. die Fähigkeit, sich in den Patienten hineinzufühlen und stellvertretend für ihn zu handeln, ohne ihm seine Autonomie zu nehmen« (ebd., S. 313).

Betrachtet man so die hier dargestellten Kompetenzmerkmale unter der Folie einer beruflichen Handlungskompetenz, dann finden sich ausgeprägte Anforderungen unter dem Aspekt, fachlich-methodischer, sozialer und vor allem personaler Kompetenzen auf der Ebene selbstreflexiver, vertiefter Wahrnehmungsfähigkeiten, gelebter Einstellungen und ethischer Wertvorstellungen. Deutlich wird die besondere zwischenmenschliche Dimension, die als Fähigkeit zur Pflegebeziehung das grundlegende Modell der Handlungskompetenz auf der Persönlichkeitsebene der Pflegenden zusammenführt. Sie ist es, die der Pflegekompetenz das besondere Charakteristikum der menschlichen Subjekt-Subjekt Beziehung verleiht. So ist die pflegerische Interaktion – die, wie in einigen Pflegetheorien diskutiert, durchaus therapeutische Wirkung hat – gerade deshalb für den Patienten so bedeutsam, weil sie auf dem basiert, was eine persönlichmenschliche Beziehung ausmacht: Achtung, Respekt, Verständnis, Aufmerksamkeit, fürsorgendes und wohlwollendes Umgehen miteinander. Und es ist der kompetente Umgang mit diesem Können, was eine professionelle Pflegebeziehung ausmacht, die in der Lage ist, klinisch notwendige Interventionen nicht zur »seelenlosen« instrumentellen Technik, sondern zur menschlichen Handlung von Subjekt zu Subjekt werden zu lassen. So ist es keine zufällige Randbedingung, wie sich der Pflegende dem Patienten nähert. Kirchhof (2006) macht in Anlehnung an Studien zum Zusammenhang von Vernunft, Gefühl und Atmosphäre (Klika/Schubert 2003) deutlich, dass die Haltung, die der Pflegende hat, zwar keine unmittelbare Kausalbedingung für Heilung darstellt, jedoch eine wesentliche Komponente für die gefühlte Gestimmtheit der Atmosphäre und ihren Einfluss auf leib-seelische Vorgänge bereitstellt. Henderson (1977) und später Kesselring (1997) haben Pflege als Kunst bezeichnet, die beim Ursprung des Wortes Kunst nicht nur Wissen, Kenntnis und Können umfasst, sondern auch Weisheit – ein Verständnis, das in der Pflegebeziehung durchaus als etwas Schöpferisches verstanden werden kann. Sicher gehört dazu auch, was Holoch (2002), angelehnt an Rolfe (1996), zusammenfassend für die Pflegekompetenz – auch in ihrem Verhältnis zum potenziellen Nichtwissen und der Notwendigkeit informellen Lernens – implizit verdeutlicht:

»Ohne Nachdenken, Reflektieren und ohne einen offenen-experimentellen Umgang mit Komplexität, wie sie sich im Alltag beruflicher Pflege zeigt, ist professionelle Pflege nicht möglich. Pflegekompetenz umfasst (...) auch die Fähigkeit, sich forschend und (neue) Konzepte generierend im (Berufs-)Alltag zu bewegen (...); das heißt, mit der Einstellung zu handeln, dass es eigentlich keine Gewissheiten gibt und dass Dinge, von denen man annimmt, sie seien gewiss, einem den Blick auf das wirkliche Problem, den tatsächlichen Bedarf eines pflegebedürftigen Menschen, verstellen können (ebd., S. 116).

All das verweist hinsichtlich der Förderung von Kompetenzentwicklung auf die Notwendigkeit einer Aus- und Weiterbildung, die nicht bei der Vermittlung von deklarativem Wissen und prozeduralen Fähigkeiten stehen bleiben kann, sondern einen Beitrag für die Entwicklung eines persönlichkeitswirksamen Habitus Pflegender zu leisten hat, durch den die Ganzheitlichkeit des fürsorgenden Bezuges wirklich möglich wird. Raven (2006) sieht denn auch im Hinblick auf »die Vermittlung des in seiner Strukturierung beschriebenen Pflegehabitus eine für die Pflegepädagogik nicht gering zu gewichtende Herausforderung« (ebd., S. 26). Dies umso mehr, als im berufspädagogischen Diskurs seit langem Einvernehmen darüber besteht, dass der bisherige klassisch fachbezogene und lernzielorientierte Unterricht mit seiner auf Rezeption ausgerichteten Lehr- und Lernform dem Anspruch nach Kompetenzentwicklung deutlich kontraproduktiv gegenübersteht (vgl. ebd.).

Vor diesem Hintergrund fokussiert die gegenwärtige pflegepädagogische Debatte um Kompetenzentwicklung in Pflegeberufen bereits vielfach Ansätze, die einen Wandel von der primär inhaltsorientierten Vermittlungsdidaktik hin zu einer personen- und handlungsorientierten Gestaltung beruflicher Bildungsprozesse anstreben (vgl. Keuchel 2001). Mit methodischen Konzepten der hermeneutischen Fallarbeit (Mayer 2001), dem Situierten Lernen (Holoch 2002), dem Problem-Based Learning (Weber 2004) sowie der Förderung dezentralen Lernens in Modellprojekten (Roes 2004) wird aus pflegepädagogischer Perspektive versucht, ein Lernen zu ermöglichen, das auf dialogischer Ebene Lehrende und Lernende in wechselseitigen Prozessen aktiver Auseinandersetzung mit Lernen und der Gestaltung von Lernbedingungen bringt (vgl. Robert-Bosch Stiftung 2000). So verbindet sich mit dezentralen Lernkonzepten die Hoffnung auf »ein[en] Wandel in der Berufs- und auch in der Pflegeausbildung: die Abkehr von zentralistischen, formal-systematischen Lernstrukturen und eine Hinwendung zu erhöhter Flexibilität, offeneren Strukturen und informellem Lernen. Gruppenlernen, selbst organisiertes Lernen und die Verbindung von intentionalem und erfahrungsgeleitetem Lernen markieren eine arbeits- und betriebsbezogene Erweiterung beruflicher Didaktik« (Görres 2002, S. 22).

Ebenso wird mit den neuen Ausbildungsprinzipien der Fächerintegration und Lernfeldorientierung angestrebt, die fachwissenschaftlichen Inhalte in eine stärkere Beziehung mit der beruflichen Realität zu bringen.

Demgegenüber ist es bemerkenswert, dass, obwohl informelles Lernen immer wieder gerade als Gegenstand arbeitsplatzbezogener Lernprozesse erforscht worden ist (vgl. Dehnbostel 2002; Dehnbostel et al. 2003) und in dieser Dimension – wie oben beschrieben – auch im pflegepädagogischen Diskurs wahrgenommen wird, keine Untersuchungen vorhanden oder solche Forschungsperspektiven aufgemacht worden sind, die den genauen Einfluss und Zusammenhang informellen Lernens auf die Kompetenzentwicklung Pflegender näher untersucht haben. Wie genau sieht der informelle Lernraum aus? Wie verbindet er sich mit der Vermittlung von Wissen und der Entwicklung von Kompetenz? Diese Forschungslücke möchte die folgende Untersuchung schließen und somit einen Beitrag für die weitere wissenschaftliche Fundierung der Frage nach der Kompetenzentwicklung und ihrer Förderung in Pflegeberufen leisten.

3. Empirischer Teil

3.1 Anlage der Studie

3.1.1 Ziel und methodologische Ausrichtung: Der biografisch-abduktive Zugang (Grounded Theory) im Kontext der Rekonstruktion informellen Lernens und Kompetenzentwicklung in der beruflichen Pflege

Vor dem Hintergrund des aufgespannten heuristischen Bezugsrahmens geht es im Folgenden um die empirische Rekonstruktion und Sichtbarmachung informellen Lernens und seiner Strukturen im Hinblick auf den Beitrag zur Kompetenzentwicklung beruflich Pflegender.

Lern- und Bildungsprozesse finden, wie oben dargestellt, immer vor dem Horizont des individuell biografischen Gesamtzusammenhanges von Erfahrungen und Erwartungen der Lernenden statt (vgl. auch Alheit/Dausien 2005). »Sie werden möglich, wenn Lernende neues Wissen und Erkenntnispotenziale in einen bestehenden biografischen Horizont einfügen und diesen damit erweitern und bestehende Erfahrungs- und Deutungsstrukturen überschreiten« (ebd., S. 30). Insoweit liegt es nahe, mit dem Ansatz der qualitativen Biografieforschung (vgl. Marotzki 1996) der Dimension informellen Lernens nachzugehen und hieraus Schlussfolgerungen über mögliche Kompetenzentwicklungsprozesse zu ziehen. Die gewonnenen Ergebnisse der biografischen Interviews basieren hier auf der Forschungslogik der abduktiven Theoriebildung nach Peirce (1991), eingebunden in den methodologischen Rahmen der Grounded Theory von Strauss und Glaser (1967) bzw. Strauss und Corbien (1990). Gegenstand dieses pragmatischen Ansatzes ist nicht das Prüfen einer theoretischen Vorannahme (Deduktion), und er umfasst auch nicht die Variante, aus einem bestimmten Fall allgemein zu schließen (Induktion). Vielmehr soll mit einer bestimmten theoretischen Aufmerksamkeit ein Dialog mit dem Material aufgenommen werden, um in diesem Fall hieraus empirisch fundierte Hypothesen im Form von ausdifferenzierten Schlüsselkategorien zu entwickeln. Insoweit wird Forschung hier nicht als Bestätigung oder Verwerfung vorgefertigter Hypothesen verstanden, sondern als Suche nach neuen Deutungskontexten informellen Lernens in seinem Bezug zur Kompetenzentwicklung im Berufsfeld Pflege. Nachfolgend wird das dahinter liegende Verfahren der Biografieforschung im Zusammenhang der Grounded Theory näher dargestellt und diskutiert.

3.1.1.1 Der biografische Forschungsansatz im Gefüge von informellem Lernen, Kompetenzentwicklung und interpretativen Paradigma

Biografieforschung hat sich insbesondere seit Beginn der neunziger Jahre zu einer starken theoriegenerierenden Forschungstradition, nicht nur in der Erziehungswissenschaft, sondern auch in sozialwissenschaftlichen, soziologischen sowie historischen Forschungszusammenhängen entwickelt und wird dort mit vielfältigen Methoden betrieben (vgl. Krüger/Marotzki 1996). Gemeinsames Anliegen aller, auch so unterschiedlicher Disziplinen ist die Hoffnung, mittels des biografischen Zugangs Einblicke in Kulturen, Milieus, Professionen sowie Alltagswelten zu bekommen, um dort aus der Subjektperspektive erschließen zu können, wie die Akteure ihre soziale Wirklichkeit konstruieren und welche Rahmenbedingen dabei für sie mit welcher Bedeutung wahrgenommen werden. Folgt man Marotzki (1996), dann gewinnt die erziehungswissenschaftliche Biografieforschung als qualitative Bildungsforschung ihren Ort dort, wo sie sich auf individuelle Lern- und Bildungsprozesse bezieht. Von hier aus werden im Folgenden die Bezugslinien zu meiner Studie näher erläutert.

Sowohl im Konzept des informellen Lernens als auch innerhalb der Biografieforschung wird von einem weiten Lernbegriff ausgegangen, der Lernen an die (Lebens-)Erfahrungen der Biografieträger bindet und seine Verankerung in ihren kontextuellen Bezügen hervorhebt (vgl. von Felden 2006). Alheit und Dausien (2002) definieren in diesem Zusammenhang den Lernbegriff »als Transformation von Erfahrung, Wissen und Handlungsstrukturen im lebensgeschichtlichen und lebensweltlichen Zusammenhang« (ebd., S. 574). So kann formales, non-formales und informelles Lernen mit den Mitteln der Biografieforschung aus einer subjektiven Bedeutungszuweisung heraus rekonstruiert werden. Dabei spielt der Aspekt der »Biografizität« (Alheit 1996) eine besondere Rolle. Hiernach verfügen Menschen grundlegend über die Fähigkeit, Erlebnissen, Informationen, Ereignissen und Erfahrungen Sinn und Bedeutung zu geben und damit in einen biografischen Gesamtzusammenhang zu stellen. Insofern Menschen also angeregt werden, über ihr Leben zu erzählen, konstruieren sie eine Biografie, in der sie selbst ihr (Er-)Leben in einen konsistenten Sinnzusammenhang einordnen.

Analog zu der im Zusammenhang erziehungswissenschaftlicher Biografieforschung vielfach aufgeworfenen Frage zur Unterscheidung von Lern- und Bildungsprozessen (vgl. Marotzki 1990) ist im Kontext dieser Arbeit die Frage der analytischen Abgrenzung biografischer Lern- und Kompetenzentwicklungsprozesse zu klären. So wurde oben bereits erläutert, dass (informelle) Lernprozesse nicht per se zur Kompetenzentwicklung führen, sondern hierzu der reflektierten Überführung in Handlungssituationen bedürfen. Insoweit lässt sich immer dann auf Kompetenzentwicklung schließen, wenn Informationen, Erlebnisse und Erfahrungen in zur Problemlösung erfolgreiches Praxishandeln transformiert werden konnten.

Vor diesem Hintergrund ist mit der Rekonstruktion informeller Lernweisen zu untersuchen, inwieweit Kompetenzentwicklungsprozesse ausgelöst worden sind. In jedem Fall bieten biografische Erzählungen über Schul- und Ausbildungszeiten, über Lern- und Arbeitsprozesse vielfältigen Aufschluss über die Frage, unter welchen Bedingungen wie gelernt wird und in welchem Zusammenhang formale und informelle Lernprozesse im Zusammenhang der Kompetenzentwicklung verknüpft sind. So stellt von Felden (2006) fest:

> »In der Rekonstruktion lassen sich durch geeignete Verfahren Verknüpfungsmuster und Faktoren herausarbeiten, die diese ineinandergreifenden Lernprozesse beschreibbar machen. Die Forschung erwirbt unter diesem Aspekt auch Kenntnis darüber, welche unterschiedlichen Wirkungen von institutionellen Organisationen wie der Schule, der Berufsausbildung oder der Weiterbildung ausgehen, wie sich Vorlieben für bestimmte Inhalte entwickeln und welche Rolle Beziehungen zu Personen dabei spielen (Vorbildfunktion, Anerkennungsverhältnisse, Funktion von Bestrafung und Beschämung etc.). Biografische Lernprozesse sind in diesem Sinne angewiesen auf institutionelle Strukturen und lebensweltliche Kontexte« (ebd., S. 229).

Im Zusammenhang der Verortung von Biografieforschung im interpretativen Paradigma ist zudem die Möglichkeit gegeben, nicht nur die Wirklichkeitskonstruktion der Akteure zu erfassen, sondern ebenso die gesellschaftlichen Strukturen. So steht die subjektive Aneignung von Gesellschaft in einen dialektischen Verhältnis zur gesellschaftlichen Konstitution durch Subjektivität (vgl. Rosenthal 2005).

Das zur Erhebung in dieser Studie vorgesehene biografisch-narrative Interview kann als in besonderer Weise geeignet angesehen werden, das Grundverständnis des interpretativen Paradigmas im Sinne einer von gesellschaftlichen Akteuren gedeuteten Wirklichkeit (vgl. Wilson 1981) umzusetzen und die Logik der subjektiven Konstruktionen der Erzähler und Erzählerinnen kennen zu lernen.

3.1.1.2   Das Autobiografisch- narrative Interview als Erhebungsinstrument

Ziel des narrativen Interviews ist die Hervorlockung und Aufrechterhaltung von längeren Erzählungen zu einer bestimmten Thematik, beispielsweise zur eigenen Lebensgeschichte, ohne dass seitens des Interviewers zunächst interveniert wird. Erst in der zweiten Hälfte des Interviews, wenn die erste narrative Phase beendet ist, beginnt der Interviewer, Nachfragen zu dem zu stellen, was für ihn unklar geblieben ist, und auf diesem Weg zu weiteren Erzählungen zu motivieren. In einer anschließenden dritten Phase wird dann zur Erzählung noch nicht erwähnter, den Forscher jedoch interessierender Themen aufgefordert. Das Verhalten des Forschenden ist dabei ganz darauf konzentriert, auf jedwede hypothesengeleitete Datenerhebung zu verzichten und sich ausschließlich an den Relevanzstrukturen der Gesprächspartner und deren alltagsweltlicher Konstruktion zu orientieren. Damit bietet die narrative Gesprächsführung, wie Rosenthal (2005) betont, breitestmöglichen Raum zur Selbstgestaltung der Präsentation eigener Erfahrungen im Hinblick auf das angesprochene Thema bzw. auf ihre Biografie.

Das narrative Interview im Sinne der freien Erzählung eignet sich deshalb so gut für eine rekonstruktive Arbeit, wie sie diese Studie verfolgt, weil – wie Schütze (1977) verdeutlicht – gerade in Erzählungen und nicht etwa in Beschreibungen und Argumentationen die faktische persönliche Erfahrung am deutlichsten im Erleben und Handeln hervorscheint. Darüber hinaus ist der Detaillierungsgrad am höchsten.

Als sozialwissenschaftliche Erhebungsform ist das narrative Interview maßgeblich durch den Bielefelder Soziologen Fritz Schütze (1977) entwickelt und von ihm in den achtziger Jahren für die Biografieforschung weiterentwickelt worden. So schlug er vor, unabhängig vom thematischen Schwerpunkt der Studie zur Erzählung der gesamten Lebensgeschichte zu ermuntern. Damit soll es möglich sein, einzelne Lebensbereiche oder -phasen im Kontext ihrer biografischen Genese zu betrachten (vgl. Rosenthal 2005). Dieser Ansatz wird in dieser Studie aufgegriffen – wenn auch im Zusammenhang des theoretical sampling teilweise thematisch auf berufsbiografische Entwicklungen fokussiert –, da Lernen und Kompetenzentwicklung grundsätzlich als eine narrativ rekonstruierbare biografische Erfahrung zu betrachten sind (vgl. Alheit/Dausien 1996).

3.1.1.3 Grounded Theory als methodologischer Rahmen für den Prozess der Erhebung und Auswertung

Im Mittelpunkt der ursprünglich von Glaser und Strauss (1967)[51] entwickelten Grounded Theory – im Deutschen oft mit gegenstandsveranker ter oder empirisch fundierter Theoriebildung übersetzt – steht heute die sehr enge Verzahnung zwischen Theorieentwicklung und Empirie. Entgegen der innerhalb qualitativer Sozialforschung oftmals üblichen Erhebung aller Daten und anschließender Auswertung beschreiben Glaser und Strauss einen Forschungsprozess, der sich spiralförmig zwischen theoretisch angeleiteter und empirisch gewonnener Theorie hin und her bewegt. Damit steht der Prozess von Datensammlung und Datenanalyse in einem wechselseitigen Verhältnis, wobei am Anfang nicht eine Theorie steht, die bewiesen werden soll, sondern ein Forschungsbereich, dessen Relevanzstrukturen sich erst innerhalb des Forschungsprozesses herausstellen (vgl. Strauss/Corbien 1996).

Dieser Ansatz ist gut vor dem Hintergrund der Entstehungsgeschichte der Grounded Theory zu verstehen. So ist das Konzept der Grounded Theory von seinem Ursprung her als ein radikaler Gegenentwurf zum damaligen, d.h. in den

---

51 In Deutschland erstmalig 1979 in dem von Hopf und Weingarten herausgegebenen Band zur Qualitativen Sozialforschung veröffentlicht.

sechziger Jahren prägenden hypothetico-deduktiven Modell soziologischer Forschung zu begreifen. Hier sah sich die empirische Forschung einzig zu Hand-
langerdiensten zur Überprüfung mehr oder weniger großer Theorien einge-
spannt, die es mittels klein operationalisierter Hypothesen zu verifizieren oder
zu widerlegen galt. Glaser und Strauss erkannten auf der Theorieebene die Gefahr einer zu großen Entfremdung von der Realität und umgekehrt ein ähnliches
Dilemma auf der empirischen Ebene, die ihre Variablen gleichermaßen aus der
Theorie ableitet und damit ebenso wenig an die soziale Wirklichkeit angebunden
ist. So ging es Glaser und Strauss in ihrem Ansatz nicht mehr um die Überprüfung gewonnener Hypothesen, sondern um die Generierung von neuen empirisch begründeten Ideen bis hin zur Theoriebildung direkt aus dem Datenmaterial.
Gleichwohl stellt – wie Kelle (1997) in einer differenzierten Auseinandersetzung mit der Grounded Theory betont – dieser von Glaser und Strauss entwickelte Ansatz in seinen Ursprüngen nicht mehr als eine polemische Streit-
schrift[52] gegen die vorherrschende Forschungsmethodologie dar, wird aber dem
eigenen Anspruch nicht wirklich gerecht, theoretische Konzepte aus dem empirischen Material zu entwickeln. So bleibt vor allem unklar und widersprüchlich,
in welcher Weise der Forscher sein theoretisches Vorwissen ins Spiel bringen
soll, ob es ohne theoretisches Vorwissen überhaupt geht und ob der Anspruch
einer rein induktiven Theoriebildung grundsätzlich möglich sei. Kelle (1997)
macht in diesem Zusammenhang deutlich, dass die Grounded Theory von Anfang an einem »induktivistischen Selbstmißverständnis« zum Opfer gefallen sei,
weil ein solches Vorhaben bei aller Rhetorik gegen das hypothetico-deduktivi-
stische Modell forschungspraktisch nicht umsetzbar sei, ohne »dass der Untersu-
cher im Datenmaterial geradezu ertrinkt« (ebd., S. 32).[53] So ist vielmehr die

---

52 Polemisch wirkte vor allem der in überspitzter marxistischer Form von Glaser und Strauss
    vorgetragene wissenschaftspolitische Ansatz. So sahen sie sich – wie sie schreiben – in
    der Situation, gegenüber einer zunehmend kleineren Anzahl von theoretischen Kapitalis-
    ten als nahezu proletarischer Theoriestern dazu verdammt zu sein, die Arbeit ihrer Lehrer
    zu überprüfen, statt selbst eigenständige Theorien zu entwickeln (vgl. Kelle 1997).

53 Vor diesem Hintergrund hat die Grounded Theory in der Folgezeit mehrere Präzisierun-
    gen und deutliche Veränderungen durch ihre Begründer erfahren, wobei es auch zum
    Bruch zwischen Glaser und Strauss gekommen ist. Zunächst legte Glaser (1978) eine
    weitere Monografie zur theoretischen Sensibilität des Forschers vor, in der er den Begriff
    des »theoretischen Kodierens« einführte, um die Ad-hoc Einführung theoretischer Kon-
    zepte bei der Datenauswertung zu kennzeichnen. Hier entwarf er aber gleichzeitig so vie-
    le neue Vorschläge und Begriffe, dass von einem neuen Konzept der Grounded Theory
    gesprochen werden kann. Strauss (1987) hat mit dem Kodierparadigma diese Vorschläge
    aufgenommen und zusätzlich eine ganze Reihe weiterer Begriffe und Verfahrensvor-
    schläge entwickelt, welche er erst in einem eigenen Lehrbuch im Jahr 1990 in didaktisch
    verbesserter Form mit seiner Mitarbeiterin Juliet Corbin publiziert hat. Glaser wiederum
    hat diesen Ansatz als eine Verwässerung der Grounded Theory bezeichnet und Strauss
    zur Rücknahme aufgefordert. Kelle (1997) sieht in einer Bewertung der Auseinanderset-
    zung den Ansatz von Strauss und Corbin als der Problematik entsprechend hilfreich an,

Notwendigkeit theoretischer Vorannahmen dergestalt zu betonen, dass eine begriffliche Darstellung und Analyse heuristisch leitender Konzepte für die empirisch begründete Theoriebildung von ebenso großer Bedeutung ist, wie die empirische Untersuchung selbst (vgl. ebd.).

In zwischenzeitlich von Strauss (1991) und später von Strauss und Corbien
(1996) vorgelegten Konkretisierungen der Grounded Theory wurde indes die
Anwendung eines heuristisch-analytischen Rahmens explizit formuliert. Anders
als noch in der Arbeit mit Glaser tritt nun die Aufgabe der Theoriekonstruktion
als übergeordnetes Ziel deutlich in den Vordergrund und damit auch die struktu-
rierende Funktion theoretischer Konzepte und Vorannahmen (vgl. Dausien
1996). So gilt es, das Prinzip der Offenheit mit dem der notwendigen Strukturie-
rungsleistung kompatibel zu machen (vgl. ebd.).

Damit wird deutlich, dass dem Konzept der Grounded Theory nunmehr eine abduktive Forschungslogik innewohnt. Dieses ursprünglich auf Charles Peirce
(1974) zurückgehende Verfahren logischer Schlussfolgerung, zielt als sogenannter dritter Weg weder auf Deduktion noch Induktion, sondern im gegenseitigen
Dialog zwischen Theorie und Material auf die Generierung neuen Wissens. Dies
entspricht, wie Kelle (1997) verdeutlicht, keiner mechanisch angewandten In-
duktionslogik noch dem Ergebnis eines kreativen, imaginativen Aktes. Vielmehr
geht es bei der Abduktionslogik darum, mit bisher nicht beobachteten, unbekannten Ereignissen bewährte theoretische Konzepte in Frage und schlussfolgernd in ein neues Licht zu stellen.

Die vorliegende Studie lehnt sich an die Methodologie der Grounded Theory an,
ohne sie im Hinblick auf das übergeordnete Ziel der Generierung einer dicht
konzeptualisierten Theoriebildung zu vollenden. Diese Vorgehensweise, die von
Strauss und Corbin (1996) wie auch hier aus forschungspragmatischen Gründen
für sinnvoll gehalten wird, gilt es, im Sinne der grundlegenden Methodik der
Grounded Theory mittels theoretischer Kodierarbeit so weit zu führen, dass die
Sichtweisen, Interessen und Probleme der Befragten erfasst werden (vgl.
Strauss/Corbien 1996). Dieser Akt sei nachfolgend – zunächst im idealtypischen
Ablauf – näher beschrieben.

3.1.1.4   Das Kodier-Indikator Modell und Kodierparadigma der Grounded
Theory als analytische Instrumente

Der Kern des besonderen Analysestils der Grounded Theory besteht in der sorg-
fältigen und methodengeleiteten Kodierarbeit. Kodieren meint die Zuordnung von
Codes zu bestimmten Phänomenen, womit gleichsam das empirische Material
mit theoretischen Begriffen verknüpft wird. Die Auswahl der Codes und deren

---

Glaser hingegen sei – bei aller Innovation – auf halber Strecke stehengeblieben (vgl. Kelle 1997).

weitere Kategorisierung geschieht nun nicht mehr wie von Strauss und Glaser ursprünglich angestrebt, als nahezu selbsttätiger Prozess, in dem sich Kategorien aus dem Material selbst entwickeln, sondern baut – wie bereits oben erwähnt – auf einen theoretischen und erfahrungsbezogenen Hintergrund im Hinblick auf das Kontextwissen des Forschers auf. So ist es das spezifische Wahrnehmungsschema des Forschers, welches in der Flut der Daten die ordnende und orientierende Perspektive für die Signifikanz von empirischen Phänomen herstellt (vgl. Dausien 1996). Hierbei muss – wie Dausien im Weiteren betont – eine durchaus prekäre Balance gehalten werden zwischen der Gefahr, im Material zu »ertrinken« und dabei die Komplexität zu vervielfachen einerseits, und dem Risiko, den Daten einfach deduktivistisch theoretische Kategorien überzustülpen.

Vor diesem Hintergrund haben Strauss und Corbien (1996) ein Kodierschemata entwickelt, das aus drei aufeinander aufbauenden, wechselseitig aufeinander bezogenen Phasen besteht und den Forschungsprozess beschreibbar macht. Offenes Codieren, axiales Codieren und selektives Codieren, so die Bezeichnungen für die drei Forschungsphasen, sollen nach idealtypischem Muster den Prozess der Datenauswertung mit zunehmender Verdichtung zur Herausbildung einer konzeptionellen Struktur und schließlich zu Generierung einer Theorie mittlerer Reichweite führen. Obwohl alle drei Codierphasen vom Grundsatz als analytisch getrennte Phasen zu verstehen sind, werden sie doch nicht strikt nacheinander getrennt durchgeführt, sondern man wechselt oft zwischen dem offenen und dem axialen Kodieren hin und her, um ausgehend von den Daten und durch Entdeckung der Beziehungen zwischen gefundenen Kategorien eine Theorie entwickeln zu können (vgl. Strauss/Corbien 1996)

Mit dem *offenen Codieren* beginnt der Analyseprozess der Daten. Damit ist eine Phase der ersten Erkundung des Materials eingeleitet, die als Prozess des Aufbrechens, Vergleichens, Konzeptualisierens und Kategorisierens von Daten charakterisiert wird und als solche die Untersuchung eröffnet. Hierzu wird zunächst das Datenmaterial Zeile für Zeile codiert, ohne Rücksicht auf inhaltliche Konsistenz oder eine spätere Theorieperspektive. An Codes können sowohl theoriegeleitete »conceptual codes« als auch natürliche oder sogenannte In-vivo-Codes verwendet werden, also Begriffe, die von den Akteuren selbst benutzt worden sind. Letztere sind nach Strauss besonders gut geeignet, da sie einen unmittelbareren und damit nicht theoretisch verstellten Zugang zu den Sichtweisen der Akteure bieten. Mit diesen Codes wird also einzelnen Ereignissen eine Art Etikett bzw. im Verständnis von Strauss und Corbien (1996) eine konzeptuelle Bezeichnung für Phänomene zugeordnet, das wiederum zum Vergleich mit anderen Phänomen dienen soll. Hilfreich für die Konzeptualisierung und den Vergleich mit anderen Datensegmenten sind Fragen wie beispielsweise: »Worum geht es hier eigentlich? Was wird gesagt oder getan? Sind die Vorstellungen oder Gedanken, Vorgänge in dieser Äußerung konzeptionell dieselben oder andere als in der Zeile oder im Abschnitt zuvor?« (Corbien 2002, S. 61).

Codes können sich auf einzelne Worte, auf Sätze, Abschnitte oder das ganze Dokument beziehen, in jedem Fall sind sie auf Ähnlichkeiten und Unterschiede zu vergleichen. Am Ende dieses Prozesses soll dann eine Liste von Konzepten entstanden sein, die es nun zu kategorisieren gilt. Unter einer Kategorie verstehen Strauss und Corbien (1996) ein unabhängiges begriffliches Element einer Theorie, welches eine Klassifikation von Konzepten ermöglicht. Sobald Konzepte im Vergleich untereinander sich auf ein ähnliches Phänomen beziehen, können sie so unter einem Konzept höherer Ordnung gruppiert und damit als Kategorie klassifiziert werden. Ist erst einmal eine Kategorie herausgearbeitet, geht es im nächsten Schritt um die Dimensionierung der Kategorien, womit Strauss und Corbien die Anordnung von Eigenschaften auf einem Kontinuum beschreiben. So kann z.b. die Eigenschaft für einen Begriff »Beobachten« über folgende Dimensionale Ausprägung verfügen:

Kategorie	Eigenschaften	Dimensionale Ausprägung (pro Ereignis)
Beobachten	Häufigkeit	oft -------------------------------------nie
	Ausmaß	viel------------------------------------wenig
	Intensität	hoch----------------------------------niedrig
	Dauer	lang-----------------------------------kurz

Abbildung 15: Dimensionierung einer Kategorie (Strauss/Corbien 1996, S. 53)

Diese Ausarbeitung gibt, wie Corbien (2002) betont, der Kategorie ihre Besonderheit, erlaubt eine Abgrenzung gegenüber den anderen Kategorien und beschreibt das Wesen der Kategorie.

Zusammenfassend lassen sich damit die Schritte der offenen Codierung mit den eingeführten Begriffen der *Konzeptualisierung, Kategorisierung* und *Dimensionalisierung* beschreiben. Endergebnis der offenen Codierungsphase soll die Bildung einer oder mehrerer Schlüsselkategorien sein, die aus theoretischen Konzepten hervorgegangen sind, da sie das Kernstück der zukünftigen Theorie bilden.

Die nächste Phase, das *axiale Kodieren*, zielt auf die Suche nach Verbindungen und Beziehungen einer Kategorie mit Blick auf deren Gehalt und ihre Eigenschaften, wobei nunmehr die Daten nach dem Prozess des offenen Codierens neu zusammengesetzt werden. Damit soll erreicht werden, dass sich die Datenmenge reduziert, die bisherigen »Rohdaten« auf ein höheres, abstrakteres Niveau transformiert werden und nicht zuletzt auf mehr als einen Fall anwendbar sind. Um diese Beziehungen in der Kategorie auszuloten, dient das sogenannte Codierparadigma als heuristischer Rahmen. Dahinter verbirgt sich ein allgemeines Handlungsmodell, das die Zugehörigkeit einer Kategorie in Bezug auf sechs Klassen untersucht (Strauss/Corbien 1996, S. 76):

1. Phänomene, auf die sich das Handeln richtet.
2. Kausale Bedingungen für diese Phänomene.
3. Eigenschaften des Handlungskontextes.
4. Intervenierende Bedingungen.
5. Handlungs- und Interaktionsstrategien.
6. Deren Konsequenzen.

Die bisherigen Kategorien werden auf diese Fragen hin analysiert und um diese handlungstheoretische Achse herum strukturiert. Am Ende soll möglichst eine Kernkategorie formuliert werden, deren Basis ein dichtes Beziehungsnetz aus Kategorien und deren Eigenschaften umfasst. Mit diesem Prozess wird eine zunehmend abstraktere Ebene erreicht, die jetzt in die Phase des *selektiven Codierens* übergeht. Hier wird das Datenmaterial systematisch auf die Kernkategorie bezogen und solange weiter analysiert. bis möglichst alle Kategorien integriert worden sind und durch die theoretische Sättigung ein vorläufiger Schlusspunkt erreicht ist.

3.1.1.5 Zusammenfassung und Diskussion des methodischen Vorgehens: Das Problem biografischer Erfahrungsaufschichtung und der Sequenzialität in der Grounded Theory

Mit dem Bezug auf den methodischen Rahmen der Grounded Theory ist für die vorliegende Studie ein Ausgangspunkt definiert, der nicht auf die Überprüfung ex ante formulierter Hypothesen, sondern im Gegenteil selbst auf die Generierung theoretischer Annahmen zielt.

Grundlage für die Forschung im Sinne der Grounded Theory ist eine engmaschige Verknüpfung der Phasen von Datenerhebung und Datenanalyse. So findet nach der Analyse eines ersten und geringen Quantums von Datenmaterial bereits eine Auswertung statt, die im Rahmen des theoretical samplings die weitere Materialerhebung steuert.

Wenn auch der Forschungsprozess nicht als theoretisch voraussetzungslos zu verstehen ist, sondern im Gegensatz dazu auf der Ebene des Forschers umso mehr als dessen analytischer Hintergrund fungiert, so ist im Forschungsprozess selbst ausschließlich das Datenmaterial leitend, der Umgang mit Theorien aber eher respektlos (vgl. Hildenbrand 2000). »Theoretische Konzepte, die in einer Untersuchung entwickelt werden, werden im Zuge der Analyse von Daten entdeckt und müssen sich an den Daten bewähren – andere Kriterien gibt es nicht« (ebd., S. 33).

Der Analyseprozess allein entspricht einem ständigen Wechsel zwischen induktiven und deduktiven Verfahren, auf der Ebene der Schlussfolgerung handelt es sich gleichwohl um einen abduktiven Prozess, wie er von dem Pragmatisten

Peirce beschrieben wurde. Hiernach dienen abduktive Schlüsse dazu, eine erklä-
rende Hypothese so zu bilden, dass von einer Folge auf ein vorheriges geschlos-
sen wird. Nichts Ungewöhnliches also, denn Schlüsse dieser Art bilden ein
grundlegendes Prinzip menschlichen Verstehens im Alltag. So verwundert es
nicht, wenn Hildenbrand (2000) mit Peirce sagt: »Erkenntnisse auf der Grundlage abduktiven Schlussfolgerns kommen (...), wie ein Blitz – Gesetz und Anwendung werden gleichzeitig erkannt. Voraussetzung dafür ist die Bereitschaft,
sich von Vorannahmen frei zu machen und unbefangen auf die Daten zu bli-
cken« (ebd., S. 33).

Strauss (1991) hat diese Art der Forschung, in der eine intensive Wechselwirkung zwischen Thema und Forscher zustande kommt in Anlehnung an Dewey
mit einem künstlerischen Prozess gleichgesetzt. Dies bezieht sich jedoch nicht
auf den Anspruch von Objektivität, sondern auf die Beziehung zwischen Forscher und Material im Hinblick auf sein theoretisches Vorverständnis und damit
die Kreativität, mit der der Forscher die Struktur des Materials offenlegt. »Der
Punkt ist tatsächlich der, dass das Potenzial an Aspekten nicht so sehr im Dokument selbst liegt als vielmehr in der Qualität der Beziehung zwischen Datum
und forschenden Geist« (ebd., S. 58).

Resümiert man die dargestellten Positionen, stellt sich methodologisch die Frage
der Angemessenheit dieser Art der Rekonstruktionsmethode. Im Vergleich zu
alternativen Möglichkeiten, z.B. der qualitativen Inhaltsanalyse nach Mayring,
ist die Grounded Theory wesentlicher stärker an den Prinzipien der Offenheit
orientiert und wird der Rekonstruktionsarbeit besser gerecht (vgl. Rosenthal
2005). So erfolgt bei der Grounded Theory im Gegensatz zum Verfahren der
qualitativen Inhaltsanalyse keine Konzentration auf einen mehr oder weniger
manifesten Inhalt eines Textes und dessen Bearbeitung nach vorab definierten
Kategorien, sondern es werden Kategorien erst im Forschungsprozess gebildet
und dabei auch der latente Gehalt eines Textes in seinem Bedingungsgefüge
analysiert. Demgegenüber, und hierauf machen verschiedene Forscher eindring-
lich aufmerksam, wird die Grounded Theory den Anforderungen an das Prinzip
der Sequenzialität nicht gerecht, was gerade im Zusammenhang der Biografieforschung sehr problematisch ist (vgl. Dausien 1996; Ludwig 2002; Rosenthal
2005).

Biografien verfügen, wie Dausien (1996) sehr anschaulich darstellt, im Hinblick
auf ihre narrative Konstruktion und deren Eigenlogik über eine komplexe
Gestalthaftigkeit. Analog zur Gestalttheorie ist daher auch eine Biografie mehr
als die Summe ihrer Teile, gleichsam ein Film, der auch in seinem Gehalt mehr
ist als die Summe aneinandergefügter Einzelsequenzen. Insoweit kann eine biografische Sequenz in ihrem Gehalt immer nur vor dem Hintergrund der gesamten Lebensgeschichte verstanden werden. Mit anderen Worten: Welche Themen
für den Erzähler warum und wie relevant werden, erschließt sich immer erst,

wenn die Struktur der Biografie in ihrer gesamten Gestalthaftigkeit erschlossen werden kann, ein Prozess der im Analyseverfahren der Grounded Theory nicht prinzipiell angelegt ist. Im Gegenteil: Man begibt sich, wie Rosenthal (2005) betont, sowohl beim offenen Codieren, noch stärker aber beim axialen Codieren, in die Gefahr der vorschnellen Zerstörung eines Textes und hier der Gestalt einer biografischen Erzählung.

Zur Lösung dieser Problematik, für die Rosenthal einen zusätzlichen Auswertungsschritt zur Rekonstruktion der sequenziellen Gestalt des Gesamttextes empfiehlt, soll hier in Anlehnung an Ludwig (2000) vor der offenen Codierung der von Bohnsack entwickelte Arbeitsschritt der »formulierenden Interpretation« als erlebnismäßiger Nachvollzug gesetzt werden. Dabei geht es darum, mit einer entsprechend paraphrasierenden Wiedergabe und Zusammenfassung der biografischen Erzählung aus der Perspektive eines Dritten die Sequenzen im Sinne des Ganzen zu ordnen und damit die thematische Struktur des Datenmaterials herzustellen. Hierbei wird der Nachfrageteil des Interviews in Beziehung zur Narration gesetzt und damit im Ergebnis der Gesamtgehalt des Interviews abgebildet.

3.1.2   Dokumentation des Untersuchungsprozesses

Um intersubjektiv überprüfbar und kritisierbar zu sein, ist im Rahmen empirischer Forschung Rechenschaft und Transparenz über den beschrittenen Untersuchungsweg abzulegen. Für diesen Schritt sind in Anlehnung an die einzelnen Stationen qualitativer Sozialforschung folgende Themenkomplexe abzubilden (vgl. Flick 1991):

• die Annäherung an das Forschungsfeld,
• die Methoden zur Datensammlung,
• die Fixierung der Daten sowie
• die Interpretationsarbeit.

Mit der Darlegung des heuristisch-begrifflichen Bezugsrahmens sowie der Reflexion zum Stand entsprechender Forschung wurde bereits eine ausführliche Annäherung an das Forschungsfeld gezeichnet und das gewählte methodologische Vorgehen durchsichtig gemacht wie auch begründet. In der folgenden Darstellung soll daher der Schwerpunkt auf der Darstellung des Prozesses der Datenerhebung und der Datenanalyse liegen. Hierzu wird nach einer theoretisch reflektierten Beschreibung des Prozessgeschehens die Codier- und Interpretationsarbeit an einem Interview exemplarisch abgebildet.

3.1.2.1   Die empirische Basis: Datenerhebung und Theoretical Sampling

Die Datenbasis der hier vorliegenden explorativen Studie besteht aus insgesamt vierzehn narrativen Interviews, die im Zeitraum von 2003-2006 durchgeführt wurden. Bei acht Personen (4 weiblich, 4 männlich) handelt es sich um Pflegende der »großen Krankenpflege« oder Altenpflege mit langjähriger Berufserfahrung und wenigstens einer abgeschlossenen (Fach-)Weiterbildung in der Intensivpflege, Rettungsassistenz oder Praxisanleitung, womit eine breite Erfahrung auf der Ebene von Aus- und Weiterbildung sichergestellt wurde. Bei drei weiteren Personen (weiblich) handelt es sich um vermittlungswissenschaftlich orientierte Berufe der Pflegepädagogik, die als Lehrerin an einer Krankenpflegeschule, Dozentin oder Leiterin an einer Weiterbildungseinrichtung für Gesundheits- und Pflegeberufe tätig sind. Sie verfügen neben einer Ausbildung als Krankenschwester und längerer Berufstätigkeit über ein Fachhochschulstudium im Feld der Berufspädagogik Pflege bzw. über ein Universitätsstudium im Feld der Erziehungswissenschaft und Sozialwissenschaft. Darüber hinaus interviewt wurden kontrastierend angrenzende Berufe aus dem medizinisch-therapeutischen Arbeitsfeld, und zwar ein Arzt und eine Psychologin, die als Psychotherapeutin u.a. in der Kinder- und Jugendpsychiatrie über eine langjährige klinische Praxis verfügt. Weiter ist ein Interview mit mir persönlich in dieses Sample eingeflossen, welches ich vor dem Hintergrund der Bewusstmachung und Reflexion der eigenen Vorannahmen im Hinblick auf meinen ausgeprägten berufsbiografischen Zugang zum Forschungsfeld zu Beginn der Untersuchungsphase habe durchführen lassen, und welches damit zur Grundlage für den Forschungsprozess wurde. Wenn auch ein solches Aufscheinen des Forscher-Subjekts im Erkenntnisprozess, wie Breuer (1996) betont, zumindest vom nomothetischen Wissenschaftsideal deshalb höchst ungern gesehen wird, weil man damit gleich eine Fehlerquelle im Sinne des Risikos »tendenziöser Forschung« assoziiert, entspricht es umso mehr dem Ansatz der Grounded Theory, hier für Transparenz zu sorgen. Diese sieht im unterdrückten Kontextwissen eine viel größere Gefahr subtilen Einflusses als in einem bewusst reflexiven Umgang mit eigenen Erfahrungen, die eine analytische Distanz herstellen und das theoretical Sampling leiten (vgl. Strauss 1998). Dieser für die empirische Forschung noch provokative Ansatz wird in der heutigen Sichtweise qualitativer Sozialforschung zunehmend geteilt.

> »Es kann eben nicht darum gehen, einer Erfassung der sozialen Realität in Kategorien des Forschers eine reine Rekonstruktion der Sichtweisen der Handelnden entgegen zu stellen: Es ist immer nur möglich, die Kategorien anderer Personen auf der Basis der eigenen Kategorien zu verstehen« (Meinefeld 2000, S. 271).

Grundlegend leitend für die Auswahl der Protagonisten war das Prinzip des »theoretical sampling« der Grounded Theory, nach dem auf einer analytischen Basis von Interview zu Interview entschieden wird, welche Daten als nächste zu

erheben sind. Damit soll gewährleistet werden, dass der Prozess der Datenerhebung durch den Prozess der Theorie- oder Hypothesenentwicklung kontrol-
liert wird (vgl. Strauss 1994). Mit dem hier vorliegenden Sample wurde eine das
Berufsbild der Gesundheits- und Krankenpflege sehr breit umfassende Populati-
on erreicht, die immer wieder untereinander durch verschiedene Fachbereiche
und Ausbildungswege kontrastierend untersucht und mit eng kooperierend angrenzenden Berufen verglichen wurde. Die Auswahl der einzelnen Interview-
partner erfolgte zum großen Teil auf Empfehlung und Vermittlung, zum anderen
nach dem Zufallsprinzip, indem ich die Gelegenheit der Durchführung von Seminaren im Feld der Pflegeberufe genutzt habe, nach »Interessenten« für ein
entsprechendes Interview zu fragen.

Art und Ansatz der narrativen Interviews haben sich mit Blick auf den Forschungsprozess im theoretical sampling durch unterschiedliche Fokussierungen
verändert. So wurden anfänglich, d.h. mit den ersten neun Befragten Protagonisten, schwerpunktmäßig biografisch-narrative Interviews erhoben, die mit der
folgenden so oder so ähnlich gestellten Initialfrage begonnen wurden:

»Sie arbeiten schon lange im Feld der Pflegeberufe und haben hierfür entsprechende Aus- und Weiterbildungen gemacht. Mich interessiert, wie Sie sich die Entwicklung Ihrer beruflichen Fähigkeiten erklären. Wie und wo haben Sie das, was Sie für Ihren Beruf an speziell erforderlichen Kenntnissen, an Wissen, an Fähigkeiten, an Einstellungen brauchen, erworben? Gibt es Zusammenhänge zu Ihrer Lebensgeschichte, bevor Sie sich entschlossen, in den Pflegeberuf einzutreten? Wie stellt sich Ihr Leben heute dar und gibt es möglicherweise Einflüsse auf den Pflegeberuf und Ihr Können dort? – Das waren nun ziemlich viele Fragen auf einmal. Beginnen Sie doch einfach – frei von der Leber weg – mit den Aspekten, die Ihnen spontan dazu einfallen«.

Abbildung 16:   Initialfrage der (biografisch-)narrativen Interviews

In den späteren Interviews erfolgte mit Blick auf eine gewisse theoretische Sättigung der biografischen Dimension eine stärkere Fokussierung auf informelle
Lernprozesse in der Lebens- und Arbeitswelt. Hierzu wurde mein Interesse gerade am informellen Lernen von Beginn an transparent gemacht und entsprechend begrifflich erläutert. Ziel war es, den konkreten Abläufen und Bedingungen informellen Lernens und ihrem Einfluss auf die Kompetenzentwicklung aus
der Subjektperspektive stärker auf die Spur zu kommen. Initial für dieses Gespräch war – neben einer ausführlichen Erläuterung zum Anliegen der Untersuchung und seiner begrifflichen Klärung – die Frage nach dem, was die Protago-
nistin oder der Protagonist glaubt, in seinem Berufe ganz besonders gut zu können (Kernkompetenz) und wie sie oder er sich die Genese gerade dieser Fähigkeiten erklärt.

Die Interviews fanden überwiegend in den Privatwohnungen der Beteiligten
statt, vereinzelt in meinem Büro in der Universität oder auch am Ende eines Se-

minars in einem Besprechungsraum des dortigen Seminarzentrums. Die Interviews dauerten im Durchschnitt 60-90 Minuten und wurden auf Tonband mitgeschnitten. Alle Interviews wurden vollständig transkribiert.[54]

3.1.2.2 Codierung und Auswertungsschritte der Analyse

Sofern mit der Methodologie der Grounded Theory nicht der Anspruch einer konsequent datenverankerten Theoriebildung verfolgt wird, sondern demgegenüber die Generierung von Hypothesen im Vordergrund steht, ist den Empfehlungen von Strauss und Corbien (1996) zufolge eine nicht allzu ausgedehnte Codierarbeit zu leisten, die in der Lage ist, ein konzeptionelles (Ein-)Ordnen der Sichtweisen der Akteure im Untersuchungsbereich zu gewährleisten. Vor dem Hintergrund genau dieser Ambition wurde für den analytischen Vorgang der vorliegenden Untersuchung ein systematisches, aber vereinfachtes Verfahren entsprechend dem Konzept-Indikator Modell der Grounded Theory gewählt. So fanden nach dem Arbeitsschritt der formulierenden Interpretation alle Codierschritte der einzelnen Phasen sowie Vergleiche der Interviews und entwickelten Kategorien untereinander im Rahmen eines theoretical samplings Anwendung, jedoch wurde auf eine ausführliche Dimensionierung der einzelnen Codes und die auszudifferenzierende Beziehungsklärung der einzelnen Kategorien und Subkategorien untereinander verzichtet. Dennoch wird damit eine in den Daten verankerte vorläufige Interpretation des Gegenstandsbereiches angestrebt. Im Einzelnen lassen sich die dahinter stehenden (tatsächlich erfolgten) vier Vorgänge wie in Abbildung 17 zusammenfassen:

1. Offene Kodie- rung:	• Entwicklung von Konzepten und deren Vergleich • Bildung von Schlüsselkategorien
2. Axiale Kodie- rung:	• Analyse der Schlüsselkategorien im Hinblick auf ihre Bedingungen, gemäß dem Kodierparadigma
3. Theoretical sampling:	• Kontrastierung bisheriger Kategorien durch Neuerhebung von Interviews
4. Selektive Ko- dierung:	• sukzessive Integration von Konzepten in die Schlüsselkategorien mit entsprechender Selektion von nicht weiter tragfähigen Schlüsselkategorien

Abbildung 17: Auswertungsschritte der Studie

Aus diesem Prozess heraus wird abschließend ein die entwickelten und konzeptionell ausdifferenzierten Schlüsselkategorien zusammenfassender Forschungsbericht – dem Anliegen der Grounded Theory entsprechend – theoretisch und grafisch kreativ gestaltet.

---

54 Die vollständig transkribierten sowie kodierten Interviews sind der Dissertationsschrift in einem zweiten und dritten Band zur Einsicht beigelegt.

Um diesen Vorgang transparent zu gestalten und kritisierbar zu machen, wird im Folgenden der Prozess der offenen und axialen Codierung an einem exemplarischen Interviewausschnitt beispielhaft dargestellt:

3.1.2.3 Datenauswertung am Beispiel eines exemplarischen Interviewabschnitts

Das Interview mit dem Krankenpfleger Hans Klinger[55] wird nachfolgend für den Ausschnitt des Narrativen Teils als Zusammenfassende Formulierung dargestellt. Damit soll die Gesamtgestalt des Interviewsegments für einen fiktiven Gesprächspartner auf der Ebene alltäglichen Verstehens und vor dem Hintergrund der hier zugrunde liegenden Form der Codierarbeit verstehbar nachgezeichnet werden. Die in der formulierenden Zusammenfassung identifizierten Themen werden dazu im Fettdruck kenntlich gemacht.

Hans Klinger, 36 Jahre alt, verheiratet, 1 Kind, arbeitet als ausgebildeter Fachkrankenpfleger für Intensivpflege in einem Krankenhaus der Schwerpunktversorgung in Süddeutschland. Zum Zeitpunkt des Interviews hat er gerade an einer pädagogischen Weiterbildung teilgenommen und sich damit als Praxisanleiter für seinen Einsatzbereich qualifiziert. Zum Interview hat er sich aus einer Reihe von Kollegen und Kolleginnen spontan bereit erklärt.

3.1.2.3.1 Formulierende Interpretation

Hans Klinger beginnt mit einer Erläuterung, dass die Krankenpflegeausbildung bereits seine zweite Ausbildung ist, die er abgeschlossen hat. So habe er zunächst eine Fotografenlehre durchlaufen und dann festgestellt, dass es dort schwierig ist »regelmäßig einigermaßen vernünftiges Geld zu verdienen« (18). Diese *Erfahrung* motivierte ihn nach der Ausbildung, weiter zur Schule zu gehen, die er dann mit dem Fachabitur abgeschlossen hat. Zunächst habe er nun *nicht gewusst*, was genau er mit diesem Schulabschluss jetzt machen will, sich dann aber – wie er unterstreicht – nach einer drei- bis viermonatigen *Orientierungszeit*, in deren Verlauf er zwei bis drei *Alternativen geprüft* und sich durch das Arbeitsamt *hat beraten lassen*, für die Krankenpflege entschieden. Dieser Beruf sei ihm im Hinblick auf den Beruf seiner Mutter als Krankenschwester bekannt gewesen, wenn auch seine *Entscheidung* – so glaubt er – damit nicht direkt in *Verbindung* steht. Leitend für diese Berufswahl sei vielmehr der Aspekt der Sicherheit und die Tatsache, dass er sofort eine Ausbildung beginnen konnte. Im Nachhinein komme ihm diese Entscheidung trotz seines damaligen Alters von 25 Jahren zwar etwas »blauäugig« (29) vor, jedoch sei er nicht enttäuscht worden. Im Gegenteil habe er die Ausbildung in *sehr guter Erinnerung*, dies vor allem deshalb, weil er *als Erwachsener behandelt* wurde. In einem recht kleinem Krankenhaus ausgebildet, lernt er auch den Funktionsbereich kennen und

---

55 Alle Namen von Befragten wurden anonymisiert.

es wird ihm schnell klar, dass er sich im »Intensivbereich *ausprobieren* möchte« (37) und dort später auch arbeiten will. Die hierfür notwendige Voraussetzung der eineinhalbjährigen allgemeinstationären Berufserfahrung akzeptiert er nicht und setzt sich am Ende gegenüber der Pflegedienstleitung durch – nicht zuletzt, weil der Bedarf durch Neugründungen von zwei Intensivstationen im Haus ihm zu Hilfe kommt. Nach kurzer Zeit sei ihm klar geworden, dass er mit seiner Entscheidung *instinktiv das für sich richtige* gemacht hat. Auch jetzt noch findet er diesen *Sonderweg* richtig. So kann er mit seiner nun langjährigen Erfahrung nicht erkennen, dass Leute, die länger auf einer Normalstation gearbeitet haben, irgendwelche Vorteile haben. Aber er weiß auch um die Diskussion zu diesem Thema und sieht es als seine persönliche Meinung. Zur Fachausbildung wechselt an eine Universitätsklinik und beginnt dort eine zweijährige Weiterbildung, die er genau wie seine Ausbildung äußerst positiv in Erinnerung hat. Dies insbesondere deshalb, weil dort professionell mit Mentoren gearbeitet wird und die *Theorie sehr anspruchsvoll* ist. Auch wenn diese Zeit für ihn sehr anstrengend und im Hinblick auf manche Themen *nicht sofort einsichtig* war, so hat doch alles *im nachhinein seinen Sinn* gehabt und sich gelohnt. Trotzdem habe er von seiner *Lernstruktur* her das Gefühl, dass die *praktischen Einsätze der wichtigste Teil* sind.

> »Dass das, was man dort gelernt hat, so auch sehr *verinnerlicht* werden konnte, *noch präsent* ist, selbst nach einigen Jahren und im Alltag integriert werden konnte. Und alleine halt in Y jetzt bei der Weiterbildung, die vier verschiedenen Stationen haben einen schon *sehr, sehr weit gebracht*, weil dann halt jeweils andere Schwerpunkte gesehen werden. Überall werden bestimmte Punkte ignoriert, die woanders sehr wichtig sind, und das letztendlich hat was recht *ganzheitliches* aus meiner Weiterbildung gemacht« (61-67).

Die Anforderungen im Beruf haben ihn sehr herausgefordert, *der Beruf hat eine Menge mit ihm gemacht,* ganz besonders der Schichtdienst und die *Stressfaktoren auf der Station,* deren Abbau und Bearbeitung er *lernen muss.* Demgegenüber gefällt ihm die *zwischenmenschliche Arbeit* mit Patienten und Angehörigen. *Verändert* habe ihn da besonders die Intensivstation, auf der es überwiegend um Begleitung geht und in der er lernen musste *mit der Problematik umzugehen,* »dass Sterben auf der Intensivstation etwas **normales** ist« (81-82).

3.1.2.3.2 Offene Codierung

Gegenstand dieses Arbeitsschritts ist nun der inhaltliche »Aufbruch« der Rohdaten mit den innerhalb der formulierenden Zusammenfassung erkundeten Themen sowie, im weiteren Prozess, deren Konzeptualisierung. Dabei geht es, dem Verfahren der Grounded Theory entsprechend, noch nicht um einen Theoriebezug, sondern ausschließlich um die im Datenmaterial vorhandenen Vorfälle, Ideen, Phänomene oder Ereignisse, die es nicht nur deskriptiv zu beschreiben, sondern in ihrem Zusammenhang begrifflich zu benennen gilt. »Das Ziel dabei ist, Konzepte zu entwickeln, die den Daten angemessen erscheinen« (Strauss 1991, S. 58). Hieraus sollen dann im nächsten Schritt – im Vergleich mit den anderen Konzepten – eine oder mehrere Schlüsselkategorien unter dem Aspekt einer Theorieperspektive, d.h. mit einem analytisch verwendbaren Code generiert werden.

Zunächst folgt also eine Darstellung der entwickelten Konzepte in der Chronologie der Erzählung. Hierbei sind die Indikatoren (Ereignisse, Verhaltensweisen, Bedingungen) innerhalb der Konzepte kenntlich gemacht.

1. Orientierungssuche: »Die richtige Entscheidung treffen«
   Hans Klinger beginnt seine Schilderung mit dem Hinweis auf seine bereits zweite Ausbildung und markiert damit bereits ein Stück *Lebenserfahrung* als *Ausgangspunkt* für die Aufnahme der Pflegeausbildung. Augenscheinlichster Moment dieser Lebenserfahrung ist der *Bruch* mit der ursprünglich eingeschlagenen Fotografenlaufbahn, nachdem er die finanziell-existenzielle Problematik dieses Berufes spürt. Während er diesen Ausstieg zunächst mit einem weiteren Schulbesuch gestaltet, stellt sich für ihn nach dem Fachabitur die Frage umso dringlicher: »Was machst Du damit? Gehst du in ein Studium, was jetzt die Sachen Fachabitur und Fotografie verbindet? Oder versuchst du eine *Alternative*, etwas ganz *neues aufzubauen*?« (20-22). Die Suche nach Orientierung und damit die Frage »was will ich eigentlich«, für die er sich drei bis vier Monate Zeit nimmt, geht er im Sinne einer recht *systematischen Entscheidungsfindung* an. So prüft er Alternativen, lässt sich durch das Arbeitsamt beraten und entscheidet dann. Leitend für den Pflegeberuf sind die Aspekte Sicherheit und keine Wartezeit auf die Ausbildung, womit er einerseits an seine *Erfahrung* im Fotografenberuf *anschließt* und anderseits deutlich macht, dass er sofort beginnen will, etwas Neues zu machen. Einen Einfluss seiner Mutter mit Blick auf ihren Beruf als Krankenschwester schließt er von selbst aus, worin sich möglicherweise auch der Wunsch nach einer *autonomen Entscheidung* ausdrückt. Auch wenn er den Weg seiner Entscheidung später, wie er deutlich macht für seine damals 25 Jahre für unangemessen blauäugig hält, so war die Entscheidung für ihn richtig. »Ich bin aber nicht enttäuscht worden, sondern habe die Ausbildung eigentlich in sehr positiver Erinnerung. Bin als Erwachsener behandelt worden, der halt eine Ausbildung macht« (29-31). Von außen sieht dies so aus, dass er sich mit seiner Entscheidung sich selbst ernst genommen hat und daher von anderen gleichermaßen ernst genommen wurde.
2. Entscheidungsfindung: »Das für sich Richtige instinktiv tun«
   Innerhalb seiner Ausbildung kommt Hans Klinger in Berührung mit der Intensivpflege. Schnell ist ihm klar, dass er sich hier *ausprobieren* möchte, und er *setzt* – zunächst gegen Widerstand seiner Vorgesetzten – eine Tätigkeit dort direkt nach der Ausbildung *durch*. Er ist *für sich* und sein *Interesse*

eingetreten und erkennt schnell: Ich habe instinktiv das Richtige getan. Was hier die Sprache der Durchsetzung oder den *»Kampf« für den eigenen Weg* spricht, beinhaltet auch noch eine andere Lesart: Spontan *»aus dem Bauch heraus«* entscheiden und ausprobieren ob es *trägt*. Beide Seiten sind in den Worten von Hans Klinger zu finden.

3. Reflexive Bilanz: »Alles hat im Nachhinein seinen Sinn gehabt und sich gelohnt«

Auch wenn Hans Klinger in seiner Aus- und Weiterbildung nicht immer den Eindruck hatte, von Theorie profitiert zu haben, so bilanziert er retrospektiv, dass alles *seinen Sinn gehabt* und entsprechend *gefruchtet* hat. Dies lässt darauf schließen, dass er mit zunehmender Erfahrung in seinem Beruf gemerkt und gelernt hat, wie sehr er doch etwas mit Theorie bzw. dem damit verknüpften Wissen anfangen kann. Offensichtlich braucht dieser *Erfahrungsprozess Zeit*. Demgegenüber unterstreicht er – *reflexiv* mit Begründung auf seine Lernstruktur – die wesentliche Bedeutung der Praxis, was gleichzeitig einen Hinweis dafür beinhaltet, dass es auch andere Lerntypen gibt, denen möglicherweise Theorie, vielleicht sogar entgegen der Praxis, näher liegt.

4. Erlebnisdichte Praxis: »Die praktischen Einsätze sind der wichtigste Teil«

Praxis ist für Hans Klinger deshalb der wichtigste Teil der Ausbildung, weil das, was dort erfahren und gelernt wird, so *verinnerlicht* wird, dass es eine sehr *nachhaltige Wirkung* hat und nach Jahren noch **präsent** ist. Insbesondere die Rotation zwischen verschiedenen praktischen Einsatzgebieten hat ihn mit *unterschiedlichen Schwerpunkten konfrontiert* und schließlich, wie er sagt, etwas »sehr *Ganzheitliches* aus meiner Ausbildung gemacht« (67). Er lernte also in den verschiedenen Einsatzgebieten, sich mit jeweils anderen *Arbeits- und Sichtweisen* auseinandersetzen zu müssen und diese in sein Handeln zu *integrieren*. Und es sind gerade diese Erfahrungen, die ihn, seinen Aussagen entsprechend, »sehr, sehr weit gebracht haben«. Anders als Theorie lebt die Praxis offensichtlich von *lebendigen Eindrücken*, welche die Person mit ihrem *Hintergrund zu verknüpfen* sucht. Im Ergebnis entsteht eine hohe *Erlebens- und Erfahrungsdichte* mit Langzeitwirkung und Potenzialen zur *Übertragung* in andere Einsatzbereiche.

5. Der Beruf als Lern- und Entwicklungsfeld: »Der Beruf hat eine Menge aus mir gemacht«

Die *Anforderungen*, mit den sich Hans Klinger im Beruf täglich auseinander setzen muss, haben, wie er sagt, *etwas mit ihm gemacht*. Was das genau ist, beschreibt er zunächst als *Herausforderung*, immer wieder *zu lernen*, mit den Arbeitszeiten und den Stressbedingungen im Einsatzbereich *zurecht zu kommen. Verändert* und damit *weiterentwickelt* hat sich für ihn auch der Kontakt in der Begleitung von Patienten und Angehörigen. Insbesondere die Problematik des Sterbens erlebt er auf der Intensivstation täglich und ist damit herausgefordert, dies, seinen Worten entsprechend, für normal zu halten.

Betrachtet man alleine diese geschilderten Arbeitsanforderungen unter dem Gesichtspunkt eines *Lern- und Entwicklungsfeldes*, dann werden hier große *Ansprüche an die Persönlichkeit* gestellt, deren Ergebnisse aber auch *zunehmende menschliche Reife* bieten. Es ist gerade dieser *Prozess*, den Hans Klinger als *nachträgliche Veränderung* seiner vorherigen *Einstellung* beschreibt.

Für den weiteren Weg der aus diesen Konzepten zu generierenden Schlüsselkategorien als einem analytisch theoriefähigen Code empfehlen Strauss und Corbien (1996), entweder die Konzepte untereinander auf Ähnlichkeiten hin zu vergleichen oder einen Schritt zurückzutreten und sich zu fragen: »Worum scheint es dort genau zu gehen?« Beide Methoden sollten zu denselben Ergebnis führen und damit helfen, die bisherigen Daten sowohl zu minimieren als auch hinsichtlich des Abstraktionsgrades auf ein höheres Niveau zu bringen, sodass sie auf mehr als nur einen Fall anwendbar sind.

Für die vorliegende Bearbeitung des Interviewausschnitts wurden in diesem Arbeitsschritt folgende drei Schlüsselkategorien entwickelt:

1. Lebensweltbezogene Lernanforderungen,
2. (Selbst-)reflexive Lernprozesse sowie
3. Lernen im Prozess der Berufspraxis

Diese Kategorien werden im Folgenden einer axialen Codierung unterzogen.

3.1.2.3.3 Axiale Codierung

Bei der axialen Codierung geht es gemäß dem Codierparadigma nun um die Spezifizierung der Kategorien hinsichtlich ihrer Bedingungen, und zwar im Hinblick
• auf die Ursachen, die das Phänomen erzeugen,
• den Kontext, d.h. die Eigenschaften, in die das Phänomen eingebettet ist,
• die Handlungs- und Interaktionsstrategien, mit denen bewältigt oder umgangen wird, sowie
• die Konsequenzen dieser Strategien (vgl. Strauss/Corbien 1996).

Dieser Prozess wird in der nachfolgend dargestellten Bedingungsmatrix ersichtlich (Abb. 18 und 19).

Mit dieser Form der Codierung sind nunmehr die Daten aus der vorherigen Phase der offenen Codierung auf eine neue Art zusammengesetzt und bisheriges Datenmaterial wurde reduziert. So ergibt sich jetzt nahezu ein »roter Faden« für die Spezifika und Zusammenhänge in jeder Kategorie.

Schlüssel-kategorie	Phänomen	Ursächliche Bedingungen	Kontext (Eigenschaften, in die das Phänomen eingebunden ist)	Interaktions- und Handlungs-strategien	Konsequenzen
Lebens-welt-bezogene Lernanfor-derungen	Suche nach Orientierung: Was mache ich?	Bruch der Berufsbio-grafie	Kontinuum von Ratlosig-keit bis kon-struktiver Be-wältigung	Systematische Su-che: Beratung beim AA; Vergleich von Al-ternativen; Entscheidung nach persönlich wichti-gen Kriterien	(Selbst-)Bestätigung in der ›richtigen‹ Wahl; Lebenserfahrung; Erleben eigener Handlungsfähigkeit in der Bewältigung von Unsicherheit; Erfahrung von Au-tonomie u. Verände-rungskompetenz
	Instinktives Handeln »Das für sich richtige in-stinktiv tun«	Entdecken und Durchset-zen eigener Interessen im Beruf gegen Widerstand	Rationales/ Reflektiertes Handeln	Persönliches Eintre-ten für die eigenen Interessen. »Kampf für dem eigenen Weg«	Fühlt sich richtig an seinem Platz und in seiner Überzeugung bestätigt: Glück und Erfolg
(Selbst-) Reflexives Lernen	Retrospektive Erkenntnis: »Alles hat seinen Sinn gehabt und gefruchtet«	Bilanzierung des Erlebens von Aus- und Weiterbildung	Geringe bis hohe (Selbst-) Reflexivität	Setzt seine Erfah-rung in Beziehung zu sich und ordnet sie in seinen Sinn-bezug ein.	Veränderung der Einstellung gegen-über Theorie

Abbildung 18: Bedingungsmatrix als axiale Kodierung (1)

Schlüssel-kategorie	Phänomen	Ursächliche Bedingungen	Kontext (Eigenschaften, in die das Phänomen eingebunden ist)	Interaktions- und Hand-lungs-strategien	Konsequenzen
Lernen im Prozess der Berufspra-xis	Praxis wird als wich-tigster Teil der Aus- und Wei-terbildung gesehen	Praxis verfügt über eine im Vergleich zur Theorie höhere Erlebens- und Erfahrungsdichte; ganz-heitliches Geschehen mit der Konfrontation unter-schiedlichster Arbeits- und Sichtweisen	Geringe bis hohe Wert-schätzung	Verinnerli-chung der Erfahrung	»hat mich sehr, sehr weit ge-bracht«
	Beruf als Lern- und Entwick-lungsfeld	Berufliche Anforderungen müssen bewältigt werden und führen zu Lernprozes-sen. Beispielhaft hier: Auseinandersetzung mit Stressoren und den Um-gang mit Tod und Sterben	Wenig Lernge-legenheiten bzw. Heraus-forderungen	Annahme der Herausforde-rung und persönliche Auseinander-setzung	Bewältigung der Anforderungen, Zunahme der Persönlichkeits-entwicklung und Handlungs-kompetenz

Abbildung 19: Bedingungsmatrix als axiale Kodierung (2)

3.1.2.3.4 Theoretical Sampling

In dem nun folgenden Prozess des »Theoretical Sampling« geht es um das Heranziehen von vergleichbaren Phänomenen durch die Neuerhebung von Interviews. Dabei wird zunächst jedes neu kodierte Ereignis mit jenen Ereignissen verglichen, die bereits kodiert sind und die unter dieselbe Kategorie fallen. Diese Phase der Untersuchung wird begleitet durch eine ständige Aufzeichnung von Ideen zu Strukturen und Zusammenhängen aus der theoretischen Perspektive des Forschers. So wurde z.b. in dem o.g. Interview entdeckt, dass die Kategorie »Lebensweltbezogene Lernanforderung« im Vergleich nicht nur als solche, sondern auch in der Schattierung „Kampf für den eigenen Weg" mehrfach vorkam. Dies führte aus der Forscherperspektive zu der Frage, wie sich dieses Phänomen begründen lässt und einer Suche nach altersgemäßen, entwicklungspsychologischen Anschlussmöglichkeiten einerseits, und dem spezifischen dieses Phänomens im besonderen Einzelfall andererseits.

Begleitet wird dieser Prozess durch die Suche nach Vergleichsgruppen, so dass sich Auswertung und Erhebung nicht nur überschneiden sondern gegenseitig beeinflussen. In der vorliegenden Untersuchung führte diese Suche zu einem Vergleich unterschiedlicher Berufsprofile, die alle in ein und demselben Berufsfeld arbeiten: Krankenschwestern/Krankenpfleger mit und ohne Hochschulstudium, Ärzte und klinische Psychologin, Krankenpflegerinnen gegenüber Altenpflegerin und Fachkrankenpflegekräften.

Diese Phase gilt dann als abgeschlossen, wenn der Vergleich zwischen den Ereignissen und den Merkmalen der Kategorien nicht mehr zu neuen Einsichten führt. Glaser und Strauss sprechen hier von einer sogenannten theoretischen Sättigung.

3.1.2.3.5 Selektive Kodierung

Ausgangspunkt für den Prozess der selektiven Kodierung ist der durch die vorangegangenen Phasen erkennbare Zusammenhang zwischen den einzelnen Schlüsselkategorien. Von nun an werden nur noch solche Kategorien kodiert, die in einer erkennbaren, theoretisch begründbaren Beziehung zur aufscheinenden Struktur der Schlüsselkategorien stehen. Damit nicht in Überstimmung zu bringende Kategorien werden nicht weiter berücksichtigt. Dieser Prozess ist dann beendet, wenn aus dem Material heraus der entwickelte strukturelle Zusammenhang von Kategorien und ihren Merkmalen über eine ausreichende konzeptuelle Dichte verfügt.

3.2   Untersuchungsergebnis

Die Analyse der durchgeführten Interviews führte zu einer Bildung von Schlüsselkategorien, welche die Ausgangsfragen nach den strukturellen Zusammenhängen informellen Lernens und ihrem Beitrag zur Kompetenzentwicklung beruflicher Pflegender klären. Deutlich wird ein Bedingungsgefüge informeller
Selbstaneignung berufsrelevanter Handlungskompetenzen, und wie sich dieser
Prozess in eine Konstruktion komplexer Wechselbeziehungen untereinander abbilden lässt (Abb. 20).

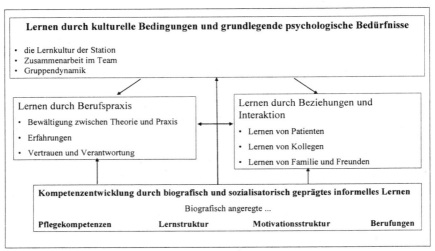

Abbildung 20:   Bedingungsgefüge informeller Selbstaneignung berufsrelevanter
                Handlungskompetenzen

Im Folgenden werden diese Kategorien – des besseren Verständnisses wegen –
in analytischer Differenzierung erläutert und jeweils in hypothetischen Schlussfolgerungen und ersten Konsequenzen für die berufliche Bildung in der Pflegepädagogik zusammengefasst.

3.2.1   Schlüsselkategorien

3.2.1.1   Kompetenzentwicklung durch biografisch und sozialisatorisch
           geprägtes informelles Lernen

Informelles Lernen und Kompetenzentwicklung ist in seinen Strukturen und
Voraussetzungen vielfältig mit der individuellen Biografie und Sozialisation des
lernenden Subjekts verknüpft. So fanden sich in nahezu allen Interviews zahlrei-

che Hinweise, die sowohl auf die biografisch geprägte Disposition als Voraussetzung zum informellen Lernen als auch auf biografisch entscheidende Erfahrungen hindeuten, die als solche Kompetenzentwicklungsprozesse begründet und fundiert haben. Insofern sich mit diesem Ergebnis theoretische Analysen zur grundlegenden Relevanz der Biografie für das informelle Lernen bestätigen (vgl. z.b. Kirchhöfer 2001), konkretisieren die Resultate diesen Zusammenhang im Hinblick auf den Kompetenzentwicklungsprozess beruflich Pflegender und unterstreichen – deutlicher als bisher beschrieben – die Entwicklungsdynamik biografisch angelegter Dispositionen. Hierzu konnten folgende Kategorien als biografisch geprägte bzw. angelegte Entwicklungsdimensionen identifiziert werden:

- Pflegekompetenzen,
- »Berufungen«,
- Lerntypologien und
- Motivationsstrukturen.

Nachfolgend erfolgt eine detaillierte Beschreibung jeder der hier aufgeführten Dimensionen.

3.2.1.1.1 Biografisch angelegte Pflegekompetenzen: »... das ist wirklich eine sehr starke Prägung gewesen«

Die Dienstleistung der Pflege von Menschen geschieht in ihrer zentralen Dimension von Fürsorge auf einer Ebene der Subjekt-Subjekt Beziehung und verlangt – wie bereits dargestellt – besondere personale und soziale Kompetenzen. Die Fähigkeit, auf Menschen zu zugehen, sich immer wieder neu einzulassen, sich einfühlen zu können, Verstehen, Dasein und engagiertes Handeln sind hier besonders charakteristische Merkmale einer Pflegekompetenz, deren Anlage häufig auf eine biografische Spur verweist. Dies manifestiert sich sowohl auf der Ebene erworbener Einstellungen als auch (psycho-)sozialer Fähigkeiten. So schildert beispielsweise eine Krankenschwester, die bereits als Kind mit der Krankheit Ihrer Mutter (Multiple Sklerose) konfrontiert war, auf die Nachfrage, was Sie im Hinblick auf Ihre berufliche Kompetenz aus dieser Erfahrung mitgenommen habe:

> »Einmal eben die Sensibilität dafür, wie es ist, wenn ein Mensch eben Hilfe braucht, wenn er gewisse Unterstützung braucht, den Bedarf zu erkennen. Dann auch eine gewisse Rücksichtnahme auf Menschen mit speziellen Erkrankungen oder mit irgendwelchen Defiziten« (A2, 13).

Ähnlich berichtet eine Krankenschwester aus der Erfahrung ihrer innerhalb der Familie gepflegten und gestorbenen Großmutter zu der Einschätzung Ihres eigenen Lernprozesses:

»Ich glaube, eine grundsätzliche Bereitschaft zur Fürsorge gegenüber Anderen und gleichzeitig die Notwendigkeit, sich ab einem bestimmten Punkt abzugrenzen. Und ich glaube, dass ich diese Balance durch das Verhalten meiner Eltern im Zusammenhang mit pflegebedürftigen Familienmitgliedern sehr deutlich gelernt habe« (AB, 67).

Auch von der Grundlegung eines ganzheitlichen Pflegeverständnisses ist die Rede. So erzählt ein Krankenpfleger von der biografischen Prägung durch seine beiden Tanten, die ihr Leben als Diakonissen führten.

»Ja, diese beiden Tanten, das ist wirklich eine sehr starke Prägung gewesen, weil gerade durch diese eine, die selber auch 'ne Pflegeausbildung gemacht hat und die mir auch vorgelebt hat, dass Pflege sich nicht nur auf das Krankenhaus bezieht, sondern Pflege auch in unterschiedlichen Zusammenhängen eingesetzt werden kann. Wenn sie erzählte, dass damals in der X-Schule – also die Schule für mehrfach schwerstbehinderte Kinder und Jugendliche –, dass sie damals mit XY darum verhandelt hat, dass in den Schulklassen Kinder unterschiedlichen Behinderungsgrades zusammen beschult werden sollen. Oder dass – sie hat Z mit aufgebaut, eine Anstalt in W – dass da die Bewohnergruppe oder die Krankheitsbilder gemischt werden sollen. Das hat für mich immer so den Keim gelegt, dass ich Pflege immer ganzheitlich verstanden habe« (AMa, 85).

Gerade die Ebene sozialer Einstellung, sich für andere stark machen, Solidarität auszuüben und sich zu engagieren, hat ihre Wurzeln in biografischen Prägungen, vielfach durch Identifikationsprozesse mit nahe stehenden Familienangehörigen.

»Ich war 'ne gute Schülerin, damals auch – heute würde ich sagen ›selbstbewusst‹. Damals so'n bisschen kritisch, gerade als ich 13 war. Ich ließ mir nicht alles gefallen, was die Lehrer von mir wollten oder manche Lehrer waren in der damaligen Zeit noch so, dass sie Prügel verteilten und ich war dann Klassensprecherin und Schulsprecherin, hab' mich eingesetzt immer für die Schwachen, schon damals. Das habe ich wohl sozial geerbt von meiner Mutter« (AG, 23).

»Sie haben vorhin gefragt, wie das entstanden ist; ich überlege jetzt gerade – also einerseits habe ich sicher so eine Reihe von Kompetenzen von zuhause mitgebracht, also soziale Kompetenzen beispielsweise. Ich habe so eine Haltung mitbekommen, auch, dass man allen Menschen hilft und die auch unterstützt, das habe ich von zuhause mitgekriegt« (AFM, 19).

Bewusstheit über diese, die eigene Persönlichkeit und Identitätsentwicklung beeinflussenden Identifikationen besteht teilweise nur rudimentär. So bildeten sich innerhalb der Exploration im Interview Erkenntnisprozesse ab, die auf allenfalls eine Vorbewusstheit zu den biografischen Zusammenhängen ihrer Kompetenzentwicklung schließen lassen. Beispielhaft hierfür sei folgende Interviewsequenz aus dem Gespräch mit einer Unterrichtsschwester an einer Krankenpflegeschule auf die Frage nach ihrer Kompetenzentwicklung:

A: »Also, ich fange es vielleicht mal umgekehrt an: Also in der Schule, in der theoretischen Ausbildung hatte ich den Eindruck, da sind mir Fachkompetenzen vermittelt worden, also, was zu der damaligen Zeit an Erkenntnissen da war, und gelernt wurde aus dem Stationsalltag heraus, aus dem Umgang mit Patienten. Also da gab es mal ein, zwei Situationen, da hatte ich mal Schwierigkeiten mit Angehörigen. Aber mit Patienten umgehen, das konnte ich wirklich ganz gut. Also auch gerade auch auf schwierigen Stationen.

F: Was hat Sie dazu befähigt? Weil Sie ja gesagt haben, Sie haben mehr Fachliches gelernt. War das Gegenstand der Ausbildung oder wo kam diese Fähigkeit her?

A: Nee, in der Ausbildung war das nicht. Nee, das war nicht in der Ausbildung. Also, da gab es manchmal so ein Schlagwort wie – wie hieß das damals?– ›Patienten-führung‹, irgendwie so ein Schlagwort gab es da. Ich habe das an der Kranken-pflegeschule auch mal unreflektiert übernommen. Das wurde inhaltlich nicht aus-gefüllt, aber wie habe ich mir das angeeignet, so im Umgang mit Patienten? Na ja, ich habe so gedacht, das sind kranke Menschen – wohlwollend umgehen. Das heißt nicht, dass ich nicht auch einmal Grenzen setze oder so.

F: War da auch Familie leitend? Erfahrungen in Ihrer Familie? Haben Sie biogra-fisch etwas erlebt?

A: Ach so! [Denkt nach] Ja. Ja-ja.

F: Sie haben gesagt, Sie haben es aus dem Bauch heraus gemacht.

A: Ja, meine Großmutter habe ich – ich bin ja in einer Großfamilie groß geworden – meine Großmutter war krank, die habe ich – da war ich sechs, als die gestorben ist, und mein Großvater mütterlicherseits auch. Ja, und, vielleicht kommt das da her, meine Großmutter war eine gütige Frau. Und – ach! –, was noch war: Viel-leicht habe ich das auch von meinem Vater. Also mein Vater konnte sehr gut mit anderen Leuten umgehen. Und der hatte – wie soll ich das benennen? – mein Va-ter war ein brillanter Redner. Also er hatte ohne Schulung rhetorische Fähigkeiten und gute Schreibfähigkeiten. Genau. Wenn der Krieg nicht ausgebrochen wäre, wäre der Journalist geworden. Der ist auf so einer Arbeiterbildungseinrichtung wurde der vorgeschlagen und der konnte gut reden und der war auch im Betriebs-rat und der gehörte nicht der Kirche an, und es gab Leute, die haben sich ge-wünscht, von ihm beerdigt zu werden, weil die auch nicht in der Kirche waren. Und dahat er immer exzellente Reden gehalten und konnte auch sehr gut – der hatte so eine Fähigkeit, finde ich, Menschen zuzuhören, auch ausländischen Mit-bürgern. Genau. Vielleicht habe ich das daher. Da habe ich noch nicht drüber nachgedacht. Da habe ich noch nicht drüber nachgedacht.

F: Spannend.

A: Ja, also der ist auch – der ist auch sehr wohlwollend mit Menschen umgegangen. Und der hatte auch – vielleicht hatte ich da meine soziale Kompetenz auch her – der hatte so einen sozialen Touch. Und wenn ich mit dem als Kind durch den Ort gegangen bin, dann ist der von ganz vielen Leuten gefragt worden, wie man *das* macht und ob es *da* rechtliche Auskünfte gibt. Und ich habe ihn manchmal den Sozialarbeiter des Ortes genannt. [Lachend:] Genau. Also der hatte so eine, denke ich auch, helfende Einstellung, verbunden mit so einem guten Umgang mit Men-schen. Ja, vielleicht habe ich das daher« (AFM, 34-41).

Gegenüber diesen zunächst recht gering reflektierten und eher struktur-funk-tional anmutenden familiären Sozialisationsprozessen, die hier durch Über-nahme von Einstellungen eine Ausprägung sozialer Kompetenzen – zumindest auf der Ebene von Haltung und Verhaltensweisen – begünstigt haben, finden sich auch Hinweise auf Kompetenzanlagen und Entwicklungsprozesse, die gerade durch die Ablehnung familiärer Wertesysteme und der damit verknüpften Suche nach dem eigenen Weg herbeigeführt wurden.

»Ich sage mal: so ein caritatives Denken oder ein diakonisches Denken ist in dieser Verwandtschaft schon ziemlich weit verbreitet gewesen. Also auch kombiniert mit einer christlichen Grundeinstellung, die immer wieder Thema war, wo wir uns sehr drüber unterhalten haben und was mich damals beeindruckt hat. Und was für mich – und das ist die Parallele – was für mich eine Ergänzung gewesen ist: andere Werte aufzubauen gegenüber der Welt, die ich bei meinen Eltern erlebt habe« (AMa, 51).

»Ich muss gerade mal einen anderen Punkt noch ergänzen. Mein Vater hat, als ich dann anfing mit der Krankenpflegerausbildung usw. erst mit dieser Diakonenausbildung, hat der dann gesagt ›das ist alles brotlose Kunst. Da kannst Du kein Geld mit verdienen‹. Noch mal so'n Nachtrag. Aber auch das passt ja dazu, dass ich in Abgrenzung gegenüber meinen Eltern meinen eigenen Weg gegangen bin. Tja, woher kommt das? [lacht] Also ich, ich glaub', ich hab' schon auch ein deutliches Bedürfnis, autonom zu sein, also selbstbestimmt zu sein und zu leben. Woher das kommt, weiß ich nicht. Ob das damit zusammenhängt, dass ich als Kind häufig alleine spielen musste oder dass ich früher zu Grundschulzeiten bzw. danach ziemlich dick gewesen bin und häufig in der Klasse auch eine Außenseiterposition hatte. Kann sein, weiß ich nicht« (AMa, 81).

»Meine Rolle in der Ursprungsfamilie hat auch viel dazu beigetragen. Da habe ich auch viel gelernt, klar. Viel gelernt im Bereich Kommunikation und dysfunktionaler Kommunikation und wie ich es machen will und werde. Aber da hatte ich das Vokabular damals noch nicht. Aber die Wahrnehmung vielleicht und die Beobachtungsgabe« (AK, 52).

Dass die Suche nach dem eigenen Weg mitunter auch in einen Kampf für die eigenen Interessen mündet und hierbei die Entwicklung ganz besonderer Strategien zur Verfolgung eigener Ziele herausfordern kann, wurde in einem Gespräch mit der pädagogischen Leiterin einer pflegerischen Weiterbildungseinrichtung deutlich. Sie hatte recht früh schon als Kind den Berufswunsch, Lehrerin zu werden, und hatte es dabei mit einem Vater zu tun, der ihr den Zugang zum Gymnasium trotz Begabung verwehrte. Informelles Lernen begann für sie da – wie sie in einem Vorgespräch zum Interview erzählte –, wo sie nachts heimlich unter der Bettdecke mit der Taschenlampe weiterführende Schulbücher las, um irgendwann und irgendwie den Übergang zum Gymnasium zu erreichen.

A: »Also es geht um meine Lerngeschichte?
F: [zustimmend] Hm.
A: Das ist schwierig, irgendwie den Anfang zu finden, aber in der Reflexion, denke ich mal, hat es einen großen Punkt gegeben, als ich sechs oder sieben Jahre alt war – sehr früh eingeschult –, dass ich eine Lehrerin hatte, mit der ich mich gut verstanden habe, und ich hab' gelernt – mit Begeisterung. Und die Schule war für mich mehr Heimat als mein Zuhause. Und mit sieben Jahren – das weiß ich des-

wegen ganz genau, weil ich auch über mein Leben reflektiere – mit sieben Jahren wollte ich Lehrerin werden. Und so die Lieblingsfächer waren Deutsch und Mathe, Mathe vor allen Dingen – für ein Mädchen damals etwas ungewöhnlich – und Sprachen nachher und Sport. Das waren so meine Bereiche. Dann ging man ja damals zur Grundschule oder das hieß Volksschule, glaube ich, und ich wollte nach dem vierten Schuljahr – jetzt muss ich mal überlegen das muss so [19]49/50 gewesen sein, nee noch eher – so in der Zeit wollte ich auf jeden Fall auf's Gymnasium. Mein Vater kam sehr spät aus der Kriegsgefangenschaft zurück und der hatte so'ne Vorstellung ›Mädchen brauchen die soziale Qualifikation, aber keine Bildung‹. Er selber war Jurist, meine Mutter war Krankenschwester – eine unheimlich tolle Verbindung, hat sie auch voll ausgelebt. Ja, auf jeden Fall habe ich da fürchterlich gekämpft. Ich hab' verloren. Ich kam nicht zum Gymnasium, sondern ging dann zur Realschule und so schlau wie ich dann damals eben war, hab' ich dann Englisch und Französisch gleich genommen und da gab's so'n Weg nach der – ich glaub' nach der siebten Klasse, dann zum Aufbaugymnasium zu gehen. Das war also die zweite Stufe, sie ich versucht hatte. Also wirklich immer lernbegeistert. Das muss ich so sehen und so sagen. Und wieder ein Gespräch und wieder ein ›Nein‹ von meinem Vater. Ich durfte also nicht zum Aufbaugymnasium. Ich hab' meine Freundinnen damals verloren, weil die alle 'rübergingen und dann ging es also weiter nur bis zur Realschule bis zehnte Klasse« (AG, 4).

So ist es neben der spezifischen Familienkonstellation die Verfolgung eigener Interessen, verknüpft mit dem entwicklungspsychologisch natürlichen Wunsch nach Selbstständigkeit, Autonomie und Abgrenzung von Wertegebäuden, die nicht als mit sich selbst übereinstimmend empfunden wurden, welches die Spur für die Suche nach dem eigenen begründet. Und es sind andere Menschen, die durch ihr Leben Beispiel geben und zur Orientierung werden. Damit verknüpft sind zweifelsohne informelle Selbstbildungsprozesse für ein unabhängiges, eigenverantwortliches Leben, die eine entsprechende personale Kompetenzentwicklung fördern.

Gleichzeitig sind es nicht allein personale Fähigkeiten und soziale Einstellungen, die hier als biografisch-sozialisierte Spur angelegter Pflegekompetenzen aufscheinen. So berichten die Pflegenden vielfach von einem aktiven Engagement in Vereinen und Verbänden innerhalb ihrer Kindheit und Jugend, wo sie angelegte Fähigkeiten weiterentwickelt und neue erworben haben. Interessant ist hierbei, dass sich oftmals aus diesen Erfahrungen nicht nur der menschliche Zugang zum Pflegeberuf, sondern in deren Weiterführung beruflich spezielle Tätigkeiten in der Pflege, wie z.B. die pädagogische Arbeit als Mentorin, Lehrerin für Pflegeberufe oder die organisatorische und verantwortliche Arbeit als Stationsleiter entwickelt haben.

A: … »Also, das war einfach Persönlichkeit, die ich eingebracht hab', die ich mitgebracht hab', das ich schon früher in der kirchlichen Kinder- und Jugendarbeit natürlich irgendwo erworben hab': Das Miteinander und mit Menschen sprechen und nicht kontaktscheu zu sein (…) Und das basiert, denke ich schon, auf den Er-

fahrungen, die ich davor hatte, dass ich da irgendwo keine Berührungsängste hatte« (AM, 30-31/59)

...

F: »Mir ist aufgefallen bei dem, was Du beschrieben hast, dass es starke pädago-
     gische Spuren gibt. Wo kommen die her?

A: [Lacht] Ja gut. Das hat sich so im Laufe der Zeit entwickelt. Das fing haupt-
     sächlich an, dass ich in der Mentorentätigkeit Schüler angeleitet hab', aber eben
     auch so in geringen Aspekten von der Jugendarbeit her. Da hab' ich schon mit 15
     damit angefangen, dass ich dann Jugendfreizeiten begleitet hab' oder eben auch
     das klassische Pfingstlager oder eben – das war eine katholische Gemeinde –, da
     habe ich dann eine Jugendgruppe geleitet, wo dann Acht-, Neunjährige waren,
     und ich denke mal, dass ich da dann diesbezüglich dann auch schon die ersten
     Meilensteine gesetzt habe, denke ich.

F: Hast Du eine spontane Idee, was das wohl für Fähigkeiten waren, die Du Dir dort
     erarbeitet hast und die Dir heute nutzen?

A: Ja, einmal ein gewisses Durchsetzungsvermögen, dann der Umgang überhaupt mit
     Jugendlichen, wobei da natürlich die Jugendgruppen waren jünger bis 15 Jahre
     und ich war dann eher 17, 18, aber so der Umgang mit Jüngeren einfach.

F: Wie geht das heute?

A: Ja, dass man sich [bricht ab] Gut, da ist schon eine ganze Zeit lang dazwischen,
     aber dass man sich auf die Interessenlagen von 10 Jahre Jüngeren einlassen kann
     und dann überhaupt empathisch ist: ›Welche Interessen sind da?‹ und was man
     dann auch methodisch umsetzen kann« (AI2, 15-17).

»Organisationsfähigkeit – also ich glaube, ich kann ziemlich gut organisieren. Wenn
man sich engagiert, wenn man irgendwelche Sachen plant, muss einfach [bricht ab] und
häufig dann auch – das habe ich, glaube ich, dann auch von meinem Vater gelernt – unter einem Zeitdruck, unter dem Druck knapper Ressourcen man einfach sehr viel im-
provisieren muss, organisieren muss, um letztendlich das Ergebnis zu erreichen. Das
stimmt. Das habe ich damals gelernt. Und ich hab' auch in der Jugendarbeit immer
[bricht ab]. Ich war häufig so ein Ideengeber der einfach, egal, ob es dann irgendwelchen Leuten passte oder nicht, Ideen 'reingebracht hat und so, wo ich gemerkt habe:
Mir tut das ganz gut, wenn die dann weiterverarbeitet werden. Die müssen gar nicht
eins zu eins übernommen werden, sondern dass die auch als Beitrag anerkannt werden«
(AMa, 95).

»Also ich hab', glaube ich schon durch meine kirchliche Sozialisation und später durch
meine Ausbildung ein gutes Händchen für Alte Menschen. Ich kann gut mit älteren
Leuten und ich weiß, dass sie einem sehr viel geben können an Kompetenz, an Lebenserfahrung und da höre ich gerne darauf. Das hat sich dann auch andere Arbeitsbereiche
von übertragen. Also ein Beispiel: Dass ich später lange im Pfarrgemeinderat tätig war
und da irgendwo eine ähnliche Situation, vielleicht nicht mit 80-Jährigen, aber dann mit
60-Jährigen, 50-Jährigen und dafür offen war. Und diese Offenheit habe ich mitgebracht, dann wurde die in der Altenpflegeausbildung auch gelernt und ausgebaut dadurch« (AM, 59).

*3.2.1.1.2 »Berufungen« und Entscheidungen zur Pflegearbeit als Anforderung
zur Selbstbildung: »... Stressfaktoren, die es abzubauen und zu
bearbeiten lernen gilt«*

Eng verknüpft mit biografisch angelegten Grundfähigkeiten zur Pflege erscheint
die Berufswahl, die hier als »Berufung« – aus Überzeugung, der eigenen Nei-
gung, dem eigenen Naturell nachzukommen – verstanden werden soll. Dabei ist
der Eintritt in den Pflegeberuf bei keinem spektakulär, quasi als innerer Anruf
nur für diese Lebensaufgabe im Verständnis eines religiös motivierten (An-)
Rufes, dem es zu folgen gilt oder eben nicht, verlaufen, sondern eher als eine
mehr oder weniger bewusste Entscheidung, die auf vorangegangenen persönliche Erfahrungen oder Identifikationen mit bestimmten Idealen und entsprechenden Menschen-Bildern fußt.

»Was hat mich für den Pflegeberuf motiviert? Gute Frage! Also ich glaube, dass ich
Lust und Begeisterung an der Pflegetätigkeit gespürt habe, und zwar über Erfahrungen,
die ich als junger Mensch beim Malteser Hilfsdienst gemacht habe. Also da begann für
mich mein konkretes Berufsinteresse, sich auf die Pflege auszurichten. Ich hab' mich so
im Alter von 16, 17, 18 dort engagiert, eine Schwesternhelferinnenausbildung und ein
Praktikum im Krankenhaus und Altenheim gemacht« (AS, 10).

»Also, dass ich Krankenschwester werden wollte, war mir schon als Kind klar. Ich muss
wohl im Kindergarten gefragt worden sein – nach Erzählungen zu urteilen –, was ich
mal werden wollte, und habe da ›Krankenschwester‹ gesagt, was vielleicht damit zu begründen ist, dass meine Mutter zu der Zeit längere Zeit im Krankenhaus war und ich die
Arbeit des Pflegepersonals mitbekommen habe. Das hat sich manifestiert im Laufe der
Jahre und ich habe es nie in Frage gestellt. Auf Grund dessen bin ich dann in den Beruf
gekommen« (AC, 10).

»Also: Krankenschwester wollte ich schon immer, ganz früh werden. Sozusagen mit 12,
13 ungefähr, weil ich nämlich eine Großtante hatte. Die Tante meines Vaters, die war
Krankenschwester. Und das war also 'ne Schwester von meinem Opa väterlicherseits.
Die hat in Berlin gewohnt und das war eine ganz liebe, nette, alte Tante. Und Krankenschwester eben. Und ich denke mal, weil die so'nen netten, lieben Charakter hatte
und weil die immer so viel erzählt hat, hat mir der Beruf gefallen. Deswegen wusste ich
eigentlich schon ganz früh, dass ich das werden wollte und hab' dann dieses Ziel eigentlich auch nicht verloren die Pubertät über. Ich hab' mich dann auf der Schule auch da
beworben und wolle auch auf keinen Fall Abitur machen. Also ich war froh, als ich
dann von der Realschule 'runter war« (AAM, 24).

»Was mich am Pflegeberuf fasziniert hat, ist eben, den pflegerischen Zugang auch zu
den Menschen zu kriegen, der aber nie für damals zu trennen gewesen ist von der pädagogischen Arbeit: Also der Anspruch, der Werteanspruch, der verbunden war auch mit
einer christlich diakonischen Ausbildung und mit dem Anspruch, eine gute Pflege machen zu können, der hat mich weiter bewogen, mich auch für die Krankenpflegeausbildung zu bewerben« (AMa, 52).

(Kranken-)Pflegeschülerinnen und -Schüler haben also größtenteils eine gewisse Vorstellung von dem Pflegeberuf, wenn sie in die Ausbildung eintreten. Dennoch: Was hier so leichtfüßig im Sinne einer ersten Berufswahlentscheidung daherkommt, fordert durchaus die Entwicklung von Selbstkompetenz heraus, nämlich um die eigenen Interessen, Begabungen, Wünsche und deren Hintergrund vielleicht schon zu wissen, zumindest aber ein gewisses Gefühl, eine bestimmte Ahnung davon zu haben. Dies erscheint um so bedeutsamer, als sich die Entscheidung für den Pflegeberuf im Berufsverlauf jenseits von Idealvorstellungen und Identifizierungen mit »Vorbildern« an der konkreten Person mit ihren genuin eigenen Möglichkeiten und Grenzen bewähren muss. In den Interviews finden sich vielfach Hinweise, dass Pflegende aufgrund evident erlebter Theorie-Praxiskonflikte, des Realitätsschocks nach der Einführungs-, oder auch Ausbildungsphase, physischer und psychischer Stressbelastungen sowie schwieriger Arbeitsbedingungen in Zweifelphasen geraten und sich die Frage stellen, ob es denn die richtige Entscheidung war, ob der gewählte Beruf der (jetzt) für einen noch der richtige Platz ist.

> »Es war wieder eine meiner Zweifelsphasen, als ich auf der Intensivstation einer Universitätsklinik im 9. Stock nicht nur über die Apparate, sondern über die Dächer der Stadt guckte und mir dachte ›wie lange will ich diesen Job eigentlich noch machen?‹ Also erst einmal die innere Anfrage, ›was machst Du eigentlich?‹. Mit 27 merkst du schon, dass du körperlich an die Grenze kommst und dich das ganze psychisch belastet. Und das du mit diesem Schichtdienst kein normales Leben führst. Und dann fängst du an, Alternativen zu überlegen« (AS, 955)

> »… was auf jeden Fall stark prägt, ist der Schichtdienst, die zeitweise doch extrem starke Belastung innerhalb des Betriebes Station, Stressfaktoren, die es gilt, irgendwie wieder abzubauen und bearbeiten zu lernen, wobei ich das nach wie vor als Herausforderung sehe, und was mir auf Dauer nicht gefällt, sind halt die Arbeitszeiten« (AF, 20).

Oder es ist der eigene Körper, der über den Weg der Krankheit zum Innehalten und Neustrukturierung des Lebens herausfordert:

> »Ich bin ein Meister im Verdrängen von Krankheiten. Und ich arbeite im Krankenhaus. Ich kann mit 38 Grad Fieber noch hingehen. Ich bin nicht krank. Wirst ja verrückt. Aber so habe ich auch früher mit fast offenem Bauch noch Unterricht gemacht nach einer OP. Also, das ist ja schon eine Krankheit an sich, 'ne psychische Krankheit an sich. Da hab' ich also wenig Wert darauf gelegt. Ich hab alles mögliche probiert und gemerkt: es wird nicht besser. (…) Und ich musste für mich eingestehen: ›das geht nicht. Du musst jetzt einfach sehen, dass du mit deinem Körper klarkommst‹« (AG, 15)

So wird zusammenfassend deutlich, dass die eigene Berufung im Sinne biografisch angelegter Fähigkeiten und Interessen zu leben nicht nur ein Erkennen und Entscheiden für den eigenen Weg erfordert, sondern auch die persönliche Auseinandersetzung mit diesem im Kontext der individuellen Möglichkeiten und Grenzen. Dies kann als Herausforderung fortwährender informeller Lern-

und Bildungsprozesse betrachtet werden, die dann zur Kompetenzentwicklung führen, wenn es gelingt, nicht nur die »richtigen« Entscheidungen für sich und damit das eigene Selbst zu treffen, sondern auch umzusetzen. Damit ist eine Anforderung an die Pflegenden zu einer permanenten Selbstvergewisserung ebenso beschrieben, wie deutlich wird, welche Aufforderung der Pflegeberuf zur Auseinandersetzung mit der eigenen Persönlichkeit bereithält.

3.2.1.1.3 Biografisch entwickelte Lernstrukturen: »... ich bin so ein alter Typ vom Lernen her«

Bestimmte Vorlieben, Gewohnheiten und Stärken für eine Form, sich Dinge (selbst) anzueignen, formell oder informell zu lernen, werden im Wissenschaftsdiskurs gerne auf eine Wechselwirkung von genetischen Anlagen und biografischen Umweltbedingungen zurückgeführt, wobei, wie Schrader (1994) deutlich macht, den Umweltbedingungen das größere Gewicht zukommt. Dies trifft zweifelsohne für das informelle Lernen sehr zu, da die spezifischen Bedingungen der Lebens- und Arbeitswelt im Hinblick auf ihre jeweilige Lernförderlichkeit geradezu als Impulsgeber für informelle Lernhandlungen fungieren. Die Disposition, informell lernen zu können oder auch nicht, ist damit sowohl eine Frage kognitiver Ausgangsbedingungen als auch biografischer Sozialisations- und Erfahrungsprozesse mit ihren Auswirkungen auf die lernende Persönlichkeit.

In diesem Zusammenhang fanden sich in der vorliegenden Untersuchung Hinweise auf bestimmte Lerntypologien, die ihrerseits als individuelle Art und Weise gerade auch des informellen Lernens betrachtet werden können und deshalb hier weiter ausdifferenzierend und vergleichend dargestellt werden.

Zu diesem Zweck kann zunächst an Schrader (1994) und seine empirische Analyse zur Lerntypologie Erwachsener angeschlossen werden. Dabei handelt es sich insbesondere um den Lerntyp des »Theoretikers« und demgegenüber um denjenigen des »Anwendungsorientierten«.[56]

---

56 Schrader (1994) definiert die o.g. Lerntypen wie folgt:
»Typ 1: Der Theoretiker
Typ 1 hat Freude am Lernen, ist zuversichtlich, gelassen, hat konkrete Vorstellungen von dem, was er lernen will. Er ist nicht nur an praktischer Anwendung, sondern auch an theoretischen Grundlagen interessiert. Er lernt gern und gut aus Texten. Wenn er sich etwas Neues aneignet, bemüht er sich dann, Zusammenhänge zu verstehen, statt eine Vielzahl von Fakten unverbunden aneinandergereiht einzuprägen. Typ 1 hat kaum Schwierigkeiten beim Lernen. Wenn sie dennoch auftauchen, betrachtet er sie als eine Herausforderung seines Verstandes, die zu bewältigen ihm Freude bereitet« (ebd., S. 110; Unterstreichung d.d. Autor).
»Typ 2: Der Anwendungsorientierte
Anwendung ist für Typ 2 Ziel und Methode zugleich. Ihn leitet stets die Frage, was er mit neuen Inhalten anfangen kann. Er lernt um so besser und um so lieber, je näher er

Bei den Pflegenden konnten in den Interviews zunächst beide Lerntypen identifiziert werden. Exemplarisch für die Gruppe der Theoretiker sei hier aufgeführt:

»Ich bin so'n Typ, so ein alter Typ vom Lernen noch her: Ich muss das immer schreiben
und für mich umformulieren und dann so'ne Struktur machen, und so kann ich eben lernen. Ich kann nicht lernen durch erzählen. Manche sind anders drauf, ne?« (AG, 24).

»Das gibt mir ein Stück Sicherheit, wenn ich das schon mal theoretisch bekommen, erschlossen habe oder mir es erst selbst erschlossen habe und dann das ganze noch einmal
praktisch ausprobieren kann. Und dann kommt natürlich noch mehr Sicherheit. Man
könnte es natürlich auch gerade umgekehrt machen. Das lief auch häufig umgekehrt,
wenn der theoretische Background noch nicht da war, dass man einfach die Situation
hatte und dann umgekehrt noch einmal reflektiert hatte, wenn man schon die praktische
Erfahrung hatte. Also das sind halt zwei Wege, aber ich glaube schon, dass ich mehr ein
Typ bin, der gern das erst theoretisch durchkaut und sich dann in der Situation sicherer
fühlt« (AM, 26).

Das Wissen um die Zusammenhänge schafft also hier aus der Subjektperspektive eine innerlich abbildbare mentale Struktur, die Sicherheit im praktischen
Handeln erzeugt. Diese eher kognitiv und ein Stück weit akademisch ausgeprägte Herangehensweise – beide Protagonisten verfügen über ein Abitur –
wurde in der Kontrastierung mit wissenschaftlich ausgebildeten, an den Pflegeberuf angrenzenden Berufen (Arzt und Psychologin) in ihren Lernstrukturen
teilweise wiedererkannt. Bedeutsam erscheint dabei die Einschätzung, Theorie
als unabdingbares Gerüst und damit als Voraussetzung für informell laufende
Lernprozesse zu benötigen. So berichtet die Diplom-Psychologin Ursula Wildt
auf die Frage nach dem Weg ihrer Kompetenzentwicklung:

»Also, natürlich erstmal das Studium als solches. Also das würde ich auf jeden Fall hervorheben. Das ist sicherlich als Grundlage ganz wichtig gewesen. Das hat ja auch mit
dazu beigetragen, überhaupt den Blick für verschiedene Therapierichtungen zu öffnen
oder erste Erfahrungen als Therapeutin zu machen, in Seminaren irgendwelche Gespräche zu simulieren und darüber zu testen: ›hm, ist das überhaupt was, was ich mir vor-
stellen kann? Und motiviert das?‹ Also, das Studium ist sicherlich als theoretische
Grundlage auch enorm wichtig und hat auch Grundlagen natürlich gelegt, auch theoretische Grundlagen, auf die ich auch jetzt immer wieder nochmal zurückgreife. Hat auch
mir die Fähigkeit gegeben, jetzt Fachliteratur oder Fachzeitschriften unter einem ganz
kompetenten Eindruck zu lesen. Also ich kann relativ gut herauslesen: Was ist geeig-

---

den Gegenständen ist, am besten dann, wenn er etwas ausprobiert. Theorien und reines
Faktenwissen genügen ihm nicht. Schwierig wird es, wenn die Anschauung fehlt und
Lerninhalte nur theoretisch, ohne praktische Anwendungsmöglichkeiten dargestellt werden. Er arbeitet ruhig und gelassen, hartnäckig, aber nicht verbissen an den Problemen,
die ihn interessieren, und versucht, sie zu lösen« (ebd., S. 111; Unterstreichung d.d. Autor).

net? Was ist nicht geeignet? Wie schätze ich die Dinge ein oder nicht? Also ich denke, da hat mein Studium mir enorme Fähigkeiten vermittelt« (AAKU, 48).

Informelles Lernen wird von Ursula Wildt gleichzeitig als notwendige Ergänzung gehalten, aber als primär sieht sie die Ausbildungen:

>»Also, informelles Lernen ist sicherlich jetzt, nach so einer qualifizierten Ausbildung, unglaublich wichtig und kann jetzt auch vielleicht sogar bis zum Abschluss meines beruflichen Lebens vielleicht sogar ausreichend sein, aber nur vor dem Hintergrund, dass ich gelernt habe, also wirklich unter Anleitung und kompetenten Menschen angeleitet habe, Situationen zu analysieren, einzuschätzen, einzuordnen, Diagnoseschema habe, das ich theoretisches Wissen habe. Also, das kann ich mir kaum wegdenken« (AAKU, 125).

In eine ähnliche Richtung, jedoch deutlicher auf den konkreten informellen Lernbezug akzentuiert, argumentiert der Oberarzt einer Kinderklinik, Dr. Hans Böck, indem er deutlich macht, dass sein Prozess der Kompetenzentwicklung erst nach dem Studium, und für ihn bewusst erst richtig begonnen hat, als er schon Oberarzt war.

>»... diese Entwicklungen kamen tatsächlich zu Beginn dadurch, dass ich bei einer Ausbildungsstelle war *nach* dem Medizinstudium, bei der immer zwei Leute Dienst hatten, und man dann zunächst bei Aufnahmen jeweils gemeinsam war. Das heißt, man hat abgeguckt bei anderen, also bei älteren, erfahreneren Kollegen, hat dann zugeguckt, hat Arbeitsteilung gemacht und jeweils gemerkt, was der andere tut, und das hat natürlich gewechselt. Man war in verschiedenen Kombinationen zusammen mit wirklich erfahrenen, also mit Oberärzten. Man durfte dabei sein bei dem ein oder anderen Chef- und Oberarztgespräch, natürlich bei den Visiten (...) Aber so richtig gut gelernt habe ich erst, nachdem ich in Nürnberg schon als Oberarzt war« (AAKB, 15).

Während beide Protagonisten akademische Studiengänge vor Beginn der eigentlichen Berufstätigkeit absolviert haben, fällt im Vergleich zwischen Hans Böck und Ursula Wildt eine deutlichere Anwendungsorientierung im Lernverhalten auf. Geht man davon aus, dass beide ein mehr oder weniger abstrakt gestaltetes wissenschaftliches Hochschulstudium absolviert haben, dann kann diese Differenz zunächst auf die unterschiedlichen Lerntypen von Theoretiker und Anwender bezogen werden. Möglich erscheint aber auch, dass das jeweilige Studium einen spezifischen Persönlichkeitstypus mit Blick z.B. auf den theoriegeleiteten Analytiker oder den erfahrungsbezogenen Praktiker anzieht und/oder entsprechend auch hervorbringt. Beides weist sowohl auf ein biografisch-persönlichkeitsgebundenes als auch beruflich sozialisiertes Lernverhalten hin.[57]

---

57   Für das Medizinstudium als auch die ärztliche Tätigkeit ist ein naturwissenschaftliches Paradigma im Denken und Handeln zu berücksichtigen, das möglicherweise eher eine stärkere Anwendungsorientierung impliziert.

Deutlich findet sich in dem als Anwendungswissenschaft eingestuften Pflegeberuf der entsprechend anwendungsorientierte Lerntyp, für den Lernen immer
dann spannend wird und dem es dann entsprechend leicht fällt, wenn er erkennt,
wofür er die Theorie in der Praxis gebrauchen kann.

»Ja, also ich bin, glaube ich, ein Mensch, der sehr durch die Praxis lernen kann. Aber
ich kann mir oder muss mir einfach Zusammenhänge erklären können. Ich kann nicht
abgekoppelt irgend etwas lesen, das behalten und irgendwie umsetzen, sondern ich
muss den Zusammenhang verstehen können. Und das kann ich eigentlich sehr, sehr gut,
indem ich das über die Praxis lerne« (ACh, 16).

Hieraus seine Neugier und Motivation zur Auseinandersetzung mit Theorie und
Praxis beziehend, generieren sich für diesen Typus – in Erweiterung des von
Schrader (1994) skizzierten Modells – weitere Mischformen, die den informellen, selbstorganisierenden Aspekt des kompetenzentwickelnden Lernens unterstreichen:

a) Die praxisbegeisterte, anwendungsorientierte, wissensdurstige Theoretikerin

»... also mich hat die Praxis derart angesprochen, dass ich völlig unabhängig von dem,
was uns jetzt in der Schule beigebracht wurde, merkte, dass mein Wissensdurst viel
größer war. Irgendwie, glaube ich, wollte ich die Systematik von Pflege und Medizin
besser verstehen, nachvollziehen können, warum auf Station die Entscheidungen so und
nicht anders getroffen werden, und da hat mir das Schulwissen über Gewebsstrukturen
und dergleichen nicht so weiter geholfen. Das hat nicht zueinander gepasst, und da habe
ich mir viel Fachliteratur gekauft und gelesen, gelesen, gelesen« (AS, 109-113).

»... mich hat dieser Arzt von seinem Unterricht so fasziniert, auch von seiner Art, dass
das für mich selber zur Art wurde, mir etwas beizubringen. Also versuchen, die Dinge
ins Deutsche zu übersetzen und versuchen, die Logik dahinter zu verstehen, in kleinen
Schritten mir Zeichnungen zu machen und diese Zeichnungen – ja – als Hilfe zum Verstehen, zu einem Überblick über das Gesamte zu bekommen. Und ganz viel geholfen
hat mir dann – heute denke ich, ich wäre gut beraten gewesen, es in der Schule bereits
gekonnt zu haben – das alles in Ordnern zu führen. Also so ein frühes Vermögen, mit
Karteikarten zu arbeiten, diese zu richtigen Manuskripten zu entwickeln ...« (AS, 123).

»Also es reicht mir nicht, dass ich als Krankenschwester Körperpflege mache, sondern
möchte eben das ganze Drumherum verstehen: Warum der Arzt vielleicht irgend etwas
verordnet, warum das und das mit angeordnet wird und was das für den Patienten bedeutet« (AH, 53).

b) Die (selbst-)reflexive Denkerin

»Ich habe sehr viel über mich nachgedacht. Ich habe mir immer Gedanken gemacht. Ich
wollte auf jeden Fall eine gute Krankenschwester sein und habe immer mein Handeln
überprüft und mir Rückmeldungen von Patienten und Kolleginnen geholt. Das hat mich
unterstützt und angespornt, da weiterzumachen oder zu verbessern« (AH, 33).

»Ich habe schon als Kind angefangen, Tagebuch zu schreiben. Vor allem dann, wenn ich auf der psycho-sozialen Ebene Probleme mit mir selbst oder vielmehr mit Autoritätspersonen (sprich Eltern, Lehrer) hatte oder aufgrund positiver Gefühle ›high‹ war. Dieses Schreiben war für mich ein Verarbeitungs- und gleichzeitig Lernprozess – aus der späteren Reflektion sehe ich das so –, um mich besser kennen zu lernen, Muster im Handlungsablauf zu erkennen, ggf. gegenzusteuern oder ›gewappnet‹ zu sein bei Wiederholungen. Damals habe ich das wohl intuitiv oder erfahrungsorientiert gemacht. Diese Strategie hat mich bis heute begleitet« (AG/sAmkg.).

c) Der Erklärer

»Ich habe mir Bücher gekauft, die weit über das hinausgingen, was wir in der Schule hätten lesen sollen, aber die ich irgendwie allein schon deshalb gekauft habe, weil viele meiner Freunde Studenten der Medizin waren, die diese Bücher auch hatten. Ich habe dann immer viel mit ihnen diskutiert und Anteil auch an deren Fragen genommen und dann plötzlich gemerkt: Es entwickelt sich etwas ganz anderes in mir, nämlich der Lehrer. Ich wurde zu jemandem, der gut erklären kann. Und das führte dazu, dass viele aus meiner Klasse mit mir lernen wollten, weil sie das Gefühl hatten, sie würden es dann besser verstehen, weil ich das ja einfacher erklären konnte, und ich selber machte dann die Erfahrung, wenn ich es ihnen erklärt habe, wusste ich es am Ende noch besser« (AS, 115).

d) Die Gruppenlernerin

»Also jeder muss selber am besten wissen wie er lernt, aber denke, das beste ist schon so in der Gruppe, wenn man sich gegenseitig abfragt. Wobei ich meine: Zwei Leute reichen. Vier oder drei ist schon, schon schwierig. Besser ist immer, wenn man sich gut versteht und so auf einem Level irgendwie ist, dann ist die Zweiergruppe eigentlich ganz gut« (AM, 91).

Offensichtlich führen die Anforderungen in der Pflegeausbildung und im Pflegeberuf selbst, verknüpft mit sozialen und individuellen (Leistungs-)Motiven sowie der Teilhabe an der Professionalität der Medizin als Wissenschaft zur Ausprägung von ganz persönlichen Lernformen. Damit verbunden ist nicht nur der informell erworbene Zugewinn fachlichen und überfachlichen Wissens, sondern die Grundlegung einer Methodenkompetenz. Bemerkenswert ist dabei auch, dass das Lernen in der Pflegeausbildung im Vergleich zum schulischen Lernen als für einen bestmöglich empfunden wird und augenscheinlich Fähigkeiten und Einstellungen zum Lernen freisetzt, die in der Schulzeit nicht zum Einsatz gebracht werden konnten.

»Die ganze Schulzeit war für mich nicht so – so toll. Ich hab' so auch nicht viele Sachen davon in Erinnerung, wahrscheinlich, weil ich's nicht so angenehm fand. Und die Krankenpflege, also die drei Jahre Ausbildung und Lernen und Schule und arbeiten, das war eigentlich optimal. Das hab' ich gerne gemacht. Da war eine hohe Motivation schon dahinter. Deswegen war ich wahrscheinlich direkt besser als in der Realschule: Von den Noten her, vom Engagement her« (AM, 32).

Berufliche Sozialisation, Persönlichkeits- und Kompetenzentwicklung stehen damit einem engen Zusammenhang und verweisen auf die individuellen Entwicklungschancen. Die in der Schule und anderen Sozialisationsinstanzen erworbene Biografie als Lerner in seinem Lernverhalten und seinen Motivationen bedeutet keine statische Festschreibung, sondern wandelt sich vor dem Hintergrund subjektiv erfahrener Bedeutsamkeit.

3.2.1.1.4 Veränderbare Motivationsstrukturen: »... dass ich dort etwas merkte, was im Kontrast zu meinen Schulerfahrungen stand«

Wie oben bereits gut erkennbar wurde, ist der motivationale Hintergrund des lernenden Subjekts von besonderer Bedeutung für Lernprozesse jeder Art. Gerade informelle Lernhandlungen speisen sich aus individuellen Motivationen, die wiederum in ihrem Hintergrund – beispielsweise im Hinblick auf das Leistungsmotiv (Heckhausen 1989) oder auch der intrinsischen Motivation – auf die biografisch sozialisierten Selbstbekräftigungs- und Selbstwirksamkeitssysteme des Individuums zurückgreifen. Auch wenn die frühe Kindheit zu der prägungswirksamsten Zeit für die kognitive und emotionale Entwicklung der Motivationsstrukturen gehört, so sind diese doch in Abhängigkeit soziokultureller Bedingungen und Anforderungen auch im Erwachsenenalter noch veränderbar. Gerade diese Veränderung wurde bei den Pflegenden in den vorliegenden Interviews – wie oben bereits abgebildet – vielfach erkennbar und scheint in einem engen Zusammenhang sowohl mit dem persönlichen Interesse am Lerngegenstand des Pflegeberufs zu stehen, als auch mit der dort erfahrenen Anerkennung und Bestätigung.

> »... dass ich dort etwas merkte was im Kontrast zu meinen Schulerfahrungen stand, nämlich: Plötzlich leistungsfähig zu sein, etwas zu können und dafür auch akzeptiert zu werden« (AS, 16).

So sind es im weiteren Aspekte wie Lust, Neugier und Erfahrung im Pflegeberuf, die im Sinne des begrifflichen Ursprungs von Beigeisterung, nämlich der Ergriffenheit und dem beseelten Geist, informell selbstorganisierte und erfahrungsorientierte Lernhandlungen begründen:

> »Lust auf Lernen hatte ich in diesem Beruf, vielleicht ganz anders als in der Schule, schon. Und ich kann mich erinnern, dass ich mich öfter mal abends in den Klassenraum gesetzt habe und mir dort die Karten noch einmal angeguckt habe, mir die anatomischen Puppen noch einmal angeschaut habe, also dass ich mich richtig mit Interesse an den Dingen auseinandergesetzt habe – das war das eine. Und die Station war das anders. Da war bei mir – sicher in Abhängigkeit der Station und ihrer Bedingungen – oft Begeisterung für die Arbeit mit den Patienten und oft auch für die Form der kollegialen Zusammenarbeit im Team« (AS, 58).

> »Ich glaube, wir können nur eine gute Pflege machen, wenn wir begeistert sind. Also wenn wir auch eigene Impulse in die Pflege 'reinbringen. Wenn wir die Arbeit nur so

abarbeiten und gar nicht mehr sehen, dass es sich dabei um Menschen handelt, ist keine Begeisterung mehr drin. Und Begeisterung heißt für mich in diesem Zusammenhang auch: Ich setze mich intensiv auseinander mit dem was ich mache. Ich reflektiere, was ich mache und bin auch bereit, mich selber dabei in Frage zu stellen und daran zu arbeiten« (AMa, 118).

Es ist also vor allem das persönlich unmittelbar angesprochen und berührt sein von den Aufgaben und Herausforderungen des Pflegeberufes und seiner Welt, was hier zu aktiven informellen Lernhandlungen und deren Attraktivität führt. Dies weist auf eine hohe intrinsische Motivation hin, die keinen weiteren Anstoß von Außen braucht, sondern auf dezidiert individuellem Interesse am Lerngegenstand beruht. Berufswahl und Lernmotivation stehen hier in einem sichtlich signifikanten Zusammenhang. Bezeichnend ist dabei eine Veränderungsdynamik von ehemals nicht ausgeprägten Leistungsmotiven – und/oder Möglichkeiten hin zur vollen Entfaltung, welche durch den Erfolg informeller Lernhandlungen selbstverstärkend bekräftigt werden.

»Die ganze Schulzeit war für mich nicht so toll. Ich habe auch nicht so viele Sachen davon in Erinnerung, wahrscheinlich, weil ich's nicht so angenehm fand. Und die Krankenpflege, also die drei Jahre Ausbildung und Lernen und Schule und arbeiten, das war eigentlich optimal. Das hab' ich gerne gemacht. Da war schon eine hohe Motivation dahinter. Deswegen war ich wahrscheinlich direkt besser als in der Realschule« (AAM, 32).

Solche (Selbst-)Erfahrungen führen häufig zu weitergehenden Lernmotivationen, sich auch auf formaler oder nonformaler Ebene weiterzubilden. So ist bei den Pflegenden – und hier in durchweg allen Interviews abgebildet – eine hohe Weiterbildungsbereitschaft erkennbar, die ihre Wurzeln sowohl im verstärkten Selbstgewahrwerden eigener Kompetenzen oder deren Defizit beruhen.

»Also einmal so: Ich bin ein neugieriger Mensch und nach jedem Abschluss habe ich irgendwie gesagt ›ah, ich mache nix mehr. Das reicht‹ und so. Das war aber gleichzeitig so: Da habe ich mich manchmal als widersprüchlich erlebt. Das war, dass ich festgestellt habe ›Mensch, ich hab' die Fähigkeiten‹ und ›ich hab' die Kompetenzen‹ und hab' dann irgendwie weitergemacht. Oder ich hab', ich hab' irgendwie eine Lücke in irgendwas – in bestimmten Situationen gedacht ›Mensch, da fehlt mir irgendeine Kompetenz dazu‹ oder ›wie gehe ich damit um?‹ und das war dann für mich so ein Antrieb, da etwas zu tun und zu machen. Da fällt mir jetzt kein Beispiel ein – ja, doch: Wenn ich einen Konflikt hatte mit einem Kursteilnehmer und was beleidigend oder gekränkt gewesen war, dann habe ich das zum Anlass genommen, das zu besprechen oder die Selbsterfahrung zu besprechen, und da habe ich eigentlich viel daraus gelernt. Oder auch so ein Gefühl ›Mensch, da stimmt etwas nicht‹ oder so, ›was geht denn da ab?‹ oder so, das irgendwie mit anderen Leuten zu besprechen oder unter professioneller Anleitung, das hat mich eigentlich immer irgendwie so motiviert und da habe ich das Gefühl, da bin ich immer auch daran gewachsen« (AM, 29).

*3.2.1.1.5 Zusammenfassende Hypothesen und erste Schlussfolgerungen für die
berufliche Bildung*

Grundsätzlich konnten eine Reihe von Merkmalen aufgeführt werden, die den
biografischen Zusammenhang informellen Lernens und der daraus resultierenden Kompetenzentwicklung für den Pflegeberuf veranschaulichen. Diese sei-
en im Folgenden als Hypothesen nochmals zusammenfassend dargestellt:

1. Viele Pflegende nehmen ihre Berufsausbildung nicht ohne persönlichen Hintergrund auf, sondern sind sowohl im Hinblick auf ihre Berufswahl als auch
   auf ihre für den Pflegeberuf prädisponierenden Persönlichkeitskompetenzen
   durch sozialisatorische informelle Lernprozesse biografisch geprägt.
2. Informelle Lernprozesse im persönlichen Umfeld und durch ehrenamtliches
   Engagement fördern eine Kompetenzentwicklung, die nicht nur leitend für
   den Berufseintritt sondern auch für den Berufsverlauf wird.
3. Berufswahl und Berufsverlauf fordern fortwährende informell und biografisch zu reflektierende Selbstbildungsprozesse heraus.
4. Die erfolgreiche Passung zwischen Berufswahl und Lernmotivation ist evident.
5. Zwischen informellem Lernen und intrinsischer Motivation besteht sowohl
   im Hinblick auf die Ausgangsbedingungen als auch auf den Lernerfolg ein
   deutlicher Zusammenhang.
6. Biografisch geprägte Dispositionen, die kognitive und mentale Voraussetzungen zum informellen Lernen darstellen, werden verstärkt aktiviert und
   erscheinen durch intrinsische Motivationsbezüge veränderbar im Vergleich
   zu vorherigen Erfahrungen.
7. Die vielfach in Abhängigkeit vom biografisch geprägten Lerntyp selbstorganisiert gestalteten informellen Lernprozesse in der Pflegeausbildung und
   im Pflegeberuf begünstigen nicht nur den Zugewinn fachlichen und überfachlichen Wissens, sondern auch die Entwicklung (selbst-)reflexiver Sozi-
   al- und Methodenkompetenzen.

Vor diesem Hintergrund wird deutlich, welche Ressourcen von intrapersonalen
Bedingungen an Kompetenz und Lernmotivation für die Pflegenden in ihren
biografischen Prägungen und entsprechend determinierten informellen Lernhandlungen vorhanden sind. Sie stellen als Dispositionen ein reichhaltiges Fundament für berufliche Bildungsprozesse und den Anspruch nach Professionalisierung pflegerischer Handlungskompetenzen dar. Hilfreich für eine weitere Förderung dieser bereits vorhandenen Fähigkeiten ist eine stärkere Orientierung am biografischen Weg der Pflegeperson, die hilft, individuell wirksame
Erfahrungen, Motivationen sowie Kompetenzen bewusst zu machen und zu einem reflexiven Umgang mit sich selbst, seinen Stärken und Schwächen zu befähigen.

3.2.1.2 Kompetenzentwicklung durch informelles Lernen in der (Berufs-) Praxis

Im Gegensatz zu vielen gewerblich-technischen Berufen findet die Pflege-ausbildung neben dem theoretischen Anteil – der heute nahezu die Hälfte der dreijährigen Berufsausbildung ausmacht – nicht grundlegend in der Lehrwerk-statt, sondern im Einsatz im realen Berufsfeld, d.h. in verschiedenen klinischen, pflegerischen und sozialen Fachabteilungen statt. Damit ist die Nähe und unmit-telbare Berührung mit tatsächlichen Anforderungen im Berufsfeld gesichert, dem ein Lernen im Prozess der Arbeit inhärent ist. Im Hinblick darauf, wie nun wie gerade dieses im Kern informelle Lernen die Entwicklung beruflicher Kom-petenz und Identität hervorbringt, finden sich in der Auswertung der vorliegen-den Interviews handfeste Erkenntnisse, die diesen Prozess unter den Aspekten von Bewältigungshandeln, Erfahrung, Verantwortung und Selbstwirksamkeits-erwartungen beschreibbar machen.

3.2.1.2.1 Arbeitsbewältigung zwischen Theorie und Praxis: *»Die Realität beginnt auf Station«*

In der beruflichen Pflege wird seit langem ein Dauerstreit über den sogenannten Theorie-Praxis Konflikt geführt. Henke (2002) spricht angelehnt an Bischoff (1993) von zwei zerstrittenen Geschwistern: *»Der Streit der beiden Geschwister ist auf verschiedenen Ebenen entbrannt: zwischen Ausbildung und Praxis, zwi-schen Wissenschaft und Praxis und nicht zuletzt in der Berufspraxis selbst. Im Mittelpunkt dieses Konfliktes steht die Frage, welches Wissen, praktisches Wis-sen oder theoretisches Wissen, das wichtigere Wissen ist«* (Henke 2002, S. 51). Folgt man den einzelnen Protagonisten der Interviews, dann ist die Frage klar beantwortet. Es ist der tägliche Einsatzort, die jeweilige (Kranken-)Station, die das eigentliche »Know-how« abfordert, abbildet und damit zu einem zentralen Ort des Lernens wird.

> »... Schule, ich sage das immer so umgangsmäßig: ›Ringelpietz mit Anfassen‹. Irgend-eine Sache, die halt stilisiert ist, die nichts mit der Realität zu tun hat. Es ist die Frage, wo man da direkt die Schnittmenge findet und dementsprechend die Motivation finden kann, um Lerneffekte zu erreichen. (...) Also ich hatte jedenfalls für mich immer das Gefühl gehabt, dass die praktischen Einsätze mit der wichtigste Teil sind. Dass das, was man dort gelernt hat, so auch verinnerlicht werden konnte, noch präsent ist, selbst nach einigen Jahren, und im Alltag integriert werden konnte« (AKl, 75).

Ein solches Lernen erfolgt in den seltensten Fällen unter pädagogisch-didakti-schen Bedingungen, sondern entsteht durch die Bewältigung berufspraktischer Anforderungen. Besondere Bedeutung kommt dabei offensichtlich der konkre-ten, als realistisch empfundenen Arbeitsanforderung zu, die im Hinblick auf ihre ganzheitlichen Lernaspekte zu nachhaltig wirksamen Verinnerlichungen führt und in einem krassen Gegensatz zur zunächst als mit der Praxis unvereinbar und abgekoppelten Schulausbildung gebracht wird. Dabei steht das Erleben der eigenen Berufsrolle und ihrer Möglichkeiten im Kontext der eigenen und grundlegenden Berufsmotivation, nämlich Menschen helfen wollen, im Vordergrund der Motivation und Relevanzerfahrung.

»Die Antriebsfeder für das Lernen im praktischen Bereich ist halt, dass man fit sein möchte, dass man in Situationen nicht hilflos ist, dass man dem Patienten, dem Kunden jederzeit helfen kann. Man merkt ja, dass man ein wichtiges Glied der Kette ist und da auch eine ganze Menge helfen kann. Auch recht viel Einfluss haben kann: Einfluss auf die weitere Therapie durch bestimmte Maßnahmen, durch bestimmtes Ansprechen der Ärzte, der Kollegen, was natürlich wachsen muss« (AKl, 24).

»Man sieht die Dringlichkeit des Lernens vor Ort. Es ist wichtig, dass ich das kann, weil dann kann ich helfen. Wenn ich das nicht kann, kann ich nicht helfen, bin ich nicht gut in meinem Beruf. Und ich denke, dass die Motivation immer der Schlüssel zum Lernen ist und das habe ich im Klassenzimmer nicht so direkt« (AKl, 72).

»... von der Schule haben wir eigentlich sehr wenig Unterstützung bekommen. Das war sehr abgekoppelt. Das war wirklich sehr abgekoppelt. Das war Theorie auf der einen Seite, Praxis auf der anderen Seite« (ACH, 14).

»... also Schule war Ballast. Das hatte mit dem, was von mir auf Station verlangt wurde in dem Moment, nicht viel zu tun« (AS, 56).

»Und es war so: Die Schule hatte ihren eigenen Stellenwert und die Praxis hatte ihren eigenen Stellenwert. Auf Station lernte man sofort: Wenn Du hier überleben willst, dann passt du dich hier an. Und in der Schule machst du das, was die Schulschwestern wollen. Es sind also zwei Welten, zwischen denen du dich da hin und her bewegen musst« (AS, 107).

Es ist also zunächst eine gehörige Anpassungsleistung erforderlich, um diesen hier als zwei voneinander losgelöst beschriebenen Welten jeweils gerecht zu werden. Der Spagat, sich einerseits anzupassen und demgegenüber doch seine eigene Identität aufrechtzuerhalten, kann als zu bewältigende Herausforderung bestenfalls *einen* gewichtigen Beitrag zur Persönlichkeitsentwicklung leisten. Für die Entwicklung einer eigenen Berufsidentität erscheint diese Situation, so wie sie von den Pflegenden beschrieben wird, jedoch sehr problematisch. Offensichtlich besteht eine große Diskrepanz zwischen dem, was die Praxis abfordert, was von der Schule zum gegebenen Zeitpunkt noch nicht vorausschauend vermittelt werden konnte. Umgekehrt ist vieles von dem, was theoretisch-deduktiv gelehrt wird, in der konkreten Situation nicht praktikabel, weil die Praxis um so vieles widersprüchlicher ist als vergleichsweise die Theorie, und wird demzufolge im stationseigenen Gefüge mit nur dort gültigen Handlungsmaximen anders gehandhabt als von der Schule vermittelt. Gleichwohl: Die Integrationsleistung, Theorie und Praxis zusammenzuführen, wird indes von den Pflegenden parallel versucht und meist erst am Ende von Aus- und/oder Weiterbildungsprozessen mit der Sichtweise auf ein größeres Ganzes erreicht.

»Die Theorie war auch sehr positiv. Hatte einen recht hohen Anspruch, was zwischenzeitlich auch sehr anstrengend war. Wo man nicht direkt eingesehen hat, dass das auch zu einem Ergebnis kommt, wo man einen Benefit von hat. Und muss ich aber im nachhinein sagen: das hat schon alles seinen Sinn gehabt und auch gefruchtet« (AKl, 20).

»Was ich schulisch sehr, sehr interessant fand: Es war anfänglich sehr – ich nenne es immer – Puzzlespiel. Es war hier ein Tag, da ein Tag, hier ein Teil, da ein Teil. Und irgendwann am Ende der Ausbildung, am Ende der Weiterbildung, am Ende der Schulzeit hat sich das schon zu einem Puzzle zusammengefügt« (Ach, 57-59).

Erlebte berufliche Praxis, so kann schlussgefolgert werden, beinhaltet in der täglichen Bewältigung für die Pflegenden – gerade in ihrer Aus- oder fachbezogenen Weiterbildung – die persönliche und geistige Auseinandersetzung mit sich, der Pflegsituation und praktischen Handlungsmaximen jenseits theoretischer Vermittlung, oder auch die Herausforderung zur Problemlösung ohne entsprechenden fachlichen Hintergrund. Damit sind Lernfelder beschrieben, deren Ergebnisse sich im praktischen Arbeitsvollzug innerhalb von Erfahrungen verdichten und so in die individuelle Kompetenzentwicklung einfließen.

3.2.1.2.2 Erfahrungslernen: »... da bin ich mit einem Ruck erwachsen geworden«

Pflegehandeln gestaltet sich sowohl arbeitsorganisatorisch als auch technisch und ganz besonders während der Interaktion mit Patienten und Angehörigen als ein sehr dichtes und persönlich konfrontierendes Erfahrungsfeld. Dabei sind es nicht immer große, gar paradigmatische Erfahrungsmomente, sondern die vielen (Probe-)Handlungen des sich Ausprobierens und (Selbst-)Erfahrens in (noch) unbekannten Pflegehandlungen, ihren Interventionen und Beziehungssituationen mit Patienten, aber auch mit dem Mitarbeiterteam und den klinisch-pflegerischen Aufbau- und Ablaufstrukturen, die auf der subjektiven Ebene nicht nur kognitive, sondern auch emotionale Irritationen, Unsicherheit sowie auch Unlust hervorrufen und nach Bewältigung und Einordnung in die Entwicklung beruflicher Handlungskompetenz suchen.

»Immer, wo ich ganz frisch auf Station war, wo ich mich nicht auskannte und doch ganz schnell funktionieren sollte, das war schon eine für mich nicht unwesentliche Erfahrung. Am Anfang fiel mir das echt schwer, später, sicher durch die vielen Rotationen während der Ausbildung, hatte ich mich daran gewöhnt und mit der Zeit immer mehr Interesse daran entwickelt, mich auf das Neue einzulassen, ja sogar zu freuen. Das hatte dann viel Kreativität freigesetzt« (AS, 112).

»Ich kann mich noch gut daran erinnern, dass ich am Anfang meiner Ausbildung, aber auch noch später, immer wieder Schwierigkeiten damit hatte, mit merkwürdigen Hierarchien oder unsinnigen Abläufen zurecht zu kommen, meine Rolle darin zu finden und das mit meiner Vorstellung von Pflege in Verbindung zu bringen. Ich glaube, ich habe immer versucht mich zu integrieren und irgendwie die Dinge doch beim Namen zu nennen« (AS, 101).

»Die operative Pflege oder postoperative Pflege ist einfach sehr stark geprägt durch Hierarchien im ärztlichen Bereich, die zumindest im Krankenhausbereich wesentlich stärker ausgeprägt sind, also bei den Internisten. Das hat sich auch auf das Team ausgewirkt, dass die Strukturen sehr hierarchisch waren, dass es relativ wenig Freiheiten gab, dass also es eine relativ hohe soziale Kontrolle gab. Das hat mich auf Dauer nicht begeistert« (AMa, 58).

Persönlich bedeutsame im Sinne nachhaltig wirksamer Erfahrungen wurden in den Interviews gerade auf der Ebene von eigenen Fehlhandlungen, Missgeschicken und unerwarteten Komplikationen beschrieben:

»Ich hab' zum Beispiel mal einer Frau eine falsche Medizin gegeben. Das war für mich unglaublich furchtbar. Das war für die Frau nebenbei auch furchtbar. Das war ein Medikament, das man nach der Geburt bekommt, damit sich die Gebärmutter wieder allein zusammenzieht. Und das hat eine ganz andere Frau verabreicht bekommen, die daraufhin starke Krämpfe hatte. Also das war nichts Bedrohliches, aber es war eben sehr unangenehm. Das sind einfach Dinge, die einen schon begleiten und wo man hofft, dass das einem nicht in anderen Zusammenhängen wieder passiert. So was. Oder Situationen, wo ich das Gefühl hab', ich hab' mich unangemessen Leuten gegenüber verhalten, insofern dass ich kurz war, knapp war, eher dem Zeitdruck gefolgt bin als dem Gefühl, jemand zu versorgen und angemessen zu handeln. Auch da gibt es zum Teil Situationen, die ich noch ganz eindrücklich weiß« (AB, 77-81).

»In einem Nachdienst habe ich auf Anweisung einer diensthabenden Ärztin einem Patienten ein Beruhigungsmittel gespritzt. Das war dort Routine, ich hab' mir keine großen Gedanken gemacht. Später habe ich dann gemerkt, dass der Patient immer langsamer und oberflächlicher geatmet hat. Er musste dann notfallmäßig intubiert werden. Weder das Medikament noch die Dosierung waren für diesen Patienten geeignet. Auch wenn mir am Ende keiner einen Vorwurf gemacht hat, war es doch eine große Lehre. Ich habe fortan in solchen Situationen immer auf ärztlicher Anwesenheit bestanden und keine Telefondiagnosen oder Anordnungen mehr zugelassen« (AS, 812).

»In lebendiger Erinnerung sind mir persönliche Missgeschicke, die für mich selbst immer so waren, dass ich hoffte, ich würde gerade nur träumen oder könnte mich irgendwie wegzaubern. Zum Beispiel habe ich mal als Schüler bei einem Patienten mit äußerst schlechten Venen, bei dem nun schon der vierte Arzt versucht hatte, Blut abzunehmen, und am Ende zumindest mäßigen Erfolg hatte, die Namensetiketten verwechselt, sodass die ganze Prozedur von vorne beginnen musste. Oder ich habe mal einen Herzalarm für einen Patienten ausgelöst, der lediglich ein Kreislaufproblem hatte, nicht aber hätte reanimiert werden müssen. Das war mir immer sehr peinlich« (AS, 815).

»Man macht halt immer wieder Fehler und neue Bruchlandungen. Das passiert leider jedem. Auch nach langer Berufstätigkeit« (AAKB, 36-42).

Lernen aus Erfahrung heißt hier insbesondere auch Lernen durch Fehler, seien es die eigenen oder die anderer. Dies setzt voraus, wie die Pflegenden es selbst formulieren, sich auf das Geschehen wirklich einzulassen.

»Lernen in der Praxis ist für mich eine neue Erfahrung machen. Ich weiß z.B. nicht genau, was kommt. Und ich versuche, dass ich mich der Situation gebe und mich ganz darauf einzulassen, mit allen Wirkungen und Nebenwirkungen« (AKl, 41).

Dies ist zweifellos auch bei sehr intensiven, geradezu existenziellen Erfahrungen nötig, die ob der speziellen beruflichen Nähe im Grenzbereich zwischen Leben und Tod nicht selten sind, und gerade junge Pflegende besonders herausfordern:

»... ich bin ich sicherlich mit vielen Dingen auf einer Ebene in Berührung gekommen, die man ganz gemeinhin in solchen jungen Jahren nicht sieht. Also ich habe meinen ersten Toten gesehen mit 18 Jahren und ich habe meine erste Begleitung von Angehörigen in dieser für sie so schwierigen Situation erlebt. Irgendwie hat mich das mit einem Ruck erwachsener gemacht. Ich kann das ganz schwer beschreiben, aber das Leben war für mich von dem Moment an relativ. Ich hab' ein Bewusstsein dafür bekommen, dass es ein Ende hat und dass es darauf ankommt, aus einem Leben etwas zu machen« (AS, 71).

Rituale in der Pflege bieten einem in solchen Situationen einen gewissen Schutz, fordern jedoch gleichzeitig auch das Selbst heraus, sich nicht im Dunstkreis kollektiver Abwehr zu verlieren.

»... es war so, dass ich dann in so einer Mischung von Irritation und auch belustigt sein war, wie es dann in einer solchen Klinik abgeht. Dass so ein Team so ein eigenes Ritual entwickelt hat, damit umzugehen: Wir stellten uns alle im Dienstzimmer auf, tranken auf den Verlust dieses Patienten gemeinsam einen Schnaps und strichen ihn von der Küchenliste. Das war so das erste zu verarbeitende den Humor fürs Leben nicht nehmen wollende Ritual in gewissem Sinne und ich würde sagen: Es war gut so. Ich habe es auch nicht in Frage gestellt. Es war in dem Moment auch richtig und gleichzeitig haben wir uns bemüht, diesen Menschen würdig sterben zu lassen« (AS, 72).

Informelle Lernprozesse in der Pflege verlaufen, wie deutlich wurde, über vielfältige emotionale Sinneseindrücke und affektive Erfahrungen, die gerade aufgrund der emotionalen Betroffenheit eine besondere Nachhaltigkeit erlangen. Dabei ist bemerkenswert, das eine Verarbeitung der Erlebnisse oftmals erst viel später einsetzt. Gleichwohl: Jeder intensive Erfahrungsprozess führt zu einer Veränderung des Menschen, zu neuem Wissen, zu einer anderen Art, die Dinge zu sehen, zu einem veränderten Bewusstsein, und unterstützt damit den Prozess der Kompetenzentwicklung. Damit dies für das Individuum im Sinne einer Verknüpfung von emotionalen Erlebniseindrücken und kognitiver Bewertung gelingt, ist Sprache notwendig. Pflegende gehen diesen Weg primär zunächst untereinander.

»Also im Kollegenkreis wird sensationell viel gesprochen, über Erfahrungen, Patienten, Krankheitsbilder, Methoden, und natürlich auch privates« (AMe, 61).

Klinische Verhaltensweisen in Pflegesituationen beruhen denn auch oft mehr auf einer Kumulation von persönlichen Annahmen, Erfahrungswerten und am Ende schlicht Emotionen, die in Entscheidungssituationen das Handeln leiten.

»Gut, das meiste geschieht irgendwie spontan aus dem Bauch heraus. Man sieht, was los ist und weiß intuitiv, was zu tun ist. Das ergibt sich durch viel Praxis und Erfahrung. Da denkst du nicht mehr über Theorien nach. Oder du holst dir Hilfe von Kollegen und fragst die nach ihrer Einschätzung und da ergibt sich in der Regel immer etwas« (AS, 802).

Gerade deshalb erscheint es wichtig, Erfahrungen zu besprechen und einer in die Aus- und Weiterbildung integrierten Reflexion zuzuführen, beispielsweise wie das im Ansatz der Supervision gegeben ist. Ziel sollte sein, dass die Pflegenden ihre Erfahrungen, die im Prozess des Geschehens oftmals ins Verborgene gehen, mit allen dazugehörigen Gefühlen und Eindrücken bewusst machen können. Dies mag dann auch einen Beitrag dazu leisten, wie es in der Kontrastierung der Interviews mit der ärztlichen Seite als Notwendigkeit beschrieben wurde und für die Pflege gleichermaßen gilt, die eigene Erfahrung nicht absolut zu setzen, sondern offen zu bleiben für andere Erfahrungen und andere Ideen.

Eine offenbar sehr bedeutsame Erfahrung für Pflegende in der Aus- und Weiterbildung, die ihnen hinsichtlich ihres Lernweges enormen Anschub verleiht, ist das in sie gesetzte Vertrauen.

3.2.1.2.3 Lernen durch Vertrauen und Selbstwirksamkeitserwartungen: »Du kannst das« und »ich will das«

Ein ganz spezifischer Lernmoment ist in der beruflichen Praxis augenscheinlich innerhalb der Dimension von Vertrauen begründet, welches von erfahrenen Kollegen in den »Novizen« gesetzt wird. So geht es um das »Spüren«, dass einem etwas zugetraut wird, und darum, dies als Ansporn für die weitere Entwicklung zu nutzen.

»... in der Inneren Intensiv z.B. durfte ich mal in einer extremen Situation trotzdem dabei bleiben, obwohl ich das [gemeint ist das Assistieren beim Einlegen eines Pulmonaliskatheters: S.K.] noch niemals gemacht hatte. Und mir wurde angereicht. Das fand ich so toll von dem Team, dass die einem das Gefühl geben, du kannst das. (...) Aber das vergesse ich mit Sicherheit auch nicht, wo ich doch noch nie eine Ahnung davon hatte« (AKl, 72).

Was hier auf den ersten Blick wie »ins kalte Wasser geworfen werden« aussieht, stellt sich aus der Subjektperspektive nicht allein als eine Förderung von Selbstbewusstsein und Anerkennung dar, sondern auch als nachhaltig prägendes Ereignis, das gleichsam als motivierender Faktor für den weiteren Berufsweg wirkt. Ebenso stimuliert es informelle Lernhandlungen, indem das Geschehen im Theorie-Praxis-Vergleich reflektiert wird.

»... Da war ich dann richtig angespitzt. Und da habe noch einmal ganz viel nachgelesen und im Internet recherchiert und mir so ein Bild gemacht, wie es in der Theorie beschrieben wird. Und welche Möglichkeiten es gibt und wie ich es praktisch erlebt habe. Das ist in meinem Kopf abgespeichert und jetzt Jahre später immer noch präsent« (Kl, 74).

Dass Kompetenz oftmals dadurch entsteht, dass erst Verantwortung übernommen wird und dann ein die Kompetenz begründender und vertiefender Lernprozess einsetzt, bestätigt auch der zur Kontrastierung der Pflegeinterviews herangezogene Oberarzt aus seiner persönlichen Erfahrung:

»Kompetenz hat sich letztlich entwickelt über die Verantwortung. Das muss man auch so sagen. Dass man alleine zuständig war. Das ist ja alles verrückt. Mit am meisten gelernt, nachdem ich schon Oberarzt war. Wo man denken würde: Da kommt man hin, wenn man sowieso wahnsinnig viel weiß. Da habe ich letztlich da wahnsinnig viel gelernt, echt wahnsinnig viel gelernt. Mit fast das meiste im Grunde schon, nachdem ich eigentlich formal am Endpunkt war« (AAKB, 45).

Eine wesentliche Voraussetzung für die Übernahme von Verantwortung, wie auch für die dazu notwendigen Lernprozesse, mag in einer ausgeprägten Selbstwirksamkeitserwartung (Bandura 1982)[58] begründet sein:

»Der andere Punkt ist, dass gesagt wurde ›Mensch‹, das ist viel Verantwortung, die pflegefachliche Führung für fünf Altenheime zu übernehmen. Aber ich denke, man wächst auch an den Aufgaben. Mit Sicherheit werde ich viele Fragen haben, auch in dieser Arbeit, und ich werde viel lernen – lernen müssen –, aber auch lernen wollen, und ich glaube, ich bin nicht jemand – und das hängt auch mit der Selbstständigkeit meiner Eltern zusammen –, der sich gerne ins gemachte Nest setzt und darauf ausruht« (AMa, 65).

3.2.1.2.4 Zusammenfassende Hypothesen und erste Schlussfolgerungen für die berufliche Bildung

Die berufliche Praxis bietet für die Pflegenden sowohl in fachlicher wie in persönlicher Hinsicht einen reichhaltigen Erfahrungs- und Möglichkeitsraum, dessen (Aus-)Wirkungen auf informelle Lernprozesse und Kompetenzentwicklungen sich in folgenden Hypothesen zusammenfassen lassen:

---

58 Mit dem Konzept der Selbstwirksamkeit von Albert Bandura wird in der Psychologie die Fähigkeit bezeichnet, aufgrund eigener Kompetenzen Handlungen ausführen zu können, die zu den gewünschten Zielen führen. Die entsprechende Erwartung bzw. Überzeugung des betreffenden Menschen, sein Ziel durch eigenes Tun zu erreichen, wird als Selbstwirksamkeitserwartung bezeichnet. So konnte in Untersuchungen belegt werden, dass Menschen mit einem starken Glauben an die eigenen Fähigkeiten eine größere Ausdauer bei der Bewältigung von Aufgaben und eine bessere Arbeitsleistung erbringen.

1. Berufliches (Mit-)Erleben führt in seinen vielfältigen erfahrungsgebundenen Bildern und emotionalen Eindrücken zu ganzheitlich und nachhaltig wirksam empfundenen Lernprozessen, die erfahrungsorientiert und selbstorganisiert ablaufen und mit intrinsischen Motiven und Selbstkonzepten verknüpft sind.

2. Zwischen schulisch vermittelter Theorie und beruflich erlebter Praxis besteht ein Missverhältnis sowohl im Hinblick auf die Passung von aktuell notwendigem theoretischem Hintergrundwissen und theoretisch (noch) nicht anschlussfähigen Erfahrungsüberschüssen einerseits als auch auf unterschiedliche Vorstellungen sowie Handlungs- und Deutungsmuster andererseits.

3. Handlungsanforderungen der beruflichen Praxis setzen daher Widerstände durch die Konfrontation von theoretischen und/oder persönlichen Idealvorstellungen gegenüber der Komplexität und widersprüchlichen Erleben der Praktikabilitätsansprüche in der Arbeitswelt, was intensive (Selbst-)Auseinandersetzungen und Lernprozesse in der Suche nach einer Verbindung von Theorie und Praxis herausfordert.

4. Die Zusammenarbeit im Team nimmt Einfluss auf die Förderung und weitere Entwicklung persönlicher und beruflicher Identität. Anpassungs- und Integrationsleistungen an die jeweiligen Bedingungen fordern Rollenhandeln heraus.

5. Eigene Fehlhandlungen führen zu nachhaltig wirksamen Lernprozessen.

6. Erfahrungen werden zum individuellen Hintergrund, der die Bildung von routiniertem, intuitiv geleitetem Handeln ausmacht.

7. Kompetenz entwickelt sich dadurch, dass Verantwortung übernommen wird. Dies steht in engem Zusammenhang von Vertrauen auf sich selbst, unterstützt durch das Zutrauen anderer und den Glauben an die eigene Selbstwirksamkeit.

Aus den aufgezeigten Hypothesen ergibt sich im Kontext beruflicher Bildung die Notwendigkeit eines konsequenten Brückenbaus zwischen der seitens den Pflegenden als von der Praxis losgelöst beschriebenen Theoriewelt auf der einen Seite und ihren berufspraktischen Erfahrungen auf der anderen Seite. Mit anderen Worten: Die Stärke der im Handlungsfeld Pflege entwickelten Erfahrung bedarf der Sprache und der Reflexion, damit die dort in Auseinandersetzung und Konfrontation mit andern Sichtweisen und Betrachtungen generierten Pflegekompetenzen sich zu einer professionellen Handlungskompetenz verbinden können. Hier wäre mit Blick auf die Beziehung zur Pflegewissenschaft durchaus dialogisch zu denken. So erscheint es vor dem skizzierten Hintergrund sinnvoll, in der Entwicklung einer genuin eigenen Berufswissenschaft als Leitziel gegenwärtiger Professionalisierungsbestrebungen mehr an den Erfahrungen der Pflegenden selbst anzuknüpfen als den Pflegenden theoretische Sichtweisen und

Idealvorstellungen anderer Länder oder anderer Bezugswissenschaften als Leitbild vorzugeben.

3.2.1.3   Lernen durch Zusammenarbeit und Interaktion

Pflegerische Arbeit bezieht sich in einem hohen Maße auf Kommunikations- und Interaktionsanteile. Dies betrifft sowohl die Zusammenarbeit im Team als auch die Kooperation mit anderen Berufsgruppen und die Beziehungsarbeit mit Patienten und Angehörigen. Jenseits der an anderer Stelle (S. 168) noch näher zu beschreibenden Einflussfaktoren der Stations- und Gruppendynamik auf Lernprozesse und Kompetenzentwicklungen soll hier auf Aussagen und Erfahrungen der Pflegenden Bezug genommen werden, die explizit auf ein soziales Lernen voneinander verweisen.

3.2.1.3.1 Beobachtungslernen bei Kollegen: »... sehr genau angeguckt und abgewägt«

Hohes Gewicht hatten in den Interviews Hinweise mehrerer Protagonisten, dass es für sie zu einer grundlegenden Lernform gehöre, sowohl fachliche als auch soziale Verhaltensweisen von Kollegen abzuschauen. Dabei handelte es sich jedoch nicht um ein unreflektiertes Übernehmen, sondern um ein sorgfältiges Prüfen und Beurteilen, ob es zu einem selbst passt oder nicht.

> »... ich glaube schon, dass ich mir das Verhalten, Äußerungen und die Haltung sehr genau angeguckt hab' – ich bin von meiner Person eher eine zurückhaltende – und dann abgewägt hab': was davon erscheint mir stimmig« (AB, 60).

> »... da waren ja vielfach immer erfahrende Kollegen dabei. Das hat sich dann durch Abgucken so entwickelt und man hat dann wieder abgeguckt und entwickelt und dann übernommen, was für einen selbst passte« (AAKB, 15).

> »... Also informelles Lernen geschieht z.B. über Vorbilder. Ich glaube, sehr viel in der Pflege läuft über Vorbilder. Dass man Personen findet, an denen man sich orientieren kann, an denen man Wertmaßstäbe überprüfen kann« (AM, 108).

Folgt man Zimbardo (1995), dann ist die Fähigkeit, aus derartigen Beobachtungen zu lernen, sehr hilfreich und wirksam, da hiermit der Erwerb umfangreicher integrierter Handlungsmuster möglich ist, ohne den eigenen Lernweg über Versuch und Irrtum gehen zu müssen. Gerade das Lernen durch Fehler Anderer erweist sich in dieser Hinsicht als vorteilhaft. So verwundert es nicht, wenn dieses Lernen als besonders nachhaltiges Lernen bewertet wird:

> »ich würde sagen, wenn ich gelernt hab', dann hauptsächlich von denen, mit denen ich gearbeitet hab. Also am eindringlichsten, am nachhaltigsten« (AB, 27).

Beachtenswert erscheint bei dieser Lernform auch der Vorbildcharakter, der als Handlungsmuster oder auch als antizipierte Bewertung in schwierigen Situationen eine Rolle spielt:

> »... und auch schon in schwierigen Situationen, wo ich persönlich an die Grenzen kam, bestimmte Kolleginnen vor Augen hatte und gedacht habe: wie würden die sich in dieser Situation verhalten? Oder auch: wie würde ich vor denen bestehen?« (AB, 56).

So wird deutlich, wie sehr Lernprozesse während der Arbeit im Praxisfeld auf Kollegen zurückgeführt werden. Sie sind es, die mit ihrer Erfahrung zum Modell werden und damit die Entwicklung beruflicher Identität ebenso beeinflussen, wie sie Fähigkeiten, Kenntnisse und Werthaltungen durch ihr Handeln vorleben und damit vermitteln.

> »... Lernen findet im Prinzip durch Kollegen statt. Durch konkrete Fragen und kurze Antworten und durch Beschreiben von Situationen und auch durch viel Zuschauen. In gewissen Extremsituationen einer Krise eines Patienten, wo man dabei ist, das macht, was man kann, aber gleichzeitig zuschaut, was es da noch für Möglichkeiten gibt, was der vielleicht noch erfahrenere Kollege in dieser Situation macht« (Akl, 32).

Maßgebend für die Orientierung an Kollegen sind die Aspekte gegenseitiger Sympathie und Interesse sowie Engagement für den Beruf. Wen man schätzt, dem hört und sieht man gerne zu; wer engagiert ist, motiviert auch den Anderen. Dies wird von den Pflegenden offenbar auch berufsgruppenübergreifend so empfunden:

> »Da würde ich gar nicht trennen zwischen ärztlichen und pflegerischen Personen, sondern halt die jeweils motivierten meinen, die sympathisch – also mir jetzt sympathisch oder dem ich sympathisch bin« (Akl, 30).

3.2.1.3.2 Lernen vom Patienten: »Das Bild, das ich von mir und vom Leben habe, verändern«

Weitere bedeutende Elemente für zwischenmenschliche Lernvorgänge finden sich auf der Beziehungsebene zwischen den Pflegenden und den Patienten. So wird in den interaktionistischen Pflegetheorien (vgl. u.a. Peplau 1995) Pflege als zwischenmenschlicher Beziehungsprozess reflektiert, in dem beiden Seiten aus diesem lernen und sich weiterentwickeln. Dieses Lernfeld wird auch von den Pflegenden in den Interviews als solches beschrieben. Hier zeigt sich ein Raum intensiver Begegnung, in dem die Pflegenden ihre eigene Veränderung erklären:

> »... wiederum glaube ich, dass ich auf den Stationen so am meisten für mich gelernt hab, also nicht nur fachlich, sondern auch persönlich, auf denen Patienten waren, die lange blieben oder wiederkamen« (AB, 27).

> »... wobei ich der Meinung bin, dass das Bild, das ich von mir habe, von Patienten habe, auch noch nachträglich verändert wird. In den letzten zwei, drei Jahren ist da auch eine Veränderung. Dass es halt nicht um das Kurative geht, sondern letztlich ausschließ-

lich um das Begleiten und man somit auch eine andere Motivation hat, mit der Problematik umzugehen, dass Sterben auf der Intensivstation etwas Normales ist« (Akl, 20).

»... in der Onkologie und der Arbeit mit Sterbenden und Schwerkranken, da kommst du dazu, dir Gedanken über das eigene Leben zu machen. Ich denke, da kommt auch einiges her, dass ich jetzt Sachen verwirkliche. Wo ich gesehen habe: Die haben ihre Sachen nicht verwirklicht. Sie haben das zwar immer vorgehabt, diese Patienten haben auch darüber geredet. Und dann haben sie es halt nicht mehr geschafft. Und da habe ich sicherlich eine Menge für mich ›rausgezogen‹« (AAMe, 193-199).

»Ich denke viel über die Würde und das Leben nach. Diese Erfahrung, dass jemand so früh in einen ganz anderen Zustand kommen kann, heißt für mich: Es ist jetzt superwichtig, jeden Tag zu leben, jetzt zu leben« (AAKU, 87).

Es sind gerade die ständigen Konfrontationen mit Leid, schwerer Krankheit, Sterben und Tod, die es für die Pflegenden nicht immer einfach machen, sich auf eine tatsächliche Pflegebeziehung einzulassen, da eigene Gefühle wie Überforderung und Ängste im Vordergrund stehen.

»... für mich war das nicht immer möglich, mich auf Patienten in ihrer Situation wirklich einzulassen, das heißt vom Gefühl her. Ich habe es oft versucht, aber mit der Zeit auch immer mehr meine Grenzen gemerkt. Der weiße Kittel war da im wahrsten Sinne des Wortes ein Schutzanzug, da konnte ich mich mit klinischer Geschäftigkeit schützen« (AS, 671).

Demgegenüber berichten Pflegende auch von für sie intensiven Begegnungen mit Patienten und deren Angehörigen, die sie als eindrucksvoll erlebt haben, weil sie etwas für sie menschlich Bewegendes daraus mitgenommen haben:

»Also auf der ersten Station, auf der ich war, hatte es einen Mann gegeben, der Krebs hatte und der auch verstorben ist zu der Zeit, wo ich da war, wobei zwischen ihm und mir eine besondere Begegnung stattgefunden hat. Das war nämlich so, dass, wenn es ihm schlecht ging, er gerne noch ein Zigarettchen rauchen wollte. Und ich war immer diejenige, die mit ihm 'runterging, und das war für ihn auch immer ein besonderer Luxus, der ihm ermöglicht wurde. Ja, und wir haben dann intensive Gespräche geführt. Das waren nur ganz kurze, aber es war dann immer wieder möglich, daran anzuknüpfen. Das war eine sehr intensive menschliche Begegnung für mich« (AB, 77).

Entsprechend der Auffassung von Peplau, das Ziel der Pflege beinhalte Wachstum und Reifung, und zwar nicht nur für die Person, die gepflegt wird, sondern auch für diejenige, die pflegt, lässt sich vor dem Hintergrund der beschriebenen Pflegeerfahrungen dieser Reifungsschritt zumindest in seinen Ansätzen feststellen. Gleichwohl wird es darauf ankommen, im Interesse einer professionell gestalteten Beziehungsarbeit und entsprechend zu entwickelnder Handlungskompetenz genau solche Erfahrungen zu reflektieren und damit zu verarbeiten, gerade auch, um mit den eigenen und fremden Anforderungen hieran (besser) zurecht zu kommen.

3.2.1.3.3 Lernen im persönlichen Umfeld: »... der Umgang mit Menschen, mit Trauer, mit Krisen, den ich nicht unbedingt in der Theorie lernen kann«

Jenseits der Anforderungen und daraus resultierenden Lernhandlungen in der Arbeitswelt hält das alltägliche Leben im eigenen persönlichen Umfeld der Pflegenden ebenso viele Facetten an Lerngelegenheiten bereit. Diese wirken, oft wechselseitig verknüpft mit Arbeitserfahrungen – und hier zeigt sich, dass informelles Lernen im Hinblick auf Kompetenzentwicklung nur analytisch in ein Lernen im Prozess der Arbeit und ein Lernen im sozialen und persönlichen Umfeld unterschieden werden kann –, direkt in das Arbeitsfeld der Pflegenden hinein.

»Also der Umgang mit Menschen, mit Beziehungen untereinander, die hab' ich eindeutig in meinem Leben gelernt, außerhalb des Berufes, obwohl man das auch nicht so eindeutig sagen kann. Es ist ja nun ein Beruf, wo ich sowieso immer Beziehungen zu irgendwelchen Menschen hab'. Aber vieles, was ich so in meinem Leben hab' lernen müssen, das kann ich auch Beruf integrieren. Zum Beispiel: Die Krisen, die ich im Leben durchgemacht habe, die nichts mit meinem Beruf zu tun haben, obwohl man das Privatleben bei Krankenschwestern nie ganz auseinander halten kann. Aber der Umgang mit Menschen, der Trauer, die Krisen, was man nicht unbedingt in der Theorie lernen kann. Und was mir aber hilft, so was bei anderen Menschen nachzuvollziehen. Zum Beispiel hab' ich eine Totgeburt gehabt, und ich weiß jetzt wirklich, was Trauer ist. Da ist das Lehrbuch – oder der Unterricht zur Gesprächsführung in Krisensituationen – nur ein Grundgerüst, was ich nicht unbedingt nachvollziehen kann, wenn ich nicht selber so etwas in der Art schon einmal durchgemacht habe« (AAMe, 170-177).

»Auch die Erkrankung meiner Schwiegermutter verändert mein Denken. Doch: Das hat meinen Umgang mit alt werden und diesem Später verändert, weil ich weiß: Das Später kann ganz schön verdammt anders aussehen. Und das wiederum verändert auch meinen Umgang mit meinen Patienten, weil ich sie jetzt durch diese Eigenerfahrung besser verstehe« (AAKU, 83).

So ist es die persönliche dichte Erfahrung, das Selbsterleben, die konkrete Begegnung mit Krisen und Krankheiten, entweder bei sich selbst oder im unmittelbaren persönlichen Umfeld, was zu emotionalen Auseinandersetzungen sowie spürbaren Veränderungen führt und von den Pflegenden als ein Lernen aus dem Leben thematisiert wird. Umgekehrt fließt das Erleben im Beruf auch in das persönliche Umfeld, wird dort durch Erzählungen und Austausch persönlich »verarbeitet« und fließt möglicherweise als neu gewonnene Sichtweise wieder in das berufliche Handeln zurück.

»Natürlich wird dann immer viel erzählt. Jeder berichtet von seinen Highlights oder dem, was stressig war. Da kann man dann ja schon mal Dampf ablassen und sich reflektieren. Das ist Erfahrungsaustausch. Mir tut das immer ganz gut, weil ich die Dinge dann besser sehe und mich selbst besser verstehe« (AB, 61)

»Wenn ich mit meinen Freundinnen zum Beispiel irgendwelche Unternehmungen mache und auch mit denen intensive Gespräche führe, sind das letztlich auch Lernerfahrungen in Kontakt, in Interaktion, auch Kontakt mit Erfahrungen, die wir gemeinsam
haben, die ich auch wiederum einbringe in meine Arbeit« (AAKU, 111).

3.2.1.3.4 Zusammenfassende Hypothesen und erste Schlussfolgerungen für die berufliche Bildung

Zusammenarbeit mit Kollegen im Team sowie mit Patienten und Angehörigen,
nicht zuletzt eigene Lebenserfahrungen sowie das En-passant Lernen im
Alltagsleben des persönlichen Umfelds befördern durch soziale Lernstrukturen
und Interaktionsprozesse sowohl Anlässe als auch Methoden informellen
Lernens. In seiner Relevanz ist es gerade dieser Zusammenhang, der, angelehnt
an Raven (2006),[59] die pflegerische Handlungskompetenz auf der Ebene von
Fallverstehen und einer hermeneutisch-lebenspraktischen Kompetenz nahezu
vollständig unterfüttert. So lassen sich aus den vorgenannten Darlegungen der
kommentierten Interviewsegmente folgende zusammenfassende Hypothesen
ableiten:

1. Über das Modelllernen findet nicht nur der Erwerb komplexer sozialer
   Handlungsmuster statt, auch erfahren hier berufspraktische fachliche Fähigkeiten eine personengebundene Ausrichtung und Regulierung.
2. Die klassische Helfer-Patient Rollenverteilung wird in einer Umkehrung erfahren und führt auf der Ebene intensiver dialogischer Begegnungen und der
   Konfrontation mit schwerer Krankheit und Tod zu nachhaltig wirksamen
   Selbstauseinandersetzungen und persönlichen Reifungsschritten.
3. Lernen im persönlichen Leben und Umfeld fördert selbstreflexive Auseinandersetzungen und findet in wechselseitiger Beeinflussung mit dem beruflichen Erleben statt.

Für die berufliche Bildungsarbeit in der Pflege wird es m.E. von Bedeutung
sein, diesen Prozess in seiner Qualität der Generierung von berufsfachlichem
Können nebst Personal- und Sozialkompetenzen aus den beschriebenen informellen Lernprozessen heraus stärker in die weiteren pädagogischen Überlegungen zur Entwicklung pflegerischer Handlungskompetenz einzubeziehen. So erscheinen mir curriculare Debatten um die Entwicklung von Handlungskompetenz, wie sie z.B. im Lernfeldkonzept[60] zum Ausdruck kommen, zu kurz zu

---

59 Vgl. Kap. 2.3.2.5, S. 108ff.
60 Zentrales Merkmal des Lernfeldansatzes ist eine Loslösung vom fachbezogenen Lernen
    in Unterrichtsfächern zugunsten einer Orientierung hin zu einer Strukturierung des Rah-
    menlehrplanes nach Lernfeldern, die einerseits fachübergreifend an beruflichen Tä-
    tigkeiten auszurichten sind, und anderseits den Bildungsauftrag der Berufsschule mit be-
    rücksichtigen sollen. Lernfelder sind somit keine reinen Abbilder betrieblicher Hand-
    lungsabläufe, sondern didaktisch aufbereitete, auf Qualifizierung und Bildung abgestellte
    Lehrplanbausteine (vgl. Oelke 2004).

greifen. Auch wenn die dort gestalteten Handlungssituationen der Praxis ent-
nommenen sind, so sind sie doch mehr oder weniger künstlich hergestellt und
mehr auf die Erzeugung von kompetentem Handeln ausgerichtet, als dass sie
von der Förderung dessen ausgehen, was angelegt ist und sich in den Bewäl-
tigungsanforderungen der Lebens- und Arbeitswelt bereits herausgebildet hat.

3.2.1.4   Lernen durch kulturelle Bedingungen und grundlegende psychologische Bedürfnisse

Konzepte moderner Entwicklungs- und Motivationspsychologie verweisen deutlich auf die Perspektive einer ganzheitlich zu betrachtenden Person-Umwelt Relation (vgl. z.B. Nuttin 1984; Krapp 2005). So gehen sie davon aus, dass die
Umwelt einen entscheidenden Einfluss auf die Ziele und das Handeln der Person
ausübt. Individuelle Grundbedürfnisse beispielsweise nach »Wohlfühlen«, Kom-
petenzerfahrung und sozialer Integration stehen damit in wechselseitiger Abhängigkeit zur Umwelt und werden deshalb von Nuttin auch als eine funktionale
Einheit betrachtet.

In dem hier untersuchten Feld der Pflegeberufe trat dieser Zusammenhang deutlich hervor. Die spezifische Lernkultur der Station sowie die gruppendyna-
mischen Elemente im Team, verknüpft mit psychischen Gründbedürfnissen nach
Akzeptanz, Rollensicherheit und Kompetenzerleben, konnten als Einflussfaktoren für informelle Lernhandlungen und Kompetenzentwicklungsprozesse identifiziert werden.

3.2.1.4.1 Die Lernkultur der Station: »sich das selbst erarbeiten«

Folgt man Borsi (1994), dann lässt sich eine Stationskultur, gleich, ob im Krankenhaus oder Pflegeheim, als Gesamtheit der »in einer Klinikorganisation bewusst oder unbewusst, symbolisch oder sprachlich tradierten Wissensvorräte
und Hintergrundüberzeugungen, Denkmuster und Weltinterpretationen, Wertvorstellungen und Verhaltensnormen, wie sie im Denken, Sprechen und Handeln der Stationsangehörigen und der Patienten regelmäßig zum Ausdruck
kommen« (ebd., S. 123) verstehen. Lernen in diesem Mikrokosmos der Organisation Klinik hat viele Gesichter und verweist auf nachhaltige Lernprozesse, die
mit Eigeninitiative entdeckt und wahrgenommen werden:

> »Das Lernen auf Station war eigentlich so, dass man sich das selbst erarbeitet hat. Dass
> man in der Situation dabei war, zugeguckt hat, und gemerkt hat: wenn dies und das ge-
> macht wird, passiert das und das. Und das war zumindest für mich immer sehr prägnant
> und es war dann auch so gut wie nicht vergessen. Selbst bei Situationen, die einmalig
> waren. Und wenn man das zwei Jahre später woanders erlebt hat, hat man das wieder
> herausnehmen können« (AKl, 22).

> »Auf der Intensivstation habe ich irgendwie gedacht ›jetzt weiß ich, warum ich die
> komplizierte Ausbildung gemacht habe‹, also von der Theorieseite her und plötzlich

wurde alles rund. Und du brauchtest diesen medizinischen Hintergrund, um dort überhaupt eine Ahnung zu haben, warum *was* dort *wie* passiert. Und alleine diese Herausforderung, Patienten eigenständig zu übernehmen, hat ganz automatisch viel Lerngewinn gebracht. Und im Kollegenkreis war bei Übergaben und auch zwischendurch bei Ärzten eine ständige Fragehaltung, wo du Verläufe erklären musstest und auch auf dein Handeln hinterfragt worden bist. Also, ich habe gemerkt, dass ich noch mehr lesen muss, und dass mich das immer weiter interessiert und ich daher anfing, mir immer mehr Fachliteratur über Intensivmedizin zu kaufen« (AS, 131).

»Gut auf Station war für letztlich, wenn ich mir selber überlassen wurde. Ich brauchte zwar jemanden im Hintergrund, wo ich dann eine Sicherheit hatte, den ich immer wieder fragen konnte, aber bei mir war es dieser Aspekt, ›Learning by Doing‹. Also wenn ich jemanden hatte, der mir ständig gesagt hat, so, dann machst Du dieses oder jenes, dann hab' ich das immer runtergearbeitet, aber ich habe dabei sehr wenig gelernt, aber wenn man mich einfach mal machen lassen und gerade auch so, wenn ich nachher gemerkt hatte, da hast du einfach einen Prozess entwickelt, ein Problem gelöst, dann war das für mich der größte Lerneffekt«.

Was hier gleichsam als aktiver informeller Lernprozess mit hohem erfahrungsorientiertem und selbstorganisiertem Charakter beschrieben werden kann, erfährt eine weitere Ergänzung durch die mehr oder weniger bewusst wahrgenommen inneren Bestandteile des spezifischen Stationsgefüges mit seinen Abläufen, Werten und Einstellungen und kollektiven Hintergründen als neue zu durchdringende Erfahrungswelt.

»… die Erfahrung auf Station, und die hat irgendwie in mir gelebt, die hat irgendwie geatmet. Das ging so in einen über. Ich kann das gar nicht anders beschreiben. Ich hatte nach kurzer Zeit irgendwie das Gefühl, in einer Welt zu leben, die eine eigene Sprache hat, die mich neugierig macht, die mich vom Menschen her immer in irgendeiner Form anspricht und fordert« (AS 58).

Dabei ist in seiner Bedeutung für die Lernkultur nicht nur der Lernanreiz durch das der Fachwelt eigene Klima hinsichtlich von Sprach-, Denk- und Verhaltensmustern jenseits gesellschaftlicher Erfahrungswelten entscheidend, sondern im besonderen Maße auch die Lernbedingungen. Diese werden in der Wahrnehmung der Pflegenden im starken Maße durch das Team bestimmt.

3.2.1.4.2 Teambedingungen: »… die eigene Rolle finden«
Im Team konzentrieren sich individuelle Erfahrungen durch Face to Face Beziehungen (vgl. Borsi 1994). Entsprechend hoch ist die Wirkung auf Lernpotenziale und informelle Lernhandlungen. Von Bedeutung ist der Wunsch, im Team akzeptiert zu werden, dazuzugehören, Bestätigung zu erfahren und Freiraum für die eigene Entwicklung zu erhalten.

»Ich habe hier sicherlich Anerkennung empfunden und auch bekommen. Man hat mir viel zugetraut und ich habe schon viel machen können in der Zeit. Obwohl ich im Grunde genommen nur eine erste grundlegende Ausbildung hatte, hat man mich in viele Sachen miteinbezogen. Und ich habe wie selbstverständlich eine Aufnahme in das Team erfahren, als wäre ich schon lange da und die hatten mir auch zum Schluss gesagt, dass ich sehr gut hineinpassen würde und es war ein netter Abschied. Also ich hab' mich akzeptiert und anerkannt gefühlt, und das hat mir Selbstzutrauen gegeben. Ich kann was und das könnte es sein« (AS, 12-16).

»Ich wollte dazugehören. Das war schon irgendwie eine Herausforderung für mich, meine Rolle zu finden« (ACh, 14).

»Wir haben da ein Superteam gehabt, wo ganz viel Kreativität zugelassen wurde, um sich selber auch in der Arbeit zu entfalten. Es waren durchweg sehr engagierte Mitarbeiter, die, wenn man von einer Fortbildung berichtete, hoch interessiert waren und einen unterstützen, bestimmte Inhalte auch umzusetzen. Da stimmte einfach Arbeitssituation und Zusammenarbeit« (AM, 58).

Neben der Befriedigung der hier angesprochenen psychischen (Grund-)Bedürfnisse der Befragten wie Selbst- und Rollensicherheit, Kompetenzerleben und Autonomie, die als Leistung des Individuums im Kontext der Gruppendynamik immer wieder neu auszubalancieren sind, spielen konkrete Rückmeldungen durch Kollegen eine besondere Rolle hinsichtlich ihrer Lernerfahrungen im Team:

»Und dann habe ich eine Fachweiterbildung gemacht in der Psychiatrie; da bin ich sehr gefördert worden. Da habe ich mir sehr viel angeeignet, auch und gerade im Umgang mit psychisch kranken Menschen. Auch in der Zusammenarbeit im Team, und das ist auch eine Kompetenz, finde ich. Das ist wie ein Selbsterfahrungsanteil gewesen. Da habe hier und da Rückmeldungen gekriegt, die vielleicht nicht immer so angenehm waren, aber da habe ich eine Menge daraus gelernt« (AFM, 19).

»Wichtig waren diese Gespräche, wo man auch einmal eine Rückmeldung bekam. Gerade die Gespräche zwischendrin – also wenn ich gerade an den Einsatz in der Psychiatrie denke, da habe ich ein sehr gutes Team angetroffen und vieles so einfach bei der Zigarette zwischendurch und beim Kaffe stattfand und mich auch weitergebracht hat« (AM, 43).

So ist es das Team, das die Bedingungen für ein förderliches Lernklima auf der Station herstellt, und es ist eine Herausforderung für das lernende Subjekt, hierauf mit seiner Person zu antworten. Gerade der Eintritt in die Praxisgemeinschaft, das Rollenhandeln zur Entwicklung einer beruflichen Identität, die Aufrechterhaltung eigener Normen und Werte im Kontext stationsspezifisch kultureller Codes kann als besondere Aufforderung informellen Lernens zu persönlicher, aber durchaus auch fachlicher Kompetenzentwicklung interpretiert werden.

3.2.1.4.3 Zusammenfassende Hypothesen und erste Schlussfolgerungen für die berufliche Bildung

Informelle Lernhandlungen und individuelle Kompetenzentwicklung entfalten sich vor dem Hintergrund kultureller Rahmenbedingungen und der Befriedigung psychischer Grundbedürfnisse. Dabei spielen sowohl organisationale Strukturen wie auch die Zusammenarbeit und Gruppendynamik im Team eine entscheidende Rolle. Folgende Schlussfolgerungen können hypothetisch abgeleitet werden:

1. Der klinische Alltag auf Station beinhaltet mit seinem spezifischen Code und der Anforderung an die berufliche und persönliche Rollenfindung zahlreiche Lernanreize, die von den lernenden Subjekten in informellen Lernhandlungen sowohl implizit als auch in weiten Teilen bewusst aktiv auf einer sowohl erfahrungsorientierten als auch selbstorganisierten Ebene angegangen werden. Dies ist als Voraussetzung für eine individuelle Kompetenzentwicklung zu betrachten.

2. Die Herausforderung zu Lernhandlungen ist für die lernenden Subjekte dann groß und führt zu (subjektiv) befriedigenden Ergebnissen, wenn der Freiraum zu selbstständigen (Lern-)Handlungen gegeben ist.

3. Die Lernkultur der Station wird im Kern durch den Gruppenprozess im Team bestimmt.

4. Je mehr im Team psychische Grundbedürfnisse nach Akzeptanz, Sicherheit, Wohlbefinden, Wirksamkeitserleben und Selbstbestimmung wechselseitig befriedigt werden, um so größer ist die Lernmotivation und die Dichte der Lernhandlungen.

Die in der klinischen Praxis vorhandenen Lernmöglichkeiten sind evident. Sie sind es, die auf einer ganzheitlichen Ebene Lernanreize schaffen und im Kontext der genannten Aspekte zu kollegialer Zusammenarbeit im Team, intrinsischen Motivationsfaktoren und der Befriedigung psychischer Grundbedürfnisse zu einer nachhaltigen Verinnerlichung des Gelernten beitragen. Vor diesem Hintergrund erscheint die Bedeutung der kulturellen Rahmenbedingungen insoweit von Relevanz, als ihre verstärkte Reflexion in der pädagogischen Praxis genau diesen Stellenwert stärker zu verdeutlichen hätte. Themen könnten hier sein, die Station bewusst zum Lernraum im Sinne eines Möglichkeitsraumes zu machen. Das würde auch bedeuten, Aspekte der Praxisanleitung und Mentorentätigkeit – so wie sie im gegenwärtigen Diskurs der pflegerischen Berufspädagogik als praktische Ausbildungsbegleitung gehandelt werden – einer kritischen Prüfung zu unterziehen und hier einen Wandel von pädagogisierten Anleitungssequenzen hin zur Lernberatung zu ermöglichen.

3.2.2   Zusammenfassende Diskussion der Ergebnisse

Die Generierung der aufgezeigten Schlüsselkategorien unterstreicht deutlich den Anteil von Selbstbildungs- und Kompetenzentwicklungspotenzialen einschließlich ihrer Bedingungen, so wie sie sich für die Pflegenden sowohl in der Arbeitswelt als auch in lebensweltlichen Bezügen durch informelle Lernprozesse ergeben haben. Anknüpfend an das Modell pflegerischer Handlungskompetenz von Raven (2006)[61] lässt sich feststellen, dass sich offenbar ein großer Teil des notwendigen Fallverstehens und der hermeneutisch-lebenspraktischen Kompetenz durch informelle Lernprozesse entwickeln und Anteile des Theorieverstehens im Hinblick auf die wissenschaftliche Kompetenz der Pflege in ihrem Praxistransfer durch informelles Lernen unterstützt werden. Damit können die Postulate formellen, d.h. auf Vermittlung ausgerichteten Lernens für die Kompetenzentwicklung so nicht aufrechterhalten werden. Auch wenn die Ergebnisse im Hinblick auf den explorativen Charakter der Studie nicht als repräsentativ betrachtet werden können, so liefern sie in ihrer Tendenz doch begründete Anhaltspunkte für die Leistungsfähigkeit gerade informeller Lernprozesse zur Kompetenzentwicklung und damit fundierte Argumentationen für eine pädagogisch-didaktisch anzustrebende Synthese formeller und informeller Lernhandlungen. Denn bei aller Leistungsfähigkeit informellen Lernens darf jene Gefahr nicht übersehen werden, die mit der möglicherweise unreflektierten Übernahme von Erfahrungswissen und unsystematischem, ggf. fehlerhaftem Praxishandeln einherzugehen vermag. In diesem Zusammenhang können auch die für diese Arbeit grundlegend formulierten Arbeitshypothesen (vgl. S. 18f.), dass nämlich der Pflegeberuf im Hinblick auf seine vielfältigen subjektbezogenen Anforderungen gar nicht anders als in einem hohen Maße informell gelernt werden kann und hierzu im Interesse der Professionalisierung pflegerischer Handlungskompetenzen eine didaktische Integration informell erworbener Lernerfahrungen notwendig sind, als nachdrücklich bestätigt angesehen werden.

So wird neben der biografischen Prägung von den Pflegenden insbesondere die praktische berufliche Arbeit als unmittelbar und beutungsvoll erlebt. Voraussetzung hierfür ist die Neugier und Bereitschaft, sich auf Situationen einzulassen, die einen fordern. Kulturelle Rahmenbedingungen wie ein förderliches, auf Wohlbefinden und Vertrauen ausgerichtetes Lernklima vermögen, diese Motivation nachhaltig zu unterstützen. Damit weist sich informelles Lernen in seinem kompetenzentwickelnden Potenzial gegenüber formalen Lernstrukturen als deutlich autonomeres, natürlicheres und lebendigeres Lernen aus, was in seiner Subjektbindung stark mit den Aspekten emotionaler Erlebnisqualitäten, ganzheitlichen Empfindens, persönlicher Freiheit sowie individuellem Interesse korrespondiert und einen anderen Blick auf ein institutionalisiertes Lernverständnis wirft.

---

61   Vgl. Kap. 2.3.2.5, S. 108f.

Informelles Lernen	Formelles Lernen
Intrinsische Motivation als notwendige Bedingung	Intrinsische Motivation als pädagogische Idealzielsetzung
Funktionierende (gute) Beziehungsstrukturen	Institutionalisierte Beziehungsstrukturen
Lebensweltbezug als notwendige Bedingung	Bildungszielsetzung als notwendige Bedingung von Lehr- und Lernprogrammen
Lernen von Patienten, Klienten, Mitarbeitern	Lernen geht vom Lehrenden aus
Lernen mit Leib und Seele; Lernen durch Leib und Seele	Leistungs- und ergebnisorientiertes Lernen
Aktives, selbstständiges und selbsttätiges Lernen	Didaktische Inszenierung von Selbsttätigkeit
Unabhängig von pädagogischen Intentionen	Pädagogische Intentionalität als notwendige Bedingung

Abbildung 21: Zur Dichotomie informelles Lernen und formellen Lernens

So verwundert es nicht, dass durch den Raum, den er für informelle Lernprozesse und ihre Wirksamkeit im Hinblick auf die berufliche Kompetenzentwicklung bereitstellt, der Lernort »Alltagswelt« und »Betrieb« dem Lernort Schule überlegen zu sein scheint. Dennoch ist die Wirkung formellen Lernens nicht zu unterschätzen. So bildet formelles Lernen aus der Perspektive der lernenden Subjekte – wenn auch oftmals von ihnen erst retrospektiv erkannt – eine Art methodisches und inhaltliches Gerüst welches als Voraussetzung für die Verarbeitung informeller Lernergebnisse interpretiert wird. Die Anteile beider Lernorte und Lernprozesse im Sinne einer Ermöglichungsdidaktik zusammenzuführen, bietet daher die Chance, implizites Wissen und informell erworbene Kompetenzen für die professionelle Entwicklung einer beruflichen Handlungskompetenz fruchtbar zu machen, indem die Bedingungen informellen Lernens kultiviert und jene mit informellen Lernprozessen und Erkenntnissen einhergehenden »blinden Flecken«, »Tunnelperspektiven« und potenzielle Fehlerquellen auf der Metaebene einer theoriegeleiteten Betrachtung gegenübergestellt werden. Doch (wie) geht das, sowohl im pädagogischen als auch didaktischen Sinne? Diese Fragen, die sich parallel zum Methodischen Ansatz im Kern mit der »Fundamentalparadoxie« informellen Lernens versus informeller Pädagogik beschäftigen müssen soll im nächsten Kapitel unter dem Aspekt pädagogisch-didaktischer Implikationen weiter nachgegangen werden.

4. Schlussbetrachtung: Pädagogisch-didaktische Implikationen

Pädagogisch-didaktisch sind mit Blick auf die aufgezeigte Bedeutsamkeit und Bedingungsanalyse informellen Lernens für die berufliche Kompetenzentwicklung die Fragen zu klären, welche Formen der Unterstützung genau geeignet sind, sowohl die Reflexion biografischer, persönlicher, beruflicher und alltäglicher (Lebens-)Erfahrungen in die Aus- und Weiterbildung zu integrieren, als auch informell generiertes Wissen und Können mit theoretisch systematisiertem Wissen und Handlungsmaximen so zu verbinden, dass die Entwicklung einer professionellen Handlungskompetenz sichergestellt wird.

Entsprechende Überlegungen führen hier in Weiterführung der zuvor dargestellten Ergebnisse und der daraus gezogenen Schlussfolgerungen für die berufliche Bildungsarbeit im Feld der Pflegeberufe zu einer integrativen, dezidiert subjektorientierten Ermöglichungs- und Förderstruktur, deren didaktischer Kern im Folgenden erläutert und kritisch reflektiert werden soll.

4.1 Informelles Lernen fördern, unterstützen und integrieren: Zum Ansatz einer pädagogisch-didaktischen Ermöglichungs-Triade

Anknüpfend an den Diskurs der Ermöglichungsdidaktik (vgl. Arnold/Schüßler 2003) und ihrer zentralen Perspektive der Bereitstellung von solchen Rahmenbedingungen, die ein nachhaltiges Lernen fördern, lassen sich drei notwendige, gleichsam zentrale Aspekte für die Unterstützung und Verbindung informellen Lernens mit formellen Lernprozessen in einer Art didaktischer Triade abbilden (Abb. 22). Dieser Zusammenhang wird in seinen Grundannahmen nachfolgend ausdifferenziert.

4.1.1.1 Förderung kultureller Rahmenbedingungen

Informelles Lernen lässt sich nicht direkt erzeugen. Wohl aber können Bedingungen geschaffen werden, die es den Individuen ermöglichen, sich selbstbestimmte Formen der Erfahrungsbildung anzueignen und die Verantwortung für die eigenen Lernprozesse bewusster als bisher selbst zu übernehmen.

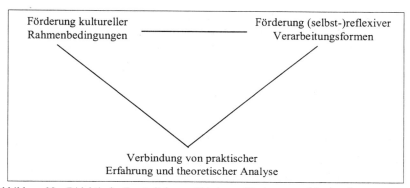

Abbildung 22: Didaktische Ermöglichungs-Triade zur Förderung und Integration informellen Lernens in die berufliche Bildung

Ein zentrales Moment für die Förderung informellen Lernens stellt daher die Erleichterung von institutionellen und personalen Lernbedingungen dar. Hierzu bedarf es gegenwärtig – entgegen einer ausschließlich formellen, sprich institutionell orientierten Bildungsarbeit – einer grundlegenden Verbreiterung des Lernbegriffs mit dem Ziel der Würdigung informeller Lernprozesse und ihrer Anerkennung. Über die Reflexion des eigenen Lernens, die Vermittlung selbstreflexiver Verarbeitungsformen sowie die Einrichtung spezieller Fachbibliotheken, Internetzugänge, Datenbank- und Wissensmanagementsysteme im Einsatzbereich der Pflege ließe sich sowohl das Wissen und die Wertschätzung um die Relevanz gerade informeller Lernprozesse und ihres Einflusses auf die eigne Kompetenzentwicklung und Professionalität zum Ausdruck bringen wie auch eine sinnvolle Unterstützung der Erkenntnis-, Problemlösungs- und Verarbeitungsprozesse leisten.

Zu den veränderten, d.h. auf die Förderung informellen Lernens ausgerichteten kulturellen Rahmenbedingungen für die berufliche Bildung und Weiterbildung gehört auch ein verändertes pädagogisches Selbstverständnis, das nicht mehr ausschließlich auf Vermittlung fokussiert, sondern seinen Schwerpunkt in einer ausgewogenen Balance von Lernberatung, Prozess-Begleitung und Vermittlung sieht. Dabei wird es im Kontext von Kompetenzentwicklung besonders darauf ankommen, neben fachlichen Aspekten auch emotionale und persönliche Anteile zu reflektieren. Bezogen auf das innerhalb der Pflegeberufe gesetzlich geforderte Praxisanleitersystem wäre hier eine entsprechende Aufgaben- und Rollenerweiterung für Beratungsaufgaben z.B. im Sinne von Lerncoaching hilfreich.

Nicht zuletzt benötigt die pädagogische Perspektive auf die Förderung informellen Lernens und seiner Bedingungen den dezidierten Verzicht auf Planbarkeit und Kontrolle. Informelles Lernen kann nicht erzeugt werden, es entsteht individuell in unorganisierten Alltagsbedingungen und braucht dazu genau diese. Unterstützt werden soll und kann vielmehr das Design im Sinne einer attraktiven und herausfordernden Lernlandschaft als *ein* kreativer Möglichkeitsraum, in dem individuelle Um- und Abwege nicht nur in Kauf genommen sondern als genuin eigene Such- und Erkenntnisprozesse ermöglicht werden und erwünscht sind (vgl. Burrow 2003).

4.1.2   Förderung (selbst-)reflexiver Verarbeitungsformen

Eine Didaktik, die informelles Lernen mit Bezug zur professionellen Kompetenzentwicklung aufgreift, muss an der spezifischen Logik informeller Lernprozesse, d.h. an der Polarität von unbewussten und bewussten Lernhandlungen ansetzen und hierbei Einstellungen, Erfahrungen und Vorwissen aus der individuellen Biografie berücksichtigen. So folgen informelle Lernprozesse in ihrem Zusammenwirken von Situationsbewältigung, Vorkenntnissen und reflexiver Verarbeitung vielfach den im Individuum selbst verborgenen, d.h. ihm selbst nicht immer bewussten Mechanismen. Das Wesen dieser individuellen Erlebnisse und Erfahrungen aus dem privaten und beruflichen Alltag jedoch zu explorieren und in das eigene Kompetenzprofil einzuordnen, fördert die Entwicklung der eigenen Professionalität, die dadurch in ihrer Verbindung von reflexiver Handlungskompetenz und Situationsbewältigung ihren ganz persönlichen Ausdruck bekommt. Methodisch bieten sich verschiedene auf Selbstreflexivität und Ergebnissicherung ausgerichtete Zugänge an. Exemplarisch seien hier skizziert:

Biografiearbeit, Biografisches Lernen: Pädagogische Biografiearbeit – so wie sie sich in den letzten zwanzig Jahren mit dem Konzept biografischer Selbstreflexion als Bestandteil erwachsenpädagogischer Bildungsarbeit etabliert hat – beinhaltet eine angeleitete Erinnerungsarbeit, die auf einen vertieften Zugang zur eigenen Lebensgeschichte zielt. Da das berufliche Handeln der Pflegenden – insbesondere mit Blick auf die Beziehungsarbeit – sowohl gegenüber Patienten wie auch sich selbst gegenüber eng mit der jeweils persönlichen Subjektivität und ihrer (berufs-)biografisch erworbenen Orientierung verknüpft ist, kommt der Biografiearbeit als erhellender Kraft eine besondere Bedeutung zu. So verhilft die Förderung biografischer Reflexivität zu einer Selbstaufklärung, die ein Bewusstsein für informell erworbene Deutungs-, Wertungs- und Handlungsmuster schafft und dadurch personale Kompetenzen fördert. Denn die Fähigkeit, die eigene Lebensgeschichte zu verstehen und beispielsweise im Hinblick auf Berufswahl, Motivation und eigene typische Deutungs- und Verhaltensmuster einzuordnen, vermag nicht nur, die eigene Identität zu stärken, sondern auch eine professionelle Beziehungsfähigkeit zu fördern, welche sich in die Geschichte des Gegenübers einfühlen kann, ohne Projektion auskommt und damit heilsam wirkt. Zusammenfassend lassen sich damit folgende Zielrichtungen für die pädagogische Biografiearbeit festhalten:

- Rekonstruktion der eigenen (Pflege-)Erfahrung und Lebensgeschichte im Hinblick auf die Berufswahl und Berufsmotivation: Was leitet und was trägt?
- Exploration der subjektiven Selbst- und Weltwahrnehmung: Informell erworbene Deutungs-, Wertungs- und Handlungsmuster.
- Rekonstruktion der individuellen Kompetenzbiografie: Was wurde im Lebensvollzug bereits erworben, was fließt in den Beruf mit ein?

Lerntagebuch: Die eigenen Lernerfahrungen im Sinne einer Selbstevaluation in einer Art Lerntagebuch festzuschreiben, hat sich insbesondere mit Blick auf die Reflexion von Lernprozessen in Kurseinheiten bewährt. Im Kontext der Selbstexploration informellen Lernens erscheint dieser Ansatz gerade auch für die Reflexion der Praxiseinsätze gut geeignet, durch die Konzentration des Schreibens bedeutsame Lernerfahrungen bewusst zu machen und festzuhalten. Siebert (o.J.) empfiehlt folgende Schlüsselfragen:

- »Was war für mich neu?
- Was konnte ich gut mit meinen Erfahrungen verbinden?
- Was ist mir jetzt klarer geworden?
- Welche neuen Begriffe/Erkenntnisse will ich mir merken?
- Was ist mir noch unklar?
- Womit möchte ich mich noch weiter beschäftigen?« (ebd., S. 89).

Inwieweit Ergebnisse der Lerntagebücher öffentlich gemacht werden, bleibt eine individuelle und freiwillige Entscheidung. Nicht zuletzt ist ein Tagebuch etwas sehr persönliches und vertrauliches. Demgegenüber kann es, wie Siebert deutlich macht, hilfreich sein, Lerntagebücher auszutauschen bzw. sich einzelne Abschnitte vorzulesen. Wichtig ist, dass die Lernenden die Freiheit haben, für sich zu entscheiden, was sie wem gegenüber öffnen möchten. In jedem Fall gelingt es mit dem Lerntagebuch, individuelle Lernerfahrungen einzuholen, zu reflektieren und persönliche Entwicklungen zu markieren.

Methode des lauten Denkens: Die Methode des lauten Denkens wurde bereits Anfang des zwanzigsten Jahrhunderts in der Denkpsychologie durch Bühler entwickelt um herauszufinden, welche kognitiven Prozesse sich beim Lösen von Problemen abspielen. Allgemein bedeutet die Methode, dass jemand gebeten wird, laut auszusprechen, was ihm in einer bestimmten Situation, z.B. beim Lösen eines spezifischen Problems, an Gedanken und Wahrnehmungen durch den Kopf geht. Eine derartige Verbalisierung eines Erkenntnis- und oder Problemlösungsprozess kann sich in der konkreten Situation bewusstseinsförderlich auswirken und deutlich machen, welche Kognitionen, Wahrnehmungen und Erfahrungen das eigene Handeln leiten. Hierdurch entsteht für einen selbst wie für andere eine Fülle an Informationen über informelle Erfahrungsbildungsprozesse, die auch nachträglich – z.b. im Unterricht – rekonstruiert werden können.

4.1.3   Verbindung von praktischer Erfahrung und theoretischer Analyse

Wenn sich die pflegerische Bildungsarbeit stärker an den informellen Erfahrungen orientieren und diese für eine reflexive Könnerschaft nutzen will, dann gilt es, das Wesen von individuellen Alltags- und Berufserfahrungen herauszuarbeiten. Hierzu müssen Lernmöglichkeiten geschaffen werden, in denen Alltagswissen, subjektive Erfahrungen sowie subjektive Theorien mit wissenschaftlichen Theorien in Verbindung gebracht werden und sich gegenseitig ergänzen. Über in die Aus-, und Weiterbildung wie auch in den konkreten Berufsalltag integrierte Supervisionsverfahren als regulärer Bestandteil der beruflichen Professionalität von Pflege, z.b. im Hinblick auf Fallarbeit, ließen sich entsprechende Reflexionsprozesse etablieren. Damit würde die subjektive Pflegeerfahrung Sprache bekommen, kulturbildend, d.h. auch als wichtig und bedeutsam geschätzt werden können und zuletzt als induktive Erkenntnis in Theoriebildungen Einzug halten können.

4.2   Zusammenfassende Reflexion

Auf der Ebene einer für die Entwicklung beruflicher Handlungskompetenz anzustrebenden Synthese von formellem und informellem Lernen wurde eine pädagogisch-didaktische Triadenbildung entwickelt, welche unter dem Aspekt von Subjektorientierung und Ermöglichung informelle Lernbedingungen fördert und integriert. Die dahinter liegende Methodik hat ihren Platz sowohl in theoretischen wie auch in praktischen Ausbildungsanteilen. Damit verändert sich nicht nur die Identität einer Pflegedidaktik, die bisher vor allem Pflegetechniken fokussiert hat, hin zur einer Persönlichkeitsentwicklung der Pflegenden, die gleichsam die Identität des Pflegeberufes verändert, indem intuitiv erfahrungsgestütztes Pflegedenken und Handeln Sprache bekommt. Im Dialog zwischen dieser Art der Praxiserfahrung und der Theorie lernen die Pflegenden, ihre Erfahrungen als bedeutsam einzuschätzen. Dies beinhaltet für das Wissenschaftsparadigma der Pflege auch die Chance, auf die bisherige Übernahme kulturell fremder Pflegetheorien zu verzichten und die eigene Pflegekultur zu erschließen.

Demgegenüber darf an dieser Stelle nicht unreflektiert bleiben, dass sich im Zusammenhang einer derart expliziten Förderung informellen Lernens die bereits eingangs erwähnte Auseinandersetzung zu strukturellen Problemen informellen Lernens radikalisiert, die verdeutlicht, dass pädagogische Interventionen bei informellen Lernhandlungen zum Gegenteil dessen führen können, wofür sie ursprünglich gedacht waren (vgl. auch Kirchhof et al. 2003, Kirchhof und Kreimeyer 2003). So ist im Kontext des genuin eigensinnigen Charakters informeller Lernprozesse davon auszugehen, dass jeder pädagogische Eingriff immer ein Eingriff von außen ist, der die Logik zuvörderst höchst persönlicher, autonomer informeller Lernhandlungen brechen kann, wenn nicht gar diese Prozesse konterkariert. Zerstören wir nicht, wie Arnold (2004) es beschreibt, das informelle genau dadurch, dass wir es optimieren wollen? Mit anderen Worten: Was passiert eigentlich, wenn das informelle plötzlich formell wird? Welche Auswirkungen könnte dies für den Einzelnen und für die Gesellschaft haben?

4.2.1 Ethische Einbindung: Was passiert, wenn berufliche Handlungskompetenz informell erworben wird? Problemfelder und ihre Konsequenzen

Die Beantwortung dieser Frage mag zunächst im Hinblick auf die Untersuchungsergebnisse dieser Arbeit unstrittig auf der Hand zu liegen. So erscheint es offensichtlich, dass der mit ganzheitlich verdichteten Erfahrungsmomenten ausgewiesene informelle Lernprozess zwar für eine nachhaltige Kompetenzentwicklung steht, aber eben auch hinsichtlich professioneller Kompetenzmerkmale die Gefahr von verkürzten bzw. fehlerhaften Ausprägungen beinhaltet. Die Antwort ließe sich demnach pointiert, wenn auch hypothetisch auf eine mangelnde Professionalisierung in der Kompetenzbildung zuspitzen, die – sofern informelles Lernen schon nicht vermeidbar, zur ganzheitlichen Lernerfahrung sogar notwendig ist – auf alle Fälle einer weiteren pädagogischen Einbindung bedürfte, um eben jene Defizite auszugleichen.

Denkt man aber über die Perspektive einer solchen Antwort weiter nach, dann wird es im Feld der beruflichen Bildung um die Frage der Konsequenzen einer weitgehend pädagogisierten Lebenswelt gehen. Denn jedwede zu reflektierenden Lernprozesse beruflich verwertbarer Handlungskompetenz wären immer auch Fragen nach den informellen Erfahrungen, die alle Lebensbereiche umfassen und damit eben auch den für das Individuum genuin eigenen, ganz persönlichen Raum ausleuchten. Hier wird deutlich erkennbar, dass aus pädagogischer Sicht ein Spannungsfeld virulent wird, das Individuum einerseits in seiner beruflichen Kompetenzentwicklung unterstützen zu müssen, zu der informelles Lernen, wie dargelegt, einen wesentlichen Teil beiträgt, und es anderseits vor Vereinnahmung und Instrumentalisierung seiner privaten Lebenswelt und persönlichen Erfahrungen zu schützen, die wiederum gerade den Kern informeller Lernhandlungen ausmachen.

Auch eine andere Fragerichtung tut sich auf. Wie vergleichbar sind die Bedingungen der jeweiligen Verhältnisse in der persönlichen Lebens- und Arbeitswelt bzw. mit anderen Worten gefragt: Was ist an generell informellen Kompetenzentwicklungsprozessen vorauszusetzen, ohne in die Problematik einer sozialen Selektivität zu geraten, die durch unterschiedliche Lebens- und Arbeitsbedingungen determiniert wird? Wurde die Schule nicht gerade deshalb eingerichtet, um derartige Probleme informellen Lernens zu kompensieren?

Und nicht zuletzt: Wie sieht es mit den Anforderungen an das informell lernende Subjekt aus? So darf der hohe kognitive Anspruch selbst organisierten Lernen sowie (selbst-)reflexiver Problemlösung, der mit dem Anteil informell zu erwerbenden Kompetenz einhergeht, nicht übersehen werden.

Fragen dieser Art verweisen die Pädagogik auf ihre Verantwortung und Verpflichtung dem Individuum gegenüber. Sie muss, dem Bildungsgedanken entsprechend, den Einzelnen ebenso befähigen, autonom mit den Anforderungen der (beruflichen) Umwelt zurecht zu kommen und wechselnde Lebensbedingungen zu bewältigen, wie sie gleichermaßen das Individuum vor Funktionalisierung in gesellschaftlich-ökonomischen Belangen schützen muss. Gelingt ihr das nicht, kann der Bildungsanspruch der Pädagogik als obsolet betrachtet werden, geht es doch darum, den Druck objektiver Verhältnisse in einen Raum zweckfreier Bildung zu transformieren, der über die Herausbildung (moralischer) Urteilskraft dem Individuum den eigenen Weg ermöglicht (vgl. Langewand 1994). Kompetenzförderung wäre demnach auch immer Bildungsarbeit, die, mit Blick auf die skizzierten Problemfelder, nicht allein der informellen Entwicklung und Selbstbildung überlassen bleiben kann. Gerade jedoch hier begründet sich die Notwendigkeit einer Synthese zwischen formellen und informellen Lernprozessen. Informelles Lernen wird in diesem Zusammenhang zu einem Bildungsanspruch an das lernende Subjekt, der dem Individuum schon deshalb zugemutet werden kann, weil diese Form der individuellen Kompetenzentwicklung grundsätzlich bereits gegeben ist, ohne erst erzeugt werden zu müssen, und der, wie in den Ergebnissen dieser Arbeit erkennbar, gut dazu geeignet ist, persönliche Entwicklungen – mehr als in jedem Curriculum planbar – voranzubringen.

Ebenso ist der Pädagogik – deutlich entschiedener als bisher – informelles Lernen als eine neue (alte) Lernkategorie zuzumuten, die ihr eine Sichtweise und Akzeptanz für natürliche, nicht institutionalisierte Lernformen abverlangt. Das bedeutet nicht nur eine gestärkte Perspektive für einen ganzheitlichen und erfahrungsorientierten Lernbegriff wie auch für das lernende Subjekt, sondern und gerade auch die Anerkennung jener individuellen Fähigkeiten, die das Individuum mit in den (Aus-)Bildungsprozess einbringt und die es weiterzuentwickeln gilt. Eine diesen Zusammenhang integrierende Pädagogik und Didaktik stellt indes keine Pädagogisierungsvariante von Lebenswelt oder gar eine gesellschaftlich intendierte Vereinnahmung des Subjekts dar sondern ist, hier in Anlehnung an Fischer (2003) formuliert, eine Pädagogik der Lernförderung, Begleitung und persönlichen Ermutigung.

4.2.2   Schlussbemerkung

Zu zeigen war in diesem Kapitel, ob und wie informelle Lernprozesse pädagogisch aufgegriffen und in formelle Lernstrukturen integriert werden dürfen und können. Eingedenk aller beschriebenen Widersprüchlichkeiten und nahezu in Gestalt einer Gratwanderung zwischen bildungstheoretischen Paradoxien, ethischen Bedenken und dem verheißungsvollen Potenzial informellen Lernens wurde eine Entscheidung zugunsten einer anzustreben Synthese formeller und informeller Lernprozesse entwickelt, die auf eine individuelle Ressourcenförderung zielt. Wie fruchtbar ein solcher Prozess tatsächlich werden kann, bedarf der praktischen Erprobung und letztlich weiterer Forschung. Dabei wird auch zu klären sein, wie gleichberechtigt formelles und informelles Lernen tatsächlich nebeneinander stehen können. Dass informelles Lernen in jedem Fall über ein breites Potenzial solcher kompetenzentwickelnder Möglichkeiten verfügt, ohne die Bildungsprozesse nicht auskommen können, ist Ergebnis dieser Arbeit. Den Blick für den eigenständigen Wert informellen Lernens und seiner Transfermöglichkeiten geschärft zu haben, wäre auch ein schönes Ergebnis.

Literatur

Alheit, P./Dausien, B. (1996): Bildung als biografische Konstruktion. Nichtintendierte Lernprozesse in der organisierten Erwachsenenbildung. In: Literatur- und Forschungsreport Weiterbildung. Nr. 37. Frankfurt a.M., S. 33-45

Arnold, R. (1996): Deutungslernen in der Erwachsenenbildung. In: Literatur- und Forschungsreport Weiterbildung 37. Bielefeld, S. 83-87

Arnold, R. (1997): Von der Weiterbildung zur Kompetenzentwicklung – Neue Denkmodelle und Gestaltungsansätze in einem sich verändernden Handlungsfeld. In: ABWF (Hrsg.): QUEM-Report Heft Nr. 40. Berlin

Arnold, R. (2002): Von der Bildung zur Kompetenzentwicklung. In: Report 49. Literatur- und Forschungsreport Weiterbildung. Bielefeld, S. 26-38

Arnold, R. (2003): Erwachsenenlernen im Modus des Fühlens – oder: Die Emotionslosigkeit der Erwachsenenpädagogik und ihrer Praxis. In: Höffer-Mehlmer, M. (Hrsg.): Bildung. Wege zum Subjekt. Hohengehren, S. 155-166

Arnold, R. (2003²): Vorwort. In: Höffer-Mehlmer, M. (Hrsg.): Bildung: Wege zum Subjekt. Hohengehren, S. 3-5

Arnold, R. (2004): Vom expansiven zum transformativen Erwachsenenlernen – Anmerkungen zur Undenkbarkeit und den Paradoxien eines erwachsenenpädagogischen Interventionismus. In: Faulstich, P./Ludwig, J. (Hrsg.): Expansives Lernen. Hohengehren, S. 232-245

Arnold, R./Schüßler, I. (2001): Entwicklung des Kompetenzbegriffs und seine Bedeutung für die Berufsbildung und für die Berufsbildungsforschung. In: Franke, G. (Hrsg.): Komplexität und Kompetenz. Bielefeld, S. 52-74

Arnold, R./Schüßler, I. (2003): Ermöglichungsdidaktik. Hohengehren

Arnold, R./Siebert, H. (1997): Konstruktivistische Erwachsenenbildung. Hohengehren

Badura, B. (1994): Interaktionsstreß – zum Problem der Gefühlsregulierung in modernen Gesellschaften. In: Zeitschrift für Soziologie, 19, H. 5

Badura, B./Feuerstein, G. (1991): Systemgestaltung im Gesundheitswesen. Weinheim

Baecker, J./Borg-Laufs, M./Duda, L./Matthies, E: (1992): Sozialer Konstruktivismus – eine neue Perspektive in der Psychologie. In: Schmidt, S.G. (Hrsg.): Kognition und Gesellschaft. Frankfurt a.M.

Baltes, M./Wilms, H.U. (1995): Alltagskompetenz im Alter. In: Oerter, R./Montada, L. (Hrsg.): Entwicklungspsychologie. Weinheim, S. 1127-1136

Bandura, A. (1982): Self-efficay mechanisms in human agency. In: American Psychologist, 37, S. 227-247

Bandura, A. (1976): Lernen am Modell. Ansätze zu einer sozial-kognitiven Lerntheorie. Stuttgart

Bauer, H.G./Brater, M./Büchele, U./Dahlem, H./Maurus, A./Munz, C. (2004): Lernen im Arbeitsalltag. Bielefeld

Beck, U. (1986): Risikogesellschaft. Auf dem Weg in eine andere Moderne. Frankfurt a.M.

Beier, J. (2004): (K)ein Ausweg aus den Sonderwegen? In: Pflege-Zeitschrift (9), S. 612-616

Bender, W. (2004): Das handelnde Subjekt und seine Bildung. In: Bender, W./Groß, M./Hegelmeier, H. (Hrsg.): Lernen und Handeln. Ein Grundfrage der Erwachsenenbildung. Schwalbach, S. 38-49

Benner, P. (1994): Stufen zur Pflegekompetenz. From Novice to Expert. Göttingen, Toronto, Seattle

Benner, P./Tanner, A./Chelsa, C. (2000): Pflegeexperten. Pflegekompetenz, klinisches Wissen und alltägliche Ethik. Bern

Benner, P./Wruble, J. (1997): Pflege, Stress und Bewältigung. Gelebte Erfahrung von Gesundheit und Krankheit. Bern, Göttingen, Toronto, Seattle

Bertram, M. (2001): Berufsbildung für professionelles Pflegehandeln. In: Meyer, G./Lutterbeck, J. (Hrsg.): Pflegebildung – Quo vadis? Münster

Bischoff, C. (1993): Zukunftschance Zusammenarbeit – Die Dynamik von Theorie und Praxis in der Krankenpflegeausbildung. In: Pflegepädagogik (2), S. 8-20

Bischoff, C. (1997): Frauen in der Krankenpflege. Berlin

BMBF (Bundesministerium für Bildung und Forschung) (2003): 1. Expertise zur Entwicklung nationaler Bildungsstandards. Berlin

Bodensohn, R. (2003): Die inflationäre Anwendung des Kompetenzbegriffs fordert die bildungstheoretische Reflexion heraus. In: Frey, A./Jäger, R.S./Renold, U. (Hrsg.): Kompetenzmessung – Sichtweisen und Methoden zur Erfassung und Bewertung von Beruflichen Kompetenzen. Empirische Pädagogik, 17 (2), (Themenheft). Landau, S. 256-271

Borsi, G. (1994): Das Krankenhaus als lernende Organisation. Heidelberg

Bourdieu, P. (1974): Zur Soziologie der symbolischen Formen. Frankfurt a.M.

Breloer, G. (2002): Kompetenzentwicklung – ein neuer pädagogischer Lernpfad? (unveröffentlichtes Manuskript zum Vortrag im Rahmen der Ringvorlesung »Zugänge zur Kompetenzentwicklungsdebatte« der Abteilung Erwachsenenbildung/Außerschulische Jugendbildung, der Westfälischen Wilhelms-Universität Münster am 15.01.2002

Breuer, F. (1996): Theoretische und methodologische Grundlinien unseres Forschungsstils. In: Breuer, F. (Hrsg.): Qualitative Psychologie. Opladen, S. 14-40

Brödel, R. (2002): Relationierung zur Kompetenzdebatte. In: Report 49. Literatur- und Forschungsreport Weiterbildung. Bielefeld, S. 39-47

Brödel, R. (2002a): Der Wandel der Bedingungen des Lehrens und Lernens: Entwicklung regionaler Lernkulturen. In: Grundlagen der Weiterbildung – Praxishilfen (Loseblattsammlung) Ergänzungslieferung Kap. 5.400, Neuwied, S. 1-15

Brödel, R./Bremer, H./Cholett, A./Hagemann, I.-M. (2002): Begleitforschung und intermediäres Handeln. In: Das Modellprojekt »Regionale Tätigkeits- und Lernagenturen«. Berlin, S. 88-94

Brödel, R./Kreimeyer, J. (2004): Lebensbegleitendes Lernen als Kompetenzentwicklung – Analysen – Konzeptionen – Handlungsfelder. Bielefeld

Buber, M. (1994): Das dialogische Prinzip. Gerlingen

Burisch, M. (1994): Das Burnout-Syndrom. Theorie der inneren Erschöpfung. Berlin und Heidelberg

Burrow, O. (2003): Möglichkeitsräume statt Unterricht: Wie Bildungseinrichtungen zu Kreativen Feldern werden. In: Arnold, R./Schüßler, I. (Hrsg.): Ermöglichungsdidaktik. Hohengehren, S. 249-260

Büssing, A./Herbig, B./Ewert, T. (2000): Intuition als implizites Wissen – Bereicherung oder Gefahr für die Krankenpflege. In: Pflege 2000, Heft 13. Bern S. 291-296

Büssing, A./Herbig, B./Latzel, A. (2004): Implizite Theorien – Die Probleme der Gedankenökonomie. In: Pflege 2004 Heft 17, S. 113-122

Corbin, J.M. (2002): Die Methode der Grounded Theory im Überblick. In: Schaeffer, D./Müller-Mundt, G. (Hrsg.): Qualitative Gesundheits- und Pflegeforschung. Bern, S. 59-70

Cycholl, R. (2001): Handlungsorientierung und Kompetenzentwicklung in der beruflichen Bildung. In: Bonz, B. (Hrsg.): Didaktik der beruflichen Bildung. Hohengehren, S. 170-186

Dausien, B. (1996): Biografie und Geschlecht: zur biografischen Konstruktion sozialer Wirklichkeit in Frauenlebensgeschichten. Bremen

Dausien, B./Alheit, P. (2005): Biografieorientierung und Didaktik – Überlegungen zur Begleitung biografischen Lernens in der Erwachsenenbildung. In: Report (28) 3/2005 Forschungs- und Literaturreport Weiterbildung. Bielefeld, S. 27-37

Deci, E./Ryan, R.M. (1993): Die Selbstbestimmungstheorie der Motivation und ihre Bedeutung für die Pädagogik. In: Zeitschrift für Pädagogik (39), S. 223-238

Dehnbostel, P. (2001) Perspektiven für das Lernen in der Arbeit. In: Arbeitsgemeinschaft Betriebliche Weiterbildungsforschung (Hrsg.): Kompetenzentwicklung 2001. Tätigsein-Lernen-Innovation. Münster, S. 53-93

Dehnbostel, P. (2002): Informelles Lernen – Aktualität und begrifflich inhaltliche Einordnungen. In: Dehnbostel, P./Gonon, P. (Hrsg.): Informelles Lernen – eine Herausforderung für die berufliche Aus- und Weiterbildung. Bielefeld. S. 3-11

Dehnbostel, P./Molzberger, G./Overwien, B. (2003): Informelles Lernen in modernen Arbeitsprozessen – dargestellt am Beispiel von Klein- und Mittelbetrieben der IT-Branche. Berlin

Deutsches Jugendinstitut e.V. München (DJI)/Kath. Arbeitnehmerbewegung e.V. München (KAB) (2001): Erste Ergebnisse einer Befragung zur Arbeit mit der Kompetenzbilanz

Dewe, B. (1999): Lernen zwischen Vergewisserung und Ungewissheit. Opladen

Dewey, J. (1951): Wie wir denken: Eine Untersuchung über die Beziehung des reflektiven Denkens zum Prozess der Erziehung. Zürich

Dohmen, G. (2000): Lebenslanges Lernen für alle. In: de Haan et al. (Hrsg.): Bildung Ohne Systemzwänge. Neuwied S. 211-232

Dohmen, G. (2001): Das informelle Lernen. Die internationale Erschließung einer bisher vernachlässigten Grundform menschlichen Lernens für das lebenslange Lernen aller. Bonn: BMBF

Dohmen, G. (2002): Die Förderung informellen Lernens. Aktuelle Herausforderungen und internationale Entwicklungen. Tübingen

Duden (1990): Das Fremdwörterbuch

Duden (1997): Etymologie – Herkunftswörterbuch der deutschen Sprache. Leipzig, Wien, Zürich

Eggenberger, D. (1998): Grundlage und Aspekte einer pädagogischen Intuitionstheorie – Die Bedeutung der Intuition für das Ausüben pädagogischer Tätigkeit. Wien

Elias, N. (1978): Alltag als Bezugspunkt soziologischer Theorie. In: Hammerich, K./Klein, M. (Hrsg.): Zur Soziologie des Alltags. Opladen, S. 22-29.

Elsholz, U. (2002): Kompetenzentwicklung zur reflexiven Handlungsfähigkeit. In: Dehnbostel, P./Elsholz, U./Meister, J./Meyer-Menk, J. (Hrsg.): Vernetzte Kompetenzentwicklung – Alternative Positionen zur Weiterbildung. Berlin, S. 31-44

Erpenbeck, J./Heyse, V. (1999): Die Kompetenzbiografie. Münster

Erpenbeck, J./Weinberg, J. (2004): Bildung oder Kompetenz – eine Scheinalternative. In: Report 3, 27. Jahrgang. Forschungs- und Literaturreport Weiterbildung. Bielefeld, S. 69-76

Esser, H. (2001): Soziologie. Frankfurt a.M./New York

Fasshauer, U. (2001): Emotionale Leistungsfähigkeit im Kontext beruflicher Bildung. Bielefeld

Faulstich. P./Grell, P. (2005): Widerständig ist nicht unbegründet – Lernwiderstände in der Forschenden Lernwerkstatt. In: Faulstich, P./Forneck, H.J./Knoll, J. u.a. (Hrsg.): Lernwiderstand – Lernumgebung – Lernberatung. Bielefeld, S. 18-92

Faulstich, P./Ludwig, J. (Hrsg.) (2004): Expansives Lernen. Hohengehren

Fischer, T. (2003): Informelle Pädagogik. Systematische Einführung in die Theorie und Praxis informeller Lernprozesse. Hamburg

Flick, U. (Hrsg.) (1991): Handbuch qualitative Sozialforschung. München

Forneck, J. (2004): Randgänge des Lernens – Eine Lerntheorie jenseits des Subjekts. In: Faul-stich, P./Ludwig, J. (Hrsg.): Expansives Lernen. Hohengehren, S. 246-255

Franke, G. (2001): Erfahrung und Kompetenzentwicklung. In: BIBB (Hrsg.): Kompetenzent-wicklung – Lernen begleitet das Leben. Bonn, S. 43-56

Garrick, J. (1998): Informal Learning in the Workplace. Unmasking Human Ressource De-velopment. New York

Geißler, K.A. (1974): Berufserziehung und kritische Kompetenz. Ansätze einer Interaktions-pädagogik. München

Geißler, K.A./Orthey, M. (2002): Kompetenz: Ein Begriff für das verwertbare Ungefähre. In: Report 49. Literatur- und Forschungsreport Weiterbildung. Bielefeld, S. 69-79

Girmes, R. (1999): Der pädagogische Raum. Ein Zwischenraum. In: Liebau, E./Miller-Kipp, G./Wulf, Ch. (Hrsg.): Metamorphosen des Raums – Erziehungswissenschaftliche For-schungen zu Chronotopologie. Weinheim, S. 90-104

Goleman, D. (1996): Emotionale Intelligenz. Wien

Gonon, Ph. (Hrsg.) (1996): Schlüsselqualifikationen Kontrovers. Aarau

Görres, S. (2002): Auf dem Weg zu einer neuen Lernkultur – Wissenstransfer in der Pflege. In: Görres, S./Keuchel, R./Roes, M./Scheffel, F./Beermann, H./Krol, M. (Hrsg.): Auf dem Weg zu einer neuen Lernkultur. Bern, S. 13-22

Grams, W. (1998): Pflege ist Bildung und braucht Bildung. In: PFLEGE (11). Bern, S. 43-48

Grathoff, R. (1978): Alltag und Lebenswelt. In: Hammerich, K./Klein, M. (Hrsg.): Materia-lien zur Soziologie des Alltags. Opladen, S. 68-85

Groeben, N./Scheele, B. (1982): Grundlagenprobleme eines Forschungsprogramms »Subjek-tive Theorien«: Zum Stand der Diskussion. In: Dann, H.D. et al. (Hrsg.): Analyse und Mo-difikation subjektiver Theorien von Lehrern. Konstanz 1982, S. 9-12

Gronemeyer, M. (1998): Die Macht der Bedürfnisse. Reflexionen über ein Phantom. Reinbek

Gruber, E. (2001): Beruf und Bildung – (k)ein Widerspruch? Innsbruck, Wien, München

Gruber, H./Ziegler, A. (1996): Expertiseforschung. Opladen

Gürtler, K. (1994): Didaktische und methodische Aspekte der Aus- und Weiterbildung zum Altenpflegeberuf. Dissertation an der Universität Regensburg

Habermas, J. (1971): Vorbereitende Bemerkungen zu einer Theorie der kommunikativen Kompetenz. In: Habermas, J./Luhmann, N.: Theorie der Gesellschaft oder Sozialtechno-logie – Was leistet die Systemforschung? Frankfurt a.M., S. 101-141

Habermas, J. (1983): Moralbewusstsein und kommunikatives Handeln. Frankfurt a.M.

Hascher, T. (2005): Die Erfahrungsfalle. In: JlB – Journal für LehrerInnenbildung. 5. Jg. (1), S. 40-46

Heckhausen, H. (1989): Motivation und Handeln. Berlin, Heidelberg und New York

Heidegger, M. (1979): Sein und Zeit. Tübingen

Henderson, V. (1977): Grundregeln der Krankenpflege. Genf

Hendrich (2002): Anderes Lernen in der beruflichen Bildung – Aktuelle Probleme und Per-spektiven. Flensburger Beiträge zur Berufspädagogik. Goldebeck[HHI]

Hendrich (2002): Berufsbiografische Gestaltungskompetenz. Unveröffentl. Habilitations-schrift Universität Flensburg

Henke, I. (2002): Zum Verhältnis von Theorie und Praxis in der Pflege. In: Görres, S. et al. (Hrsg.): Auf dem Weg zu einer neuen Lernkultur. Wissenstransfer in der Pflege. Bern, S. 45-55

Hilliger, B./Rätzel, D./Rüppel, H./Sickel, H. (2004): »Sinn für das Mögliche...« Möglich-keitsräume und Lernen. In: Bender, W./Groß, M./Hegelmeier, H. (Hrsg.): Lernen und Handeln – Eine Grundfrage der Erwachsenenbildung. Schwalbach, S. 85-97

Hof, Chr. (2002): Von der Wissensvermittlung zur Kompetenzentwicklung. In: Report 49. Literatur- und Forschungsreport Weiterbildung. Bielefeld, S. 80-89

Höhne, T. (2003): Pädagogik in der Wissensgesellschaft. Bielefeld

Holzkamp, K. (1995): Lernen. Subjektwissenschaftliche Grundlegung. Frankfurt a.M.

Hopf, C. (1996): Hypothesenprüfung und qualitative Sozialforschung. In: Wahre Geschichten? Zur Theorie und Praxis qualitativer Interviews. Baden-Baden, S. 9-21

Hoyer, T. (2004): Bildung im Kontext. Gesellschaftspolitische und tugendethische Dimension einer unverzichtbaren pädagogischen Kategorie. In: Sozialwissenschaftliche Literaturrundschau. 27 Jahrgang (48), S. 5-15

Hurrelmann, K. (2002): Einführung in die Sozialisationstheorie. Weinheim und Basel

Kade, J./Nittel, D. (1995): Erwachsenenbildung/Weiterbildung. In: Krüger, H-H./Helsper, W. (Hrsg.): Einführung in die Grundbegriffe und Grundfragen der Erziehungswissenschaft. Opladen, S. 195-206

Kelle, U. (1997): Empirisch begründete Theoriebildung – Zur Logik und Methodologie interpretativer Sozialforschung. Weinheim

Kesselring, A. (1997): Pflege als Kunst in Praxis und Wissenschaft. In: Pflege (10). Bern, S. 72-79

Keuchel, R. (2001): Lernen im Wandel – Impulse einer konstruktivistischen Didaktik für die Gestaltung innovativer Lernwege in der Pflegeausbildung. In: Kriesel, P./Krüger, H./Piechotta, G./Remmers, H./Taubert, J. (Hrsg.): Pflege lehren – Pflege managen. Eine Bilanzierung innovativer Ansätze. Frankfurt a.M., S. 165-175

Kirchhof, S. (2004): (Selbst-)Diagnostik informell erworbener Handlungs-, Kern- und Veränderungskompetenz – eine Explorationshilfe zur Erfassung und Bewertung kompetenzbiografischer Lern- und Bildungsprozesse in der Arbeits- und Lebenswelt. Veröffentlicht im Teilprojekt »Veränderungskompetenz« der Lernenden Region Ostwestfalen

Kirchhof, S. (2006): Professionalisierung in der Pflege – ein Irrweg? In: PflegeBulletin. Neuwied, S. 1-5

Kirchhof, S./Kreimeyer, J. (2003): Informelles Lernen im sozialen Umfeld – Lernende im Spannungsfeld zwischen individueller Kompetenzentwicklung und gesellschaftlicher Vereinnahmung. In: Wittwer, W./Kirchhof, S. (2003): Informelles Lernen und Weiterbildung. Neue Wege zur Kompetenzentwicklung. München S. 213-240

Kirchhöfer, D. (2000): Informelles Lernen in alltäglichen Lebensführungen. Chance für berufliche Kompetenzentwicklung. Berlin (QUEM-Report Nr. 66)

Kirchhöfer, D. (2001): Perspektiven des Lernens im sozialen Umfeld. In: Arbeitsgemeinschaft Betriebliche Weiterbildungsforschung e.V. (Hrsg.): Kompetenzentwicklung 2001: Tätigsein – Lernen – Innovation. Berlin, S. 95-142

Kirchhöfer, D. (2004): Entgrenzungen des Lernens – das soziale Umfeld als neues Lernfeld. In: Brödel, R./Kreimeyer, J. (Hrsg.): Lebensbegleitendes Lernen als Kompetenzentwicklung. Bielefeld, S. 103-122

Klika, D. (2004): Das Gefühl und die Pädagogik. Historische und systematische Aspekte eine problematisierten Liaison. In: Klika, D./Schubert, V. (Hrsg.): Bildung und Gefühl. Hohengehren, S. 19-34

Knoll, J. (1999): Eigensinn und Selbstorganisation. In: Arbeitsgemeinschaft Betriebliche Weiterbildungsforschung (Hrsg.): Kompetenzentwicklung '99. Münster, S. 61-78

Köck, P./Ott, H. (1994): Wörterbuch für Erziehung und Unterricht. Donauwörth

Koeppe, A./Müller, K. (2004): Auswahl und Gestaltung neuer Praxisfelder im Rahmen der Pflegeausbildung. In: Stettler, H.P. (Hrsg.): Printernet – Die wissenschaftliche Fachzeitschrift für die Pflege. Davos, S. 261-266

Krapp, A. (2005): Das Konzept der grundlegenden psychologischen Bedürfnisse. In: Zeitschrift für Pädagogik (5), S. 626-641

Krapp, A. (1993): Die Psychologie der Lernmotivation. In: Zeitschrift für Pädagogik (2), S. 187-206

Krapp, A./Prenzel, M./Weidemann, B. (2001): Geschichte, Gegenstand und Aufgabenbereich der Pädagogischen Psychologie. In: Krapp, A./Weidemann, B. (Hrsg.): Pädagogische Psychologie. Weinheim, S. 1-29.

Kreimeyer, J.(2004): Lebensbegleitendes Lernen – zur »informellen« Dimension einer erwachsenenpädagogischen Aufgabe. In: Brödel, R./Kreimeyer, J. (Hrsg.): Lebensbegleitendes Lernen als Kompetenzentwicklung. Bielefeld, S. 43-62

Krüger, H.-H./Lersch, R. (1993): Lernen und Erfahrung. Perspektiven einer Theorie schulischen Handelns. Opladen

Langewand, A. (1994): Bildung. In: Lenzen, D. (Hrsg.): Erziehungswissenschaft – Ein Grundkurs. Reinbek, S. 69-98

Laur-Ernst, U. (2001): Analyse, Nutzen und Anerkennung informellen Lernens und beruflicher Erfahrung – wo liegen die Probleme? In: Dehnbostel, P./Nowack, H. (Hrsg.): Arbeits- und erfahrungsorientierte Lernkonzepte. Bielefeld, S. 161-175

Lemke, B. (2003): Nichtbewusste Informationsverarbeitungsprozesse und deren Bedeutung für das Lernen Erwachsener. In: Report 3/2003 26. Jahrgang. Literatur- und Forschungsreport Weiterbildung. Bielefeld, S. 71-83

Lipski, J. (2000): Für das Leben lernen – aber wie? Anmerkungen zum Verhältnis von informellem und schulischem Lernen, Deutsches Jugendinstitut, München

Livingstone, D. (1999): Informelles Lernen in der Wissensgesellschaft. Erste kanadische Erhebung über informelles Lernverhalten. In: Arbeitsgemeinschaft Betriebliche Weiterbildungsforschung e.V. (Hrsg.): Kompetenz für Europa. Wandel durch Lernen – Lernen im Wandel. Quem-Report, Heft 60 Berlin, S. 65-91

Löw, M. (1999): Vom Raum zum Spacing – Räumliche Neuformationen und deren Konsequenzen für Bildungsprozesse. In: Lebau, E./Miller-Kipp, G./Wulf, Ch. (Hrsg.): Metamorphosen des Raums – Erziehungswissenschaftliche Forschung zur Chronotopologie. Weinheim, S. 48-59

Löwisch, D.-J.(2000): Kompetentes Handeln – Bausteine für eine lebensweltbezogene Bildung. Darmstadt

Ludwig, J. (1999): Subjektperspektiven in neueren Lernbegriffen. In: Zeitschrift für Pädagogik (45), S. 667-681

Ludwig, J. (2000): Lernende verstehen. Lern- und Bildungschancen in betrieblichen Modernisierungsprojekten. Bielefeld

Ludwig, J. (2002) Kompetenzentwicklung – Lerninteressen – Handlungsfähigkeit. In: Dehnbostel, P./Elsholz, U./Meister, J./Meier-Menk, J. (Hrsg.): Vernetzte Kompetenzentwicklung – Alternative Positionen zur Weiterbildung. Berlin, S. 95-132

Luhmann, N. (1984): Soziologische Aufklärung 1. Aufsätze zur Theorie sozialer Systeme

Marotzki, W. (1990): Entwurf einer strukturalen Bildungstheorie. Weinheim

Marotzki, W. (1996): Forschungsmethoden der erziehungswissenschaftlichen Biografieforschung. In: Krüger, H.H./Marotzki, W. (1996): Forschungsmethoden der erziehungswissenschaftlichen Biografieforschung. Opladen, S. 55-89

Marsick, V.J./Watkins, K.E. (1990): Informal and incidental learning in the workplace. London

Maturana, H./Varela, F.J. (1987): Der Baum der Erkenntnis – Die biologischen Wurzeln menschlichen Erkennens. Bern und München

Mayer, M. (2001): Lernen an Fällen – eine Möglichkeit zur Förderung der Handlungskompetenz in der Krankenpflegeausbildung. In: Stettler, H.P. (Hrsg.): Printernet (12). Davos, S. 306-325

Mayring, P. (1999): Einführung in die qualitative Sozialforschung. Weinheim

McGivney, V. (1999): Informal learning in the community: a trigger for change and development. Leicester

Meder, N. (2002): Nicht informelles Lernen, sondern informelle Bildung ist das gesellschaftliche Problem. In: Spektrum Freizeit. 24 Jahrgang (1) S. 8-17

Meinefeld, W. (2000): Hypothesen und Vorwissen in der qualitativen Sozialforschung. In: Flick, U./Kardorff, E.v./Steinke, I. (Hrsg.): Qualitative Forschung – Ein Handbuch. Hamburg, S. 265-275.

Meueler, E. (1993): Die Türen des Käfigs – Wege zum Subjekt in der Erwachsenenbildung. Stuttgart

Miller, R. (1997): Beziehungsdidaktik. Basel

Napiwotzky, A.-D. (1998): Selbstbewußt verantwortlich pflegen. Ein Weg zur Professionalisierung mütterlicher Kompetenzen. Bern

Negt, O. (2001): Arbeit und Menschenwürde. Göttingen

Nerdinger, F.W. (1994): Zur Psychologie der Dienstleistung. Stuttgart

Neuweg, J.H. (2000): Mehr lernen als man sagen kann: Konzepte und didaktische Perspektiven impliziten Lernens. In: Unterrichtswissenschaft 28 (2000) 3. S. 197-217

Nuissl, E. (1992): Lernökologie – die Bedeutung des Lernortes für das Lernen. In: Faulstich, P. (Hrsg.): Weiterbildung für die 90er Jahre. Weinheim und München, S. 92-110

Nuttin, J. (1984): Motivation, planing and action. Mahwah

Oehmen, S. (1999): Pflegebeziehungen gestalten: Über den Umgang mit Pflegebedürftigen und ihren Angehörigen im häuslichen Umfeld. Stuttgart, Berlin, Köln

Oelke, U. (1991): Planen, Lehren und Lernen in der Krankenpflegeausbildung. Begründung und Entwicklung eines offenen, fächerintegrierenden Curriculums für die theoretische Ausbildung. Basel

Oelke, U. (2004): Der Lernfeldansatz: Neue Herausforderungen an den Lernort »Pflegeschule«. In: Stettler, H.P. (Hrsg.): Printernet – Die wissenschaftliche Fachzeitschrift für Pflege. Davos, S. 14-21

Oerter, R. (1994): Entwicklung und Förderung: Angewandte Entwicklungspsychologie. In: Roth, L. (Hrsg.): Pädagogik-Handbuch für Studium und Praxis. München, S. 158-171

Oevermann, U. (1996): Skizze einer revidierten Theorie professionalisierte Handelns. In: Combe, A./Helsper, W. (Hrsg.): Pädagogische Professionalität. Untersuchungen zum Typus pädagogischen Handelns. Frankfurt a.M.

Olbrich, C. (1999): Pflegekompetenz. Bern, Göttingen, Toronto

Olbrich, C. (2001): Kompetenz und Kompetenzentwicklung in der Pflege – Eine Theorie auf der Grundlage einer empirischen Studie. In: Kriesel, P./Krüger, H./Piechotta, G./Remmers, H./Taubert, J. (Hrsg.): Pflege lehren, Pflege managen – Eine Bilanzierung innovativer Ansätze. Frankfurt a.M., S. 271-281

Olbrich, C. (2001[2]): Theorie der Pflegekompetenz – eine empirische Untersuchung. In: Stettler, H.P. (Hrsg.): Printernet – Die wissenschaftliche Fachzeitschrift für Pflege (7-8). Davos, S. 150-154

Olbrich, C. (2005): Die Menschen stärken und die Sache klären – Zur Förderung personaler Kompetenz. In: Stellter, H.P. (Hrsg.): Printernet – Die wissenschaftliche Fachzeitschrift für die Pflege. Davos, S. 649-654

Olbrich, E. (1987): Kompetenz im Alter. In: Zeitschrift für Gerontologie. (20), S. 319-331

Osterloh, M./Bastian, D./Weibel, A. (2002): Kompetenzentwicklung im Betrieb. In: ABWF (Hrsg.): Kompetenzentwicklung 2002. Münster, S. 391-434

Overwien, B. (1999): Informelles Lernen, eine Herausforderung an die internationale Bildungsforschung. In: Dehnbostel, P./Novak, H. (Hrsg.): Arbeits- und Erfahrungsorientierte Lernkonzepte. Bielefeld, S. 176-187

Overwien, B. (2002): Informelles Lernen, theoretische Diskussion und Forschungsansätze. Kumulative Habilitation. Universität Oldenburg

Overwien, B. (2004): Internationale Sichtweisen auf »informelles Lernen« am Übergang zum 21. Jahrhundert. In: Otto, H./Coelen, Th. (Hrsg.): Ganztagsbildung in der Wissensgesellschaft. Wiesbaden, S. 51-73

Peplau, H. (1995): Interpersonale Beziehungen in der Pflege. Ein konzeptueller Bezugsrahmen für eine psychodynamische Pflege. Basel

Polanyi, M. (1958): Implizites Wissen. München

Pongratz, L.A. (2005): Untiefen im Mainstream. Wetzlar

Prange, K. (1989): Pädagogische Erfahrung. Weinheim

Preißer, R. (2001): Dimensionen der Kompetenz zur berufsbiografischen Selbstorganisation und Flexibilität. In: Franke, G. (Hrsg.): Komplexität und Kompetenz. Bielefeld, S. 52-74

Rauner, F. (2004): Praktisches Wissen und berufliche Handlungskompetenz. ITB-Forschungsberichte 14/2004. Universität Bremen

Rauner, F./Bremer, R. (2004): Bildung im Medium beruflicher Arbeitsprozesse. In: Zeitschrift für Pädagogik (50), H. 2, S. 149-161

Raven, U. (2006): Pflegerische Handlungskompetenz – Konsequenzen einer Begriffsklärung. In: Stettler, H.P. (Hrsg.): Printernet Heft 1/06. Davos, S. 22-27

Reetz, L. (1990): Zur Bedeutung der Schlüsselqualifikationen in der Berufausbildung. In: Reetz/Reitmann (Hrsg.): Schlüsselqualifikationen. Dokumentation des Symposiums »Schlüsselqualifikationen« – Fachwissen in der Krise? Hamburg, S. 16-35

Reetz, L. (1993): Personalentwicklung als Persönlichkeits- und Organisationsentwicklung. Zur Rolle der Schlüsselqualifikationen im Betrieb. In: Ilse, F. (Hrsg.): Berufliche Weiterbildung im Spannungsfeld von Theorie und Praxis. Festschrift für H. Lamszus zum 65. Geburtstag. Hamburg, S. 85-96

Reich, K. (1996): Systemisch-konstruktivistische Pädagogik. Neuwied

Reinmann-Rothmeier, G./Mandl, H. (1997): Lehren im Erwachsenenalter. Auffassungen von Lehren und Lernen, Prinzipien und Methoden. In: Weinert, F.B./Mandl, H. (Hrsg.) Psychologie der Erwachsenenbildung. Stuttgart S. 355-403

Reischmann, J. (1995): »Lernen en passant« – die vergessene Dimension. In: GdWZ 6, S. 200-204

Roes, M. (2004): Lernortkooperation in der pflegepraktischen Ausbildung – Ergebnisse aus einem Modellprojekt. In: Stettler, H.P. (Hrsg) Printernet – die wissenschaftliche Fachzeitschrift für die Pflege (5). Davos, S. 267-275

Rogers, C.R. (1974): Lernen in Freiheit. München

Rolfe, G. (1996): Closing the Theory-Praxis-Gap. An new paradigm for Nursing. Oxford

Rosenthal, G. (2005): Interpretative Sozialforschung. Eine Einführung. Weinheim und München

Roth, G. (2003): Warum sind Lehren und Lernen und so schwierig. In: Report 3, 26. Jahrgang. Forschungs- und Literaturreport Weiterbildung. Bielefeld, S. 20-28

Roth, H. (1962): Pädagogische Psychologie des Lehrens und Lernens. Hannover

Roth, H. (1971): Pädagogische Anthropologie. Band 2. Hannover

Schäfter, O. (1995): Bildung als kognitiv strukturierte Umweltaneignung – Überlegungen zu einer konstruktivistischen Lerntheorie. In: Derichs-Kunstmann, K./Faulstich, P./Tippelt, R.

(Hrsg.): Theorien und forschungsleitende Konzepte in der Erwachsenenbildung. Beiheft zum Forschungs- und Literaturreport Weiterbildung. Bielefeld, S. 14-34.

Schäfter, O. (2001): Weiterbildung in der Transformationsgesellschaft. Hohengehren

Schiefele, U./Schreyer, I. (1994): Intrinsische Lernmotivation und Lernen – Ein Überblick zu Ergebnissen der Forschung. In: Zeitschrift für Pädagogische Psychologie/German Journal of Educational Psychology, 8 (1), S. 1-13

Schließmann, F. (2005): Informelles Lernen an interaktiven Chemie-Stationen im Science Center. Aachen

Schmidt, G.S. (2003): Was wir vom Lernen zu wissen glauben. In: Report 3/2003 – Literatur- und Forschungsreport Weiterbildung (26). Bielefeld, S. 40-50

Schmidt, H.G./Boshuizen, H.P.A. (1993): On acquiring expertise in medicine. In: Educational Psychology Review, S. 205-221

Schnabel, U. (2002): Auf der Suche nach dem Kapiertrieb. In: Die Zeit 48/2002 S. 35

Schnaitmann, G.W. (1996): Analyse subjektiver Lernkonzepte – Methodologische Überlegungen bei der Erforschung von Lernstrategien. In: Treumann, K.P. (Hrsg.): Methoden und Anwendungen empirischer pädagogischer Forschung. Münster und New York, S. 131-144

Schneider, K. (2003): Das Lernfeldkonzept zwischen theoretischen Erwartungen und praktischen Realisierungsmöglichkeiten. In: Pflegepädagogik für Studium und Praxis. Berlin, Heidelberg, S. 77-111

Schulze, T. (1993²): Lebenslauf und Lebensgeschichte. Zwei unterschiedliche Sichtweisen und Gestaltungsprinzipien biografischer Prozesse. In: Baake, D./Schulze, T. (Hrsg.): Aus Geschichten lernen. Zur Einübung pädagogischen Verstehens. Weinheim und München, S. 174-226

Schulze, T. (1993): Zum ersten Mal und immer wieder neu. Skizzen zu einem phänomenologischen Lernbegriff. In: Bauersfeld, H./Bromme, R. (Hrsg.): Bildung und Aufklärung. Studien zur Rationalität des Lehrens und Lernens. Münster, S. 241-269.

Schüßler, J. (2004): Nachhaltiges Lernen – Einblicke in eine Längsschnittuntersuchung unter der Kategorie »Emotionalität in Lernprozessen« In: Report 1/2004 Literatur- und Forschungsreport Weiterbildung, 27. Jahrgang. Bielefeld, S. 150-163

Schütz, A./Luckmann, T.(2003): Strukturen der Lebenswelt. Konstanz

Schütze, F. (1977): Die Technik des narrativen Interviews in Interaktionsfeldstudien. Arbeitsberichte und Forschungsmaterialien Nr. 1 der Universität Bielefeld, Fakultät für Soziologie

Schwarz-Govaers, R. (2005): Subjektive Theorien als Basis für Wissen und Handeln – Pflegedidaktische Folgerungen für einen lernfeld- und problemorientierten Unterricht. In: Stetler, H.P. (Hrsg.): Printernet-Info – Die wissenschaftliche Fachzeitschrift für die Pflege. Davos, Heft 1/05 S. 38-49

Seel, M. (1985): Die Kunst der Entzweiung: zum Begriff der ästhetischen Rationalität. Frankfurt a.M.

Severing, E. (1994): Arbeitsplatznahe Weiterbildung. Neuwied

Siebert, H. (2000): Didaktisches Handeln in der Erwachsenenbildung – Didaktik aus konstruktivistischer Sichtweise. Neuwied

Siebert, H. (2001): Selbstgesteuertes Lernen und Lernberatung. Neuwied

Siebert, H. (2001²): Lernen. In: Arnold, R./Nolda, S./Nuissl, E. (Hrsg.): Wörterbuch Erwachsenenpädagogik. Bad Heilbrunn

Siebert, H. (2003): Vernetztes Lernen. Systemisch konstruktivistische Methoden der Bildungsarbeit. München/Unterschleißheim

Siebert, H. (o.J.): Methoden für die Bildungsarbeit. Bielefeld

Spitzer, M. (2002): Lernen: Gehirnforschung für die Schule des Lebens. Heidelberg

Staudt, E./Kley, Th. (2001): Formelles Lernen – informelles Lernen – Erfahrungslernen: Wo liegt der Schlüssel zur Kompetenzentwicklung von Fach- und Führungskräften? Eine kompetenzbiografische Studie beruflicher Innovationsprozesse. In: Staudt, E. (Hrsg.): Berichte aus der angewandten Innovationsforschung. Bochum

Staudt, E./Kriegesmann, B. (1999): Weiterbildung: Ein Mythos zerbricht. Der Widerspruch zwischen überzogenen Erwartungen und Misserfolgen der Weiterbildung. In: ABWF (Hrsg.): Kompetenzentwicklung '99. Münster, S. 17-59

Steiner, C. (1997): Emotionale Kompetenz. Wien

Straka, G.A. (2000): Lernen unter informellen Bedingungen (informelles Lernen). In: Arbeitsgemeinschaft Betriebliche Weiterbildungsforschung e.V. (Hrsg.): Kompetenzentwicklung 2000. Lernen im Wandel – Wandel im Lernen. Münster S. 15-70

Straka, G.A. (2003): Zertifizierung Non-Formell und Informell erworbener beruflicher Kompetenzen – die Metaphern non-formell und informellen Lernens und ihre Bedeutung für die bundesdeutsche Berufsbildung

Stratemeyer, P. (2002): Anforderungen an die Krankenpflegeausbildung im Zeitalter demografischen und epidemischen Wandels. In: Gerlinger, T./Hermann, H./Hinricher, L./Hungelinger, G./Lenhardt, U./Seidler, A./Simon, M./Stegmüller, K. (Hrsg.): Kritische Medizin im Argument: Qualifizierung und Professionalisierung (37) S. 80-95

Strauss, A. (1994/2. Auflg. 1998): Grundlagen der qualitativen Sozialforschung. München

Strauss, A./Corbien, J. (1996): Grounded Theory: Grundlagen Qualitativer Sozialforschung. Weinheim

Strauss, A./Glaser, R.G. (1967): The Discovery of Grounded Theory: Strategies for Qualitative Research. Chicago

Tietgens, H. (1989): Wissenschaftsdidaktik für Nichtexperten. In: Rebel, K.H. (Hrsg.): Wissenschaftstransfer in der Weiterbildung. Weinheim

Tillmann, K-J. (1994) Sozialisationstheorien. Eine Einführung in den Zusammenhang von Gesellschaft, Institution und Subjektwerdung. Reinbek

Trier, M. (2001): Erhalt und Entwicklung von Kompetenzen in einer sich wandelnden Gesellschaft durch Tätigkeit und Lernen im sozialen Umfeld. In: Arbeitsgemeinschaft Betriebliche Weiterbildungsforschung (Hrsg.): Kompetenzentwicklung '98. Münster S. 209-268)

Tschamler, H. (1996): Wissenschaftstheorie: eine Einführung für Pädagogen. Heilbrunn

Ulrich, J.G. (2001): Wissensanforderungen, Weiterbildung und Kompetenzsicherung der Erwerbstätigen in Deutschland – Ergebnisse aus der BIBB/IAB-Erhebung 1998/1999. In: BIBB: Kompetenzentwicklung – Lernen begleitet das Leben. Ergebnisse, Veröffentlichungen und Materialien aus dem BIBB. Stand Mai 2001, S. 23-34

von Felden, H. (2006): Lernprozesse über die Lebenszeit – Zur Untersuchung von Lebenslangen Lernen mit Mitteln der Biografieforschung. In: Forneck, H.J./Wiesner, G./Zeuner, Chr. (Hrsg.): Teilhabe an der Erwachsenenbildung und gesellschaftliche Modernisierung. Hohengehren, S. 217-233

Vonken, M. (2001): Von Bildung zu Kompetenz – Die Entwicklung erwachsenenpädagogischer Begriffe oder die Rückkehr zur Bildung. In: Zeitschrift für Berufs- und Wirtschaftspädagogik, Bd. 97, Heft 4. Stuttgart, S. 503-522

Vonken, M. (2005): Handlung und Kompetenz – Theoretische Perspektiven für die Erwachsenen- und Berufspädagogik. Wiesbaden

Voß, G.G./Pongratz, H.J. (1998): Der Arbeitskraftunternehmer. Eine neue Grundform der Ware Arbeitskraft. In: Kölner Zeitschrift für Soziologie und Sozialpsychologie (50), S. 131-158

Weber, A. (2004): Problem-Based-Learning – Ein Handbuch für die Ausbildung auf der Sekundarstufe II und der Tertiärstufe.

Weidner, F. (1995): Professionelle Pflegepraxis und Gesundheitsförderung. Frankfurt a.M.

Weinert, F.E. (1994): Lernen lernen und das eigene Lernen verstehen. In: Reusser, K./Reusser-Wegeneth, M. (Hrsg.): Verstehen. Bern

Wettreck, R. (2001): »Am Bett ist alles anders« – Perspektiven professioneller Pflegeethik. Münster – Hamburg – London

White, R.W. (1959): Motivation reconsidered: The concept of competence. In: Psychological Review (66) S. 297-333

Wilson, T.P. (1981): Theorie der Interaktion und Modelle soziologischer Erklärung. In: Arbeitsgruppe Bielefelder Soziologen (Hrsg.): Alltagswissen, Interaktion und soziologische Wirklichkeit. Opladen, S. 54-79

Wittneben, K. (1994): Pflegekonzepte in der Weiterbildung zur Pflegelehrkraft. Über Voraussetzungen und Perspektiven einer kritisch konstruktiven Didaktik in der Krankenpflege. Frankfurt a.M.

Wittneben, K. (2003): Handlungsfelder – Lernfelder – Bildungsinhalte. In: Stettler, H.P. (Hrsg.): Printernet (4). Davos, S. 132

Wittwer, W. (2001): Berufliche Weiterbildung. In: Schanz, H. (Hrsg.): Berufs- und wirtschaftspädagogische Grundprobleme. Hohengehren, S. 229-247

Wittwer, W. (2003): »Lern für die Zeit, wird tüchtig fürs Haus. Gewappnet ins Leben tritts du hinaus« – Förderung der Nachhaltig informellen Lernens durch individuelle Kompetenzentwicklung. In: Wittwer, W./Kirchhof, S. (Hrsg.): Informelles Lernen und Weiterbildung – Neue Wege zur Kompetenzentwicklung. München, S. 13-41

Wollersheim, H.-W. (1993): Kompetenzerziehung: Bildung zur Bewältigung. Bern, New-York, Paris

Wörner, A. (2005): »Konstruktion« und »Selbstorganisation« in der Erwachsenenpädagogik – Überlegungen zum pädagogischen Status zweier Konzepte. In: Report 2/2005 Literatur- und Forschungsreport Weiterbildung, 28. Jg. Bielefeld, S. 63-71

Zimbardo, P.G. (1992): Psychologie. Berlin

Waxmann

Das Konzept der „sozialpädagogisch orientierten Berufsausbildung" bildet seit über zwanzig Jahren den pädagogischen Kern der Unterstützungsmaßnahmen für Schulabgänger, deren Übergang in Ausbildung, Beruf und qualifizierte Beschäftigung zu scheitern droht. Im Rahmen einer empirischen Studie wurden die Handlungsbedingungen und -ansätze der Sozialpädagogik in den von der Bundesagentur für Arbeit finanzierten Maßnahmen der Berufsvorbereitung und Benachteiligtenförderung untersucht. Dieser Band der Studie stellt die strukturellen Handlungsbedingungen, unter denen die Sozialpädagogik in den Maßnahmen agiert, die Anforderungen verschiedener Stakeholder an die sozialpädagogische Praxis, den Blick der sozialpädagogischen Fachkräfte auf die geförderten Zielgruppen und ihr Selbstverständnis in den Mittelpunkt.

Katja Grimm,
Rainer Vock

Sozialpädagogik in der beruflichen Integrationsförderung

Band 1: Anforderungen, Zielgruppenwahrnehmung, Rollendefinitionen

2007, 302 Seiten, br., 29,90 €, ISBN 978-3-8309-1812-7

Der zweite Band der Studie untersucht die verschiedenen Aufgabenfelder und Tätigkeiten der Sozialpädagoginnen und Sozialpädagogen, die sie im Handlungsfeld der beruflichen Integrationsförderung wahrnehmen. Dabei richtet dieser Teil der Studie seinen Fokus auch auf die Veränderungen dieses Handlungsfeldes im Zuge der Arbeitsmarktreformen, insbesondere der Einführung des Neuen Fachkonzeptes der Berufsvorbereitung, sowie die Konsequenzen dieser strukturellen Veränderungen für das sozialpädagogische Handeln.

Manfred Eckert,
Dietmar Heisler,
Karen Nitschke

Sozialpädagogik in der beruflichen Integrationsförderung

Band 2: Handlungsansätze und aktuelle Entwicklungen

2007, 306 Seiten, br., 34,90 €, ISBN 978-3-8309-1813-4

MÜNSTER · NEW YORK · MÜNCHEN · BERLIN